シリーズ　日本の中の世界史

「連動」する世界史

「連動」する世界史

19世紀世界の中の日本

南塚信吾
Minamizuka Shingo

岩波書店

刊行にあたって

人や社会のあり方が、それらを取り巻いて生起する世界中のさまざまな出来事によって突き動かされ、方向づけられてきたこと、そしてそのような衝迫(インパクト)に対する人や社会のさまざまな反応(レスポンス)が、人や社会の内実を形づくってきたこと、このことは過去のどの時代についてもいえることである。しかし、それが特に目に見える形をとって現われるのは近代という時代においてである。

幕末・維新期以降、日本の近代を生きた人々は世界中の政治や経済や文化の動きに否応なく巻き込まれると同時に、それらの動きを取り込んで、自らの主体を形づくってきた。その過程で、「国民」と「国民国家」の形成という一九世紀世界史の基本的な動向が日本列島にも貫徹して、人々を「日本国家」という鋳型の中にがっちりと嵌(は)め込んでいった。それは同時に、人々が「日本国民」という意識を自らのものとして受け入れていく過程でもあった。ただ、この「日本国家」、「日本国民」という枠組みは、沖縄の人々やアイヌ(ウタリ)の人々、そして後には、「在日」を生きることになる人々などに対する差別の構造を深く内包するものであった。

このようなものとしての日本の近代においては、法律や社会制度、社会運動や社会思想、学問や芸術等々、何をとっても、日本に「固有」といえるものは存在しない。それらは、いずれも、「日本の中の世界史」の現れとして存在しているのである。

それゆえに、私たちはいたるところに、「日本の中の世界史」を見出すことができるはずである。本シリーズの七名の著者たちは、二〇一四年八月以来、数カ月に一度の研究会を積み重ね、政治や経済、文化や芸術、思想や世界史認識など、それぞれの関心領域において、「日本の中の世界史」を「発見」するために、持続的な討論を行ってきた。本シリーズは、その過程で、七名の著者たちがそれぞれの方法で「発見」した「日本の中の世界史」の物語である。

今日、世界中の到る所で、自国本位(ファースト)的な政治姿勢が極端に強まり、それが第二次世界大戦やその後の種々の悲惨な体験を通して学んださまざまな普遍的価値を否定しようとする動きにつながっている。日本では、道徳教育、日の丸・君が代、靖国といった戦前的なものの復活・強化から、さらには日本国憲法の基本的理念の否定にまで行き着きかねない政治状況となっている。

私たちは、日本の中に「世界史」を「発見」することによって、日本におけるこのような自国本位(ファースト)的政治姿勢が世界的な動きの一部であることを認識するとともに、それに抗する動きも、世界的関連の中で日本のうちに見出すことができると確信している。読者のかたがたに、私たちのそのような姿勢を読み取っていただければ幸いである。

二〇一八年一〇月一七日

池田忍、木畑洋一、久保亨、小谷汪之、
南塚信吾、油井大三郎、吉見義明

目　次

目次

目　次

目　次

History, vol. 2, Penguin Books, 2003, p. 112 より作成)

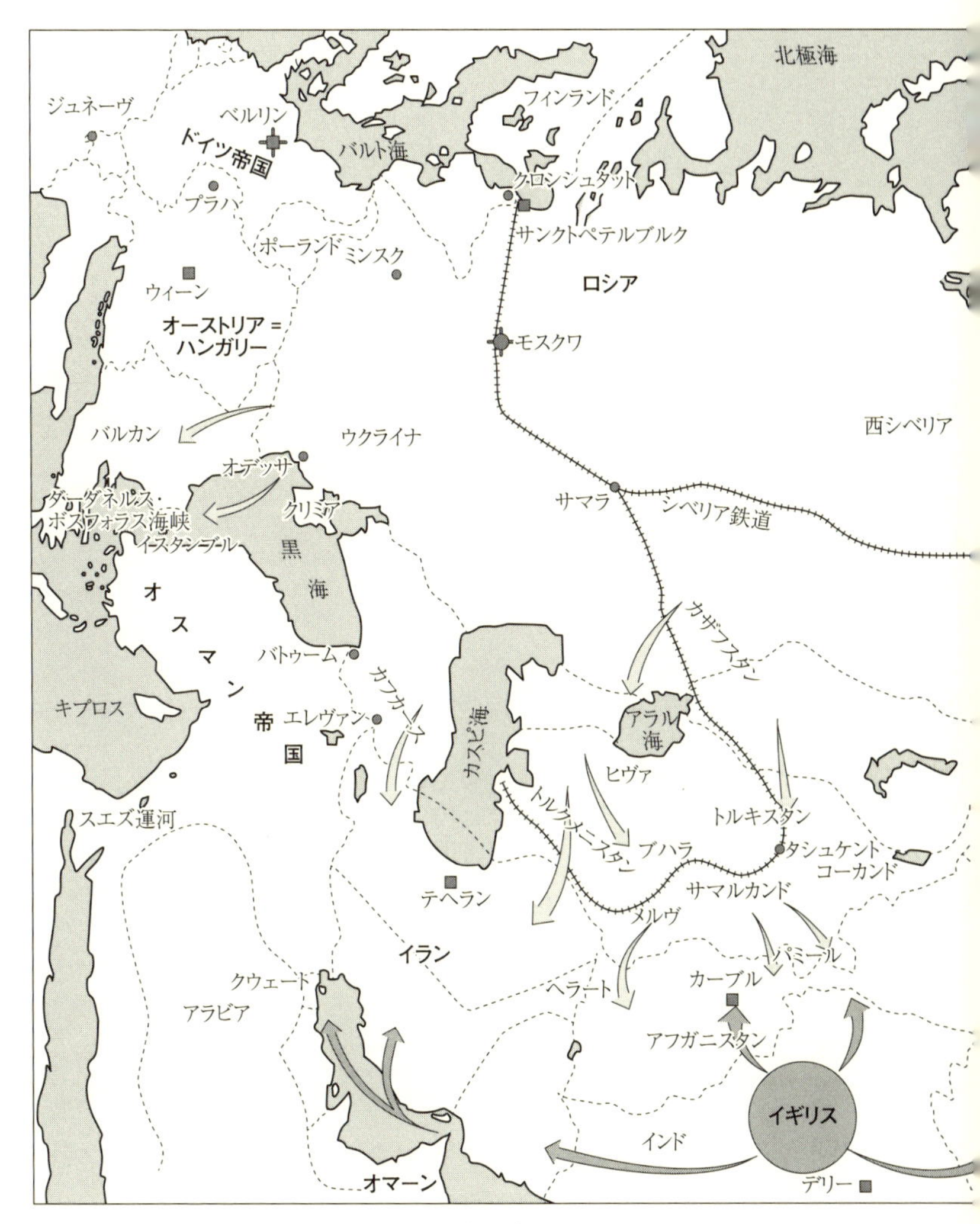

1914年以前のユーラシア（*The Penguin Atlas of World*

凡例

一　史料からの引用にあたっては、原則として旧字体を新字体に、旧仮名遣いを新仮名遣いに改め、カタカナ書きはひらがな書きにした。また、適宜、濁点や句読点を補い、ルビを付した。
二　現代語訳（翻刻版）のある史料については、引用に際して現代語訳（翻刻版）を用いた。
三　引用文中の〔　〕は引用者が加えた説明である。
四　＊を付した語の説明を、当該段落直後に記した。
五　引用文の出典や本文の典拠などを示す際には、原則として、［相澤、二〇一〇］のように著者名と刊行年を略記し、その文献名等は巻末の文献一覧に表示した。
六　引用の史料中に「支那」など、今日使われない言葉があるが、原文を尊重してそのまま用いた。

プロローグ――「連動」する世界史

幕末に活躍した坂本龍馬は、明治国家の形成に向けて「船中八策」を提案したことで知られている。かれはこれを突然のひらめきで思いついたのだろうか。いやけっしてそうではあるまい。かれはかれなりに諸外国の先例を学び、それを背後に日本のあるべき姿を考えたに違いない。事実、かれは、すでに箕作省吾（みつくりしょうご）の『新製輿地（よち）全図』、斎藤竹堂の『鴉片（あへん）始末』、長山樗園（ちょえん）の『西洋小史』などの海外の事情を記した書物を目にしていたようであり、また諸外国の動きを知る勝海舟や高杉晋作らから海外事情を学んでいたことが知られている〔岩下・小美濃編、二〇一〇、七四―七五、八三―八八頁〕。このような坂本龍馬の動きは「日本史」の問題なのであろうか。一般にはおそらくそうであろう。そして坂本が諸外国の動静に通じていたことは、「日本史」にとっての「外的契機」「国際環境」などとして扱われることになるであろう。しかし、これは歴史を「日本史」「世界史」と分けて見る枠組みに従ってみた結果にすぎない。こういう区分をしないで歴史を考えるならば、坂本の知見は世界の歴史の一部分なのである。世界の歴史が日本という場所で、坂本を通して展開し「土着化」しているのである。

では、このように「日本史」と「世界史」に区別して歴史を考えないとするならば、どのように世界の歴史を考えればいいのだろうか。本書で採るのは、世界の諸地域の諸「関係」に注目して考察する見方である。本シリーズの執筆者の一人、小谷汪之(ひろゆき)の言うように、「いかなる社会、民族、国家の歴史にしろ、けっして孤立してもっぱら内在的に発展してきたわけではなく、他の社会、民族、国家とのあいだにさまざまな関係をとり結び、それによってさまざまな作用を受けながら発展してきた」のである。「この社会、民族、国家間の相互作用を、外的要因として捨象し、それぞれの社会、民族、国家の内在するものとしてのみ発展」を考える方法は、「日本史」と「世界史」を区分する見方の基礎なのである[小谷、一九八五、六二―六三頁]。では、ここで言われる「さまざまな関係」「さまざまな作用」を、どのように具体的に考えたらいいのだろう。

本書は、「関係」の視座から世界史を考える方法として、国際関係史を基礎にして世界史を考える道を選んでいる。本書は、「一八四〇年」から「一九一〇年」までの「一九世紀」の世界を扱うが、広い意味で帝国主義の時代と言ってよいその時代には、世界の諸地域が文字通り有機的なつながりを持った世界史が形成されている。そして、国際関係の面でいえば、あたかも「ゴム風船」のように、世界のどこかの部分で緊張が高まれば、ほかの部分で緊張が緩和され、そしてどこかで緊張が緩めば、必ず他の部分で緊張が高まるといった「関係」が展開されていることを見ることができる。これは歴史家の江口朴郎が「第一次世界大戦前史概説」[江口他、一九四九]において示していた見方である。その後江口は帝国主義論としてこの議論を発展させ、権力の国際関係に民衆運動を加えて考えた。それに倣(なら)って考えるならば、民衆運動は、列強の権力政治に抵抗しその鎮圧の対象となったり、在地権力を脅かし動揺させて列強対立を呼び込んだり、列強の対立を妥協させる脅威となったり、権力政治の動きを抑制、牽制したりして、列強の国際関係に影響を与えていた。それはますます「ゴム風船」的な「関係」を規定していた。

本書はさらに、そのような「関係」の中で、世界の諸地域の歴史が「連動」するととらえている。「連動」とは、諸地域が一定の「関係」のもとで何らかの「相互作用」「さまざまな作用」を受けつつそこでの歴史を展開するという事態を言っている。世界の諸地域は、相互の「関係」の中で、時々の世界の基本的ないしは指導的「傾向」といったものを受けとる。この世界史の時々の時代の支配的「傾向 Tendenzen」というのは一九世紀ドイツの歴史家ランケがその『世界史』において用いた概念である。ランケは君主制や人民主権などを念頭に置いていた〔ランケ、一九九八、一七、二四五、二四八頁〕。そういう世界史の「傾向」に「反発」したり「受容」したりして、世界の諸地域は、その「傾向」を何らかのかたちで「土着化」していく。このような過程を通して、ある地域の歴史が他の地域の歴史と「連動」するのである。したがって、緊張が移動するその移動先をのみ追いかけるのではなく、緊張の緩和したところ、緊張の渦の外での歴史の展開を見ることが大切である。

このような「関係」と「連動」という見方に立つと、どの地域が「先進」的で、どこが「後進」的かということは問題ではなくなってくる。相互の「関係」の中で、世界のどこかに「先進」的なものが存在すると、他の地域では同じものは成立しないのである。同じように、従来のような「ヨーロッパ」対「アジア」という対立思考も、これまでの世界史がヨーロッパ中心であったから今度はアジアから見るといった思考も、取ることはできなくなる。一般的に、世界史の中でどこかに「中心」を置くという見方はとれなくなるのである〔江口、一九七五、二八—二九頁〕。

では、世界諸地域の「関係」と「連動」の中で、幕末・維新から日露戦争までの日本の歴史をどうとらえるか。これまで外国史を研究してきた者の目から、この点を考えるのが、本書のもうひとつの狙いである。

すでに一九五〇年代に歴史家の石井孝はその『明治維新の国際的環境』において、幕末・維新期の日本の政策決定に英仏ら列強の対日政策が与えた影響を分析し、明治維新における「国際的契機」に大きな意義を見出していた〔石井、一九五七〕。一九六〇年代には歴史家の遠山茂樹と芝原拓自のあいだで、明治期日本の発展における外的契機の意義をめぐる論争が行われた。遠山は、「一八六四年の太平天国の乱鎮圧、四国連合艦隊長州攻撃から以後、八四年の清仏戦争に至る間の約二〇年間は、東アジアでの直接的な外圧は、相対的にゆるんでいる」とした。その理由を、「インド大反乱(セポイの反乱)」や太平天国の乱に代表されるアジア諸民族の抵抗の影響、欧米資本主義国内における民衆の政治的発言力の強化のほか、列強対立の主舞台が、ヨーロッパ内部、バルカン、中近東にあり、植民地獲得の主方向は、日・中・朝三国の外側周辺のアジア地帯およびアフリカにあったことに求めた。これに対して、芝原は、種々の批判を加えたが、基本的には、「直接」的外圧を強調すると、そうでない「平和」的圧力の意義を正しく評価できなくなるということであった〔幼方他、一九六六、二五、五二頁〕。

一九八〇年代に入って、議論はより大きな視野で再開された。歴史家の加藤祐三は、『黒船前後の世界』で、この時期の日本を取り巻く世界史(加藤においては、世界史は外国史を意味する)を考えるうえで、従来の見方が、「中国と日本とを分けて考察し」たり、「欧米を軸にして日本ないし中国を考察し」たものであると批判し、この時期の世界を「同時代史として」考察することが必要であるとして、幕末開国史の研究において「日本＝中国（広くはアジア）＝欧米という三者の「関係」史」を組み込むことを提案した［加藤、一九八五、三六―四四頁］。これに答えるかのように、歴史家の宮地正人は、国際政治に対応する過程がいかに国内政治の基本動向を決定してきたかを強調して日本史を再構成した［宮地、一九八七、三頁］。その後、日本史にとっての国際関係の意味や、日本史と世界史の関連を意識して、歴史家の井上勝生や三谷博や青山忠正や横山伊徳らが新しい議論を展開してきている。たとえば青山は、宮地を受けて、外政と内政の連動を主張してこう述べている。「外交と内政は、常に連動する。つまり、外交上の問題が、文字通り外国との交渉だけで完結することは、一般的に見てもない。それは、必ず国内の諸党派間で、方針の相違をめぐって内政に波及する」［青山、二〇一二、六九頁］。

本書では、これらの観点は、大いに活用させてもらうが、もう少し「日本史」という国民史の枠組みを崩してみたい。一般に「外圧」「外的契機」と言われるものは、実は世界史の展開過程の現れなのではないか、日本の歴史も世界の歴史の動きの一部として展開されているのであって、その現れが「外的契機」などと受け止められているのではないかと問うてみたい。「日本史」に「外的契機」として現れるものは、世界史の時々の「傾向」が日本という場で「土着化」する事態だと言えないであろうか。「関係」を通じて世界史の「傾向」が日本という地に展開し、世界の他の地域と日本という地の歴史が「連動」するのである。これは、「日本の中の世界史・世界史の中の日本」という視角なのである。

一九世紀後半の日本の歴史は、世界的な権力関係の渦の、あるときにはその周縁における、あるときにはその中心における、時々の状況を活用して展開され、その状況の中で世界史の「傾向」を、その問題をも含めて、吸収し、その取捨選択の結果、それらを「土着化」させて、あのような明治国家を作ったのである。思想史家の子安宣邦が、「日本の近代化とはヨーロッパに発する「世界秩序」あるいは「世界史」へのみずからの組み入れを意味する」と言うとき、こういう視角が念頭に置かれているのであろう[子安、二〇〇三、二八頁]。

＊＊＊

本書の時期区分は以下のとおりである。

第Ⅰ章　変革の時代――世界史の中の幕末・維新　一八四〇―一八七五年
第Ⅱ章　「国民国家」の時代――世界史の中の明治国家　一八七五―一八九〇年
第Ⅲ章　帝国主義の時代――世界史の中の日清・日露戦争　一八九〇―一九一〇年

大まかに言って、一八四〇―一八七五年の時期は、自然発生的な諸事件の動きが「連動」しあっている時代であり、一八七五―一八九〇年の時期は、強力な個性を持つリーダーが「国民国家」の力を動員しつつ行う政策的なイニシアティブが、諸事件の「連動」をもたらす時代であった。一八九〇―一九一〇年の時期は、狭い意味での帝国主義の時代で、列強の動きが民衆運動との関係で大きく左右され、その結果、世界的な諸事件の「連動」が生まれる時代である。

本書は、何らかの新しい史料に基づいて歴史を描くものではない。既存の歴史書を基礎にしている。狙いはどのようにして「日本史」と「世界史」を区別しない世界史の全体像を描くかを提示することにある。それを「関係」と「連動」という視角から試みたものである。だから、外国史も多くは日本との直接・間接の「関係」を念頭に置いて見ている。また日本の歴史もそれが世界史の「連動」の一部だということを強く意識しながら検討している。言い換えれば、従来の歴史的事実を新しい視角で見直すと、どういうことが言えるのかを示すことになる。従来の歴史記述で無視されていたり、マイナーな扱いを受けていたり、中途半端に扱われていたりする事実に、新しい意味を与えていくという作業が中心となるはずである。本書は世界各地を舞台にして、多分に仮説的な議論を行っており、種々の誤解を犯しているかもしれない。多方面からのご批判ご教示をいただければ幸いである。

第Ⅰ章

変革の時代

――世界史の中の幕末・維新

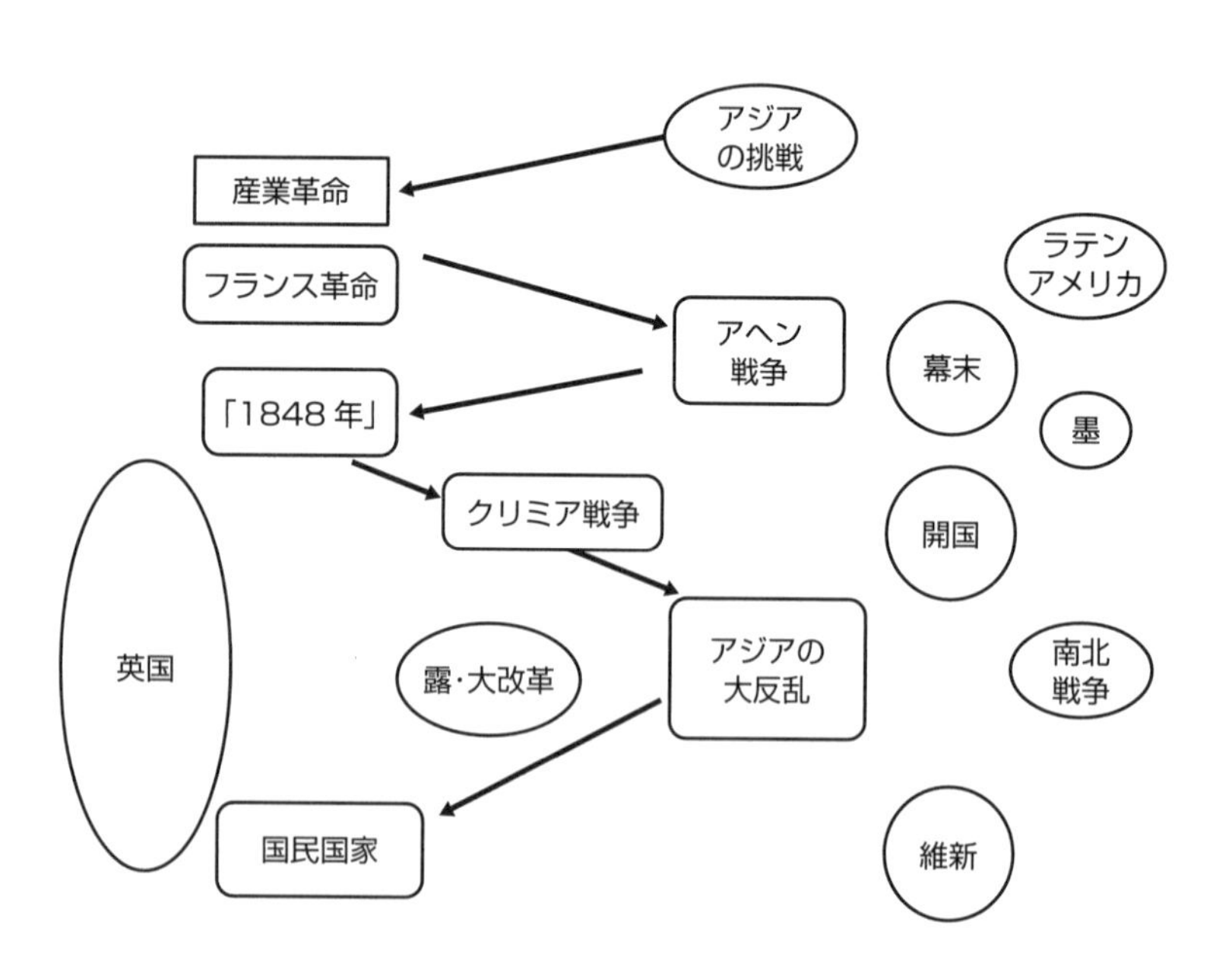
アジア
の挑戦
産業革命
フランス革命
ラテン
アメリカ
アヘン
戦争
幕末
「1848年」
墨
クリミア戦争
開国
英国
露・大改革
アジアの
大反乱
南北
戦争
国民国家
維新

《本章のアウトライン》

一八四〇年代の世界の緊張関係は西欧のアジアへの進出に対する反発としてのアヘン戦争に集約されるが、一方でその反面として、ヨーロッパでの緊張緩和が生じ、そこに種々の改革が可能となる。しかし改革の結果としての一八四八年革命において緊張関係はヨーロッパへ移行し、アジアでは緊張は後退する。一八四八年革命の鎮静とともに新たな緊張関係がクリミア戦争として高まるが、その間にも続くアジアにおける緊張緩和の間に、太平天国の乱がおこり、「黒船」が日本へ到来し、日本は消極的な「開港」を行う。クリミア戦争が終結するやいなや、列強のアジア進出が本格化し、その結果一八五六―六八年の間にインド、中国、ベトナムにおいて、いわば「アジアの大反乱」というべき緊張関係が生じる。この大反乱の間に、日本の積極的な「開国」、南北戦争、ロシアの「大改革」が起こる。しかもこの大反乱のかげで、ヨーロッパでは経済のブームが可能となり、「国民国家」の下地が準備される。その結果、一八六四―七〇年に起こる諸戦争によって、ヨーロッパの「国民国家」が形成される。そして、そのヨーロッパの緊張関係の陰で、緊張の緩和されたアジアにおいて、明治維新が実現される。

一　アヘン戦争とヨーロッパの「改革」――緊張はアジアへ

1　ヨーロッパの「勢力均衡」のもとでの英米露のアジア進出

「勢力均衡」

明治の初めに出た洋学者箕作麟祥（みつくりあきよし）による『万国新史』（一八七一―七七年）は、フランス革命とウィーン会議後の「万国史」を語るに際し、アジアにおける英露の対立から始めている。英露のインド、イラン、ヘラート、アフガンをめぐる競争を述べ、そして最後にアヘン戦争について詳述している〔箕作、二〇一八、二〇七―二一七頁〕。箕作は、ヨーロッパの激動が終わったあとに、英露に代表される列強の対立の渦が次第にアジアに移動してきている様子を的確につかんでいたのである。箕作の『万国新史』以後、後述する二〇世紀はじめの坂本健一や高桑駒吉らの「世界史」に至るまで、西アジアや中央アジアの歴史はほとんど扱われてこない中で、この本はユニークであった。これによって、ヨーロッパと東洋がつながりで考えられるようになったのである。このアジアをめぐる英露の対立は、やがて世紀末には一般に「グレート・ゲーム」と称されることになる。これは列強の勝手な命名であるが、列強の視線を表現してもいるので、ここではそういうものとして借用したい。

さて、英露のアジア進出はヨーロッパの国際関係における安定によって可能になった。ヨーロッパでは、ナポレオン戦争後の国際秩序回復を目指した一八一四―一五年のウィーン会議の後、民族(ネイション)の自立と人民の自由を求める革命が各地に起こった。一八二〇年代にはスペイン、イタリア、ギリシアなど地中海周辺で諸革命が起きて、それはラテンアメリカにも及んだ。しかし、一八三〇年のフランス七月革命、ベルギーの独立、ポーランド蜂起をもって革命の時代はおさまり、列強の君主たちの連合によって「ウィーン体制」と言われるものがつくられた[Hobsbawm, 1975, pp. 138-141]。従来の君主体制が復活して、革命運動は抑圧され、列強間の問題の外交的解決が図られ、イギリスの圧倒的な軍事・経済力のもとでの列強間の「勢力均衡(バランス・オブ・パワー)」が生み出された。それはヨーロッパ諸国で起きた一八四八年革命までは継続した。こうして、ヨーロッパ内部の国際関係において、当面大きな戦争が起こる気配はなくなったのである[Ibid., pp. 133-135]。

このヨーロッパにおける緊張の緩和の間に、英露はヨーロッパの外へと勢力を拡大することができた。一八四八年までのヨーロッパでは、工業化された資本主義国は産業革命を経たイギリスのみで、イギリスだけが真にグローバルな政策、グローバルな海軍を持っていた。これに対抗できるのは、革命と戦争後の衰退にあるフランスを除けば、強い陸軍を持つロシアだけであった。イギリスもロシアも、その東方への進出は他の列強によって牽制される恐れはなかった[Ibid., pp. 100-101, 134]。

産業革命を進めてきたイギリスは、自国産業の市場を求めて、ラテンアメリカや北アフリカ、アジアへ進出したが、一八三〇年代までは、領土的拡張という面ではまだ限定的であり、世界的規模での海軍の展開と貿易の発展にとって重要な拠点を占領することで満足していた。その拠点は、ケープ、セイロン、シンガポール、香港などであった。占領という行政的な負担なしに世界的な貿易を展開しようとしていたのである（非公式帝国主義と言われる）。しかし、すでに一八世紀中ごろからイギリス東インド会社が植民地化を進めているインドは例外であった。インド市場は巨大であり、インドは東アジアへの突破口であって、ここは公式帝国主義の対象であった[Ibid., p. 136]。イギリスは、インドまでのルートの確保のために、ロシアと微妙に接しつつ、オスマン帝国、イラン、アフガニスタンなどを支配下に置こうとした。箕作『万国新史』にならって英露の「あい競う」さまを見ていこう。

オスマン帝国

オスマン帝国は、一八二〇年代にはギリシアの、三〇年代はセルビアとエジプトの、「不羈（ふき）独立」を求める民族運動に動揺していた。ロシアは同帝国の解体を求め、イギリスはその保全を求めつつ、それぞれの立場から介入した。一八二一年に始まったギリシア独立戦争は、オスマン帝国の属州エジプトの応援を得たオスマン帝国と、英仏露に支援されるギリシアが戦い、ギリシアが勝利を得て、一八二九年のアドリアノープル条約によって、ギリシアの自治国としての独立が認められた。また、セルビアは一八三〇年にロシアの保護のもとに独立した[箕作、二〇一八、一七二―二一五頁]。その後、オスマン帝国はイギリスの経済的進出を受け、一八三八年には通商条約（バルタ・リマン条約）を結ばされた。これにより帝国は、それまで非ムスリムに与えてきた身体・財産の安全など通商上の特権を確認し、関税自主権を放棄し、治外法権を与え、イギリス企業の自由な活動を認めた。これはその後各地に拡がる不平等条約のはじまりであった。

このような自由市場化に対応すべく、オスマン帝国は一八三九年に「ギュルハネの勅令」によってタンズィマート改革を開始した。それは、軍事改革と官僚制の整備のほか、宗教を問わない法の前の平等、生命・名誉・財産の保証などにより、この時代の世界の自由主義の「傾向」を導入し、近代法治国家へと編成替えしようという措置であった〔世界史史料8、一二〇—一二一頁〕〔加藤、一九九五、二〇六—二〇七頁〕。帝国は、内外の危機に直面していち早く国内の改革を進めたのだった。

三〇年代にはオスマン帝国は、エジプトによる反乱に直面した。エジプトではムハンマド・アリーがほとんど自立的な権力を打ち立てて、近代化を進めていた。箕作によれば、アリーは「エジプトの地を私有し、擅制の政を境内に施して、国権その一人に帰し、ひとり国内製造工作の利を占め、ことにその人民を強い、これを兵籍に編入し」ていた〔箕作、二〇一八、一七二頁〕。これは「非西欧世界が迫り来る西欧列強の進出の中で、自立的な近代国家建設を目指した最も早い試みの一つ」であって、「早すぎた明治維新」ともいわれる〔加藤、一九九八、一七一頁〕。そのエジプトは、ギリシア独立戦争において、オスマン帝国のために派兵した際に約束された領土を求めてスーダンを支配し、一八三一年には同帝国内のシリアの行政権を要求して「第一次シリア戦争」を引き起こし、さらに一八三九年に「第二次シリア戦争」によって帝国を破って、シリアを領有しようとしたのである。

これにイギリスなど列強が介入し、一八四〇年には、イギリス、ロシア、オーストリア、プロイセンの参加するロンドン四カ国条約が結ばれた。同条約は、ムハンマド・アリーのエジプト世襲支配を認める一方、スーダン以外の征服地を放棄させ、さらにバルタ・リマン条約の適用を規定した。これによって、帝国が認めた関税などは、そのままエジプトにも適用されることになり、エジプトは経済的な打撃を受けることになった〔世界史史料8、一一三—一一五、一五三頁〕〔佐藤編、二〇〇二、四〇二頁〕。

だが、この種の条約は次第に「東へ」向かって来るのである。以後、西欧列強は、オスマン帝国との接触で学んだ外交の術を「東へ」適用していくのである。それを知ってか、箕作『万国新史』は、エジプトやオスマン帝国が列強の思惑に翻弄されるさまを詳しく記述していたのである〔箕作、二〇一八、二一七―二二二頁〕。

この時期のオスマン帝国支配下からの諸民族の独立をめぐる足の引っ張り合いを、本書では「バルカン化*」として注目していく。本来ならば、手を取り合って同帝国からの独立を目指してもよいはずのギリシアとエジプトが、独立戦争を始めたギリシアに対して、エジプトが帝国の側についてこれを攻撃し、自らの地位の上昇を目指すという関係に立ったのである。これは日本を含むアジアにおいてもこののちに見られることになるはずである。

*今日ではこの「バルカン化」という言葉は、「小国への分裂」といった意味で使われるが、これは一九九一年以後のユーゴスラヴィア解体から使われ始めた新しい用法である。本書の用法は、『バルカン史』〔柴編、一九九八、二一―二三頁〕に見られる、バルカン諸国が「相互に対立や抗争を展開する」状況を「バルカン化」とする用法を、発展させたものである。

西・南アジア

オスマン帝国の隣のガージャール朝イランでは英露の争いはより顕著であった。ロシアは、一九世紀初頭以後、グルジア、アルメニア、アゼルバイジャンなどザカフカース（南カフカース）を支配下に置き、一八一〇年代からは北カフカースへの進出を進めていた。英露の「東」への進出に注目していた箕作『万国新史』は、このカフカース以東へのロシアの進出について詳しく述べ、一八二八年にロシアがイランに勝利して、「トルコマンチャーイに和議を結び」、「ペルシア〔イラン〕を震懾(しんしょう)し、トルコを威脅(いきょう)して、小アジアよりコンスタンティノープルに迫るべき勢いを示し」たという。そのうえで、イランをめぐる英露の争いについて、「往時特に盛大を極め、覇をアジア洲中の南方に称せし一国」であったイランは、「イギリス、ロシアの二国たがいにあい争うの地たるに至り」、「近歳(きんさい)その勢いようやくに衰頽し」て、トルコマンチャーイ条約によってロシアの内政干渉を受け、さらに唆(そそのか)されて「ペルシアとアフガニスタンの間にありて、すこぶる要害の地たる」ヘラートを攻撃したが、ヘラートをめぐる英露の対立に巻き込まれてしまったことを指摘していた〔箕作、二〇一八、二二〇、二二三頁〕。ここで箕作の指摘するトルコマンチャーイ条約は、きわめて重要なもので、イランが初めて治外法権を明文で認め、関税の自主権を失うことを規定した不平等条約であって、イギリスも一八四一年に同様の通商条約を結ぶことになる。前述のバルタ・リマン条約とともに、この種の条約がつぎつぎと「東へ」と拡げられていくのである。このような英露のイラン進出はイラン住民の反発を受けざるを得ず、やがて一八四八年にはシーア派イスラームの一分派であるバーブ教徒の反乱を招くことになる〔世界史史料8、二〇七―二一〇頁〕〔永田編、二〇〇二、三三九―三四一頁〕。

　イランの北にある中央アジアのトルキスタンには、イスラームを受容したウズベク人のコーカンド、ブハラ、ヒヴァの三つのハーン国が併存していた。そこへ一九世紀の中ごろにロシアが進出してきた。箕作は、ロシア人は「トルケスタンを略し、その有に帰する時は、ウラル嶺よりアジアの中心に至る捷径(しょうけい)〔近道〕にして、その国のため便なるを思い、常にその土人を征服せんと欲せし」と見ていた〔箕作、二〇一八、二一一頁〕。はたして、ロシアは、一八三九年冬に、多数のロシア人奴隷を持つヒヴァへの遠征を行った。ロシアは、抵抗を受けて苦戦を余儀なくされたが、いずれヒヴァをめぐってイギリスと勢力を接するに至るのである〔小松編、二〇〇〇、三三二―三三三頁〕〔加納、二〇一二、一八四―一八七頁〕。

イギリスは、イランに続きアフガニスタンの支配を狙った。箕作は、イギリスは「カーブルの地を略しこれをその統轄に帰せざる時は、インドの領地その虞(おそれ)なきを保するあたわざるがゆえに、ついにカーブルの内事に干渉せんと欲し」たと、正しく見ていた。そして、一八三九年、イギリス東インド会社はインダス川を渡り、八月にはカーブルを降した。だが、「アフガニスタン人はイギリス人に覇制せらるるを悦ばず」、一八四一年一一月イギリス人を襲い、イギリス人は「その勢い衆寡あい敵せず、ついに降伏を記して約を結び、一時和平を得るに至」った〔箕作、二〇一八、二一四頁〕。箕作の指摘するように、イギリスは、ロシアの来る以前にアフガニスタンを狙うも、抵抗を受けて苦戦をしなければならなかったのである。

箕作はインドへのイギリスの進出をも克明に記述していた。「初めイギリスのインドにある領地は、東インド公司(イースト・インヂア・コムペニー)と号する商估(しょうこ)の社中、本国政府の管轄を受け、これを統制せしが、ようやくに近隣の小邦を侵略し、その地を合併」した。イギリスは、ナポレオン戦争の間にマラーター王国と戦って、デリー、アグラ、カルカッタなどを支配した。マラーター王国は一八一五年より一八一八年までイギリスに抗して戦ったものの敗れ、結局、「インドの全国、南はコモリン(哥摩令)岬より北はヒマラヤの高嶺に至るまで、一億六千万余の人民」が、「挙げてイギリスの駕(が)

駆（人を思いのまま使う）を受けざる者なきに至れり」と述べていた。箕作は、イギリスがさらに、インドの東方のビルマやシンガポール、マラッカに進出して、オランダと対立したことも見逃していなかった〔同前、二〇八—二一〇頁〕。このようにイギリスはロシアを念頭に置きつつ「東方」へと進出してきていたが、こういう英露とアジアの関係は日本では箕作によって早くから注目されていたのである。

東アジア

アジアの西から南において英露の「グレート・ゲーム」の小さな兆しが進んできていたとき、東アジア地域の情勢を見るならば、東アジアは中国を中心とする宗属関係（華夷秩序）の中にあった。中国から見れば、モンゴル、チベット、新疆は間接統治下にある「藩部」であり、朝鮮、琉球、タイ、ベトナムは「朝貢」関係にある「属国」であり、日本は「朝貢」のない、通交抜きの貿易という「互市」の関係にあった。その中で、中国、朝鮮、日本、ベトナムなどは、西欧から見れば「鎖国」という体制を設けて、対外関係をきわめて限定していた。中国との宗属関係のもとでは、各国は、「条約」などを含む欧米の「外交」関係の考えや、「線と空間」によって国家の領域と国境を区分するという考えを容易に受け入れる状態にはなかった。この秩序が西欧列強（やがて日本）の動きによって西欧的国際関係に取り換えられていくのである〔Beasley, 1987, pp. 41-42〕〔宮地、二〇一二、上・五四頁〕〔岡本、二〇一〇、一五八頁〕。

ナポレオン戦争の間に、東アジアでは、ロシアとアメリカが活動を繰り広げていた。ロシアは、一八〇四年、通商を求めて対日使節レザーノフを長崎へ派遣した。交渉に失敗したレザーノフはその帰路にサハリン、エトロフを襲撃した［横山、二〇一三、一一八―一七一頁］［三谷、二〇〇三、一一一―一四頁］。その後、ナポレオンのロシア遠征や前述のイラン、オスマン帝国との戦いのために、ロシアの東アジアへの進出は一時停滞した［柳澤、二〇一〇、八一頁］。この間に、アメリカが、北東部の繊維産業などの利益を求めて、大西洋から喜望峰を回ってインド洋、そして中国へ至るルートを発展させてきた。あるいは、ラテンアメリカの南を回って太平洋へ来るアメリカの捕鯨船団も現れた。こうして、中国への途上で日本へ来たり、捕鯨の基地を求めて日本周辺へ来るというケースが増えてきた［西川、二〇一六、七頁］。同じ時期、ナポレオン帝国の成立によってフランスの支配下に入ったオランダと、フランスに敵対するイギリスとの対立関係がアジアにも波及して、イギリスは、インドと中国の間の航路に入るオランダ艦隊を警戒し、一八〇八年には、イギリス海軍のフェートン号がオランダの商館のある長崎へ侵入したりした［横山、二〇一三、一七一―一七三頁］。だが、イギリスはあくまでも中国市場への進出を目指していて、インド＝中国間の航路の安定的確保を目的としていたから、対日政策には積極的ではなかった。

ウィーン会議後の一八一〇年代から一八三〇年末までは、「ヨーロッパが勢力均衡により安定を回復し、その対極に、アジア・太平洋における新しい動きが生まれてくる時代」であった［同前、二〇六頁］。それはイギリスの積極的な進出に伴うものであった。

一八一九年に領有したシンガポールを足場にインド以東への進出を目指すイギリスは、ジャワなどの東南アジア支配復活を目指すオランダと対立したが、それは一八二四年にイギリスがオランダと締結したロンドン条約によって収束した。同条約は、「中国にいたる東インド航路の右側はオランダの勢力範囲に、左側はイギリスの勢力範囲」にするというもので、オランダはイギリスのシンガポール支配を承認した。こうして、イギリスは、ジャワ島以外、実効支配に乏しいオランダを抑え込んで、一八二六年には、シンガポール、マラッカ、ペナンなどからなる海峡植民地を形成した。さらに、イギリスはコンバウン朝ビルマにも進出し、一八二四年以後数回のインド＝ビルマ戦争を引き起こすことになった〔小林、二〇一〇、一〇六頁〕〔横山、二〇一三、二〇八頁〕。

イギリスは、中国方面にも進出してきた。清朝の支配する中国との貿易を求めるイギリスは、綿製品需要が中国にはないことを認識して、次第にインド産アヘンを交易品としていった。そして、インドからアヘンを清国へ、清国から銀をインドそしてイギリスへ、イギリスから綿製品をインドへ輸出するという「英印中三角貿易」を成立させた〔加藤、一九八〇、一一九―一二六頁〕。その間に、イギリスは、琉球諸島と朝鮮半島にも接近し、また日本とも接触を持つようになった〔横山、二〇一三、二二六、二二八、二三七頁〕。この時期、幕府の天文方の高橋景保は、ヨーロッパの情勢を正確に認識して、そのアジア進出の意味を正しく理解し、ヨーロッパでは各国の「兵乱」が治まって平穏となり、また「東海」への航路が「熟」したので、イギリスの捕鯨船らが多く現れるようになった、と指摘していた〔三谷、二〇〇三、三四頁〕。このイギリスの動きのために、幕府は対外政策を見直し、一八二五年に異国船打払令を打ち出したのだった〔横山、二〇一三、二四三、二四八、二五九頁〕。この時期にあっても、イギリスは、東アジアに対しては、植民地拡大の政策を取らず、「基本的に現地政権を維持して、それへの影響力を行使しつつ、通商的利益を最大化しようとした」〔川島、二〇一〇a、一四頁〕のだが、同時代の日本ではそれは認識されていなかったようである。

一八三〇年代になると、日本周辺における捕鯨活動はいっそう活発となり、オーストラリアの捕鯨船が蝦夷に到着したり、小笠原諸島に米英船が毎年寄港し、定住者も増えていったりした。また、琉球や長崎や蝦夷や対馬(「四つの口」)を通した輸出入も多様化してきた[横山、二〇一三、二五九―二六五、二七二―二七五頁]。そのような状況下で、太平洋交易を重視し始めたアメリカは、一八三〇年代にはアジア諸国との関係を外交的に打ち立てようとした。その一環として、一八三七年、広東のアメリカ貿易商社(オリファント商会)のモリソン号が浦賀に渡来し、日本人漂流民の送還のほか、対日貿易交渉を求めたが、異国船打払令によって砲撃を受けて、追い返された[同前、二七九―二八三頁]。モリソン号は、オランダ商館長の作った幕府宛の海外事情報告書「風説書(ふうせつがき)」の誤った情報のために、アメリカ船ではなくイギリス船と受け止められ、イギリスが漂流民の保護や交易を要求してきた場合、機械的な打払いでは済まないという危機感が拡がり、打払令の再考が進むことになった[加藤、一九八五、二五二―二六〇頁]。一八三九年には異国船打払令を批判した渡辺崋山、高野長英が処分される(「蛮社の獄」)が、対外的な危機感は、広く深い海外知識を持ったこの二人のような蘭学者にとどまらず、幕府の内部にも広く共有されていて、この対外政策をきっかけに国内政治にも批判の眼が向けられていくことになった[横山、二〇一三、二八〇―二九一頁]。

一八三〇年代には、中国の南のベトナムへのフランスの進出が始まった。ベトナムでは、一七世紀よりキリスト教宣教師を送り込んでいたフランスが、ナポレオン戦争の混乱がおさまったのち、通商の発展を求める使節を送り込んできた。だが、ベトナムの阮朝は、キリスト教による社会の倫理的崩壊と社会的結合の弛緩を恐れて、対外貿易よりも、布教禁止に力を注いだ。一八二五年にはキリスト教宣教師の上陸を拒否し、一八三二年以後、教徒への弾圧を強化した。一八三三年の農民反乱に宣教師が参加していたために、禁教が決定的となり、同年から三八年までに七人の宣教師が処刑された。これはフランスのベトナム侵略の口実となることになる[石井・桜井編、一九九九、二二七頁]。こうした布教活動の中でフランスは、さらに琉球や朝鮮へも進出した。一八三〇年代からフランス人宣教師が朝鮮に潜入し、殺害されたりしていた[武田編、二〇〇〇、二二七頁]。

以上のような西欧列強の動きの中で、イギリスが最も活発であった。ヨーロッパの「勢力均衡」期に、産業革命を経て原料市場や製品市場を世界的に求めていたイギリスは、ロシアを警戒しつつ、インドとその先の中国を目指して、資本の論理に従ったダイナミックな進出を展開してきた。そのような中でアヘン戦争が起こることになったのである。

2　中国の反乱――アヘン戦争とその波紋

アヘン戦争は、アジアとヨーロッパの関係で言えば、アジアの綿製品の「挑戦」に対抗して産業革命をなしとげたイギリスのアジア進出に対する中国の反発であるが、さらに言えばそれは、イギリスを代表とするヨーロッパ勢力のアジア進出のための戦争であり、それへのアジアの抵抗の戦争であった。

前述のとおり、イギリスの綿製品はインド市場こそ確保したものの、中国では需要がなかった。そのためイギリスは中国の茶や絹などの輸入に際し、銀で決済せざるを得なかった。そこで、イギリス

世界配備

1850		1855		1860		1867	
艦　数（隻）	兵員数（人）	艦　数（隻）	兵員数（人）	艦　数（隻）	兵員数（人）	艦　数（隻）	兵員数（人）
20	3,189	23	3,826	65	7,561	7	1,275
						38	4,447
—	—	—	—	6	1,090	6	1,367
13	2,558	10	2,602	15	3,625	14	3,321
9	1,015	8	1,207	8	1,262	9	1,115
9	917	7	482	9	1,581	3	446
25	2,543	12	1,145	15	1,924	19	1,894
13	1,877	19	3,784	22	3,158	29	5,488
28	8,264	54	18,817	38	15,360	19	5,207
2	59	—	—	—	—	—	—
—	—	38	12,899	—	—	—	—
94	12,819	96	21,227	127	29,398	132	19,685
213	33,241	267	65,989	305	64,959	276	44,245

は、インド、中国の間に「三角貿易」を成立させ、インド産のアヘンを中国に売りつけ、それによって中国から茶や絹を購入したのである。これによって、イギリスは銀を失うことがなくなった。しかし、このアヘン貿易は中国側の反発を呼び、それがアヘン戦争につながるのである。すでに一八三三年のイギリス東インド会社の中国貿易の特許廃止により、イギリス商人をはじめさまざまな商人がインドアヘンの対中貿易に携わるようになっていた。その中で中国は国内アヘンを生産して外国アヘンを厳禁しようとする政策をとって、イギリスと衝突した。これは中国の差別的管理貿易へのイギリス商人の不満につながった。貿易を広州に限定し、特定の商人に独占的に取引させていた制度への不満である［世界史史料9、一二一―一二三頁］［尾形・岸本編、一九九八、三〇九頁］。このアヘン戦争については箕作

表1　イギリス海軍の

地域＼数	1835 艦数（隻）	1835 兵員数（人）	1840 艦数（隻）	1840 兵員数（人）	1845 艦数（隻）	1845 兵員数（人）
東インド 中国	15	2,079	20	4,055	22	4,196
オーストラリア	—	—	—	—	—	—
太平洋	14	2,091	6	596	14	3,700
アメリカ東南海岸			17	1,730	9	1,404
喜望峰	13	1,065	20	1,528	9	1,568
アフリカ西海岸					26	3,030
北米・西インド	28	3,294	30	3,231	13	2,380
地中海	23	6,236	37	10,206	22	3,895
カナダ	—	—	5	400	3	68
バルト海	—	—	—	—	—	—
本国海域	74	4,913	106	10,604	112	14,713
計	167	19,678	241	32,350	230	34,954

［横井，2004，pp. 192-193］

『万国新史』も、イギリスが「そのインド領に生ずる産物商品を支那に搬運し」、これを販売するために「通商を繁盛に」しようとしたが、「ことに自国人民の数回支那官吏に賤辱せられその念に堪えざるがため」戦争したとして、戦争の経緯を詳細に記述していた［箕作、二〇一八、二二五―二二六頁］。

アヘン戦争は、一八四〇年五月、イギリス艦隊が広州を封鎖したところから本格的に始まった。六月までにインドからイギリスの陸海軍が中国へ到着し、八月の時点で、軍艦一六隻、陸軍兵士四〇〇〇人などの勢力になった。イギリス軍は、清朝政府のみならず、広州などでの民衆反乱にも直面したため、一八四二年春にはインドの傭兵「セポイ」六七五〇人を派遣せざるを得なかった［横井、二〇〇四、九一、一〇四頁］。こういう苦戦の末に一八四二年七月、イギリスは清朝に南京条約を結ばせることに成功したのだった。

戦争の結末として、一八四二年に南京条約、さらに一八四三年には、虎門寨追加条約が結ばれ、これらによって、香港島割譲、広州・上海など五港開港、賠償金、公行廃止による貿易完全自由化などが規定されたほか、領事裁判権(治外法権)、片務的最恵国待遇、協定関税(関税自主権喪失)が認められた。このあとさらに、清朝は一八四四年に望厦条約(米)、黄埔条約(仏)を締結することになる。望厦条約では、南京条約を継承したほか、特に領事裁判権が明確に規定された。黄埔条約の場合、特に、フランスのカトリック宣教師の中国入国の自由を規定していた[世界史史料9、一六―一八頁]。

これらの条約は当時の清朝がその不平等性を強く感じないまま、既存の秩序観や対外貿易方法に即して西洋的条約に対応したものである[川島、二〇一〇a、一五―一七頁]にしても、結果的には、一八二八年のトルコマンチャーイ条約や一八三八年のバルタ・リマン通商条約以来の不平等条約の動きが、ついに東アジアにまで「連動」してきたことを意味した。以後、条約に規定された港を開かせ、そこで西洋の商人と対等の立場で貿易を行わせ、治外法権のもとで西洋人が条約港周辺の地域で生活を保障させるという形の「開国」を実現していくのが列強の方式となった。これは「条約港制度」と言われる。イギリスを先頭とする列強はこの体制をもって東アジアに「非公式帝国」を作り上げようと迫ってきたのである[Beasley, 1987, pp. 12-20][小林、二〇一〇、一〇七―一〇八頁]。

議会での反対論をかろうじて押し切って開戦した[尾形・岸本編、一九九八、三一七頁]イギリスにとって、アヘン戦争に費やした戦費と兵力は大変なものであった。それゆえ、イギリスはインドの「セポイ」を派遣して、アジア人同士を戦わせるという手法をとらざるを得なかった。加えて前述のように、アヘン戦争中にはアフガニスタンで苦戦していたのである。イギリスと言えども、これだけの戦争はヨーロッパでの「勢力均衡」に保障されていなければできるものではなかった。ヨーロッパの緊張緩和がアジアでの緊張を生み出していたのである。

さて、イギリスがアヘン戦争とその後始末に専念している一八四〇年代前半に、ロシア、アメリカ、フランスが太平洋・東アジアにおいてさかんに勢力を拡げようとしてきた。

ロシアは、イギリスとの「グレート・ゲーム」の延長として、アヘン戦争の結果に注目しており、南京条約によって、イギリスが香港を得たうえ、上海以下の港を開かせて、海上貿易を拡大することを強く懸念した〔高橋、二〇〇二、二六頁〕。そのような懸念から、一八四三年にロシア海軍少将プチャーチンは、中国と日本に遠征隊を送ることを上奏したが、これはツァーリ（ニコライ一世）に承認されたものの、イギリスを刺激したくない外相らの意見によって実行はされなかった〔和田、一九九一、一七頁〕〔三谷、二〇〇三、七九頁〕。

アメリカは、この時期には、国内での「対外関係」に没頭していた。アラスカの南限やカリフォルニアの北限をめぐって、イギリスと対立する一方、カリフォルニアの領有をめぐってメキシコとの対立を深めていた。だが、アヘン戦争が終わると、望厦条約を中国と結んで、上海などの開港を実現させ、太平洋進出を目指して、イギリスに対抗してきた〔横山、二〇一三、二九七―三〇〇、三一七―三三〇頁〕。アメリカ東部の拡大する捕鯨産業の結果、一八四五年四月に、捕鯨船マンハッタン号が浦賀へやってきた。異国船打払令は一八四二年八月に廃止されていたので、砲撃などは受けず、マンハッタン号は日本人漂流民を浦賀奉行所に引き渡して立ち去った〔西川、二〇一六、九一―一〇頁〕。

そのような情勢下、一八四五年、日本の開国を求める建議書がブラット下院議員によってアメリカ議会に提出された。この建議書の意味を過大評価はできないかもしれないが、この後、アメリカ東インド艦隊司令官ビッドルが日本への使節として派遣されることになり、一八四六年七月、その艦隊が浦賀へ到着、開国と通商を求める文書を浦賀奉行所へ提出した［同前、一一―一二頁］［三谷、二〇〇三、八六頁］。だが、ビッドルは交渉もしないで帰国してしまった。この点について、ビッドルは一八四六年五月に宣戦布告された米墨戦争（―四八年）のため急遽帰国したのだとされている［加藤、一九八五、二九三頁］。

一八三〇年にアルジェリアを占領して再び植民地獲得の政策を始め、アジアでも南から中国市場への接近を目指していたフランスは、アヘン戦争を機に、東アジア政策を開始した。一八四四年に黄埔条約を結んだのち、フランスの中国進出が本格化した。中国へ行くための拠点をベトナムに作るため、フランス人宣教師に対する処遇を口実にしてベトナムへの介入を図った。だが、ベトナムの抵抗にあったために、一八四七年には、ダナン港を砲撃し、多数のベトナム人を殺傷した［石井・桜井編、一九九九、二二八頁］。この間フランスは、さらに東アジアを北上した。一八四四年四月には、フランスの軍艦が琉球に来て、琉球王国に開国とキリスト教布教の許可を求めた。これは認められなかったものの、これが琉球と西欧列強との最初の交渉となった［西川、二〇一六、二六頁］。一八四六年六月には、インドシナ艦隊を琉球、長崎、朝鮮に訪問させた。長崎＝琉球＝フランスという中継貿易の樹立を目指したのである。薩摩藩はこの事態を重く見て、幕府に貿易許可を進言し、結局、幕府は琉球を幕藩制国家の「外地」と位置づけ、琉仏の交易を承認した。しかし、この交易はフランスで起きた一八四八年の二月革命により実現しなかった〔横山、二〇一三、三二九―三三二頁〕〔西里、一九九二、一六八―一六九頁〕。

一方イギリスは、アヘン戦争後は、その終結の処理に手いっぱいで、中国以外の周辺諸国にまで手を伸ばす準備がなかった〔加藤、一九八五、三〇五頁〕。イギリスは、南京条約締結後も中国の完全な五港開港へと進めず、そのため、周辺海域の測量に力を入れるか、宣教師を琉球において布教活動を行わせる程度であった〔横山、二〇一三、三二五―三二六頁〕〔西川、二〇一六、二七頁〕。この時期のイギリスは政府方針として、日本に接近することはなかった〔Beasley, 1987, p. 21〕。三谷博によれば、一八四五年五月に中国駐在の全権・貿易監督官デイヴィスが本国に提案をして、江戸に使節を送ることの了解を得て、一八四六年四月以降に日本へ出発する計画が立てられていた。しかしこれは、十分な艦隊がそろわないことと、アメリカのビッドルの「失敗」の報が入ったことと、デイヴィスが目的地をコーチシナに変えたことのために、実行されなかった。そして、この計画の変更後、イギリスの対日開国計画が復活することはなかった。その理由は、「駐清艦隊はヨーロッパ情勢の険悪化も手伝って小規模に留められ、その一方で中国で紛争が続発したため」であったという〔三谷、二〇〇三、八〇―八一頁〕。ここで注目すべきは、「ヨーロッパ情勢の険悪化」ということである。それは、後述する一八四六年のポーランド蜂起以来の「一八四八年」につながる一連の大変動の始まりに他ならなかった。「一八四八年」が東アジアにも影響を持っているのである。

こうして、アヘン戦争後、東アジアは、ロシア、アメリカ、フランス、そしてある程度はイギリスの利害が求められる地域となった。「それまでヨーロッパ列強による征服を免れていた太平洋・東北アジア地域」は、その対象圏内に入ったのである〔同前、四〇頁〕。しかし、列強の進出はまだ本格的なものではなかった。その間の日本列島地域の動きを見ておこう。

3　アヘン戦争と日本

アヘン戦争と清国敗北の知らせは、長崎にやってきた中国船やオランダ船を通じて直ちに日本に伝えられた。オランダのバタヴィア植民地政庁で作られる「別段風説書」は一八四〇年から始まったが、七月に届いた最初の「別段風説書」は、中国側が無理非道を行ったために、イギリスが「仇を報いんが為め」に出兵したと、イギリス側に出兵理由があるような論調になっていた。だが、一二月に長崎奉行が唐通詞に作成させた「唐風説書」は、有害アヘンを売りこむことを目的にしたイギリスの政策と、これを厳禁しようとする清朝の政策が、ついに正面からぶつかり、交戦となったといった内容を知らせていた。清朝に正義があるも、軍事力はイギリスが優位であることが知らされていた〔加藤、一九八五、二六六―二六八、二七四頁〕。このように日本の為政者は複数の情報を得つつ、アヘン戦争の事実や、イギリスの進出の危険性を次第に正確に知ったうえで、その危険性に対応しようとした。このアヘン戦争のもたらした対外的危機こそ、国内における政治的危機と「天保改革の重要なモメント」になったのである〔同前、二六四頁〕。一八四一年（天保一二年）初めに老中首座水野忠邦のもとで開始された「天保の改革」によって、幕府は翌一八四二年、異国船打払令を撤廃し、薪水給与令を発した。そして海防を強化して、「天保改革」を推し進めた。世界の動きと国内の動きが有機的に絡み合って

いた［横山、二〇一三、三〇二―三一一頁］［三谷、二〇〇三、四四頁］。

「天保改革」が進められるなか、一八四四年に、オランダ国王の使節が「大日本国君」にあてた「親書」を携えて長崎へやってきて、幕府に開国を勧告した。親書は、日本から帰国していたシーボルトが原案を作成したもので、約半年をかけて運ばれ、八月一五日にオランダの軍艦によって長崎にもたらされた。この親書は当時の最新の世界情勢をかなり正確に知らせたものであり、当時の幕府がどのような世界認識を持ちえたかを知る格好の材料となる。少し検討しておこう。

親書は、まず、最近イギリスと清国との戦争（つまりアヘン戦争）において、ヨーロッパの「兵学」が長じているため清国は敗れ、「和親」を約し、五港を開港し「交易の地」としたことを知らせた。ついで、イギリスの進出の背景を説明した。三〇年前のヨーロッパの「大乱」（つまりフランス革命とナポレオン戦争）が終わって、各国の民はみな平穏な生活を望んだ。そのため各「帝王」は、民のために「商売」の道を開き、民の繁栄を図った。そのさい、「器械」を造る技術や「種々の奇巧」が発明され、「人力を費やさずして貨物を製する」ようになった（産業革命のこと）。これによって、諸国の商売は拡がり、国の費用はかえって減少したのだ。以上のように世界情勢を解説したのち、親書は、日本に対して、アヘン戦争での清国の敗北から教訓を得るように忠告した。最近日本近海に異国の船が以前よりも多く現れている。そのような船の兵と日本の民とが争端を開きついに兵乱を起こすことを恐れる。したがって、一八四二年八月の「令書」（薪水給与令のこと）は聡明な措置であったが、遭難船への薪水給与を認めただけでは足りない。「信義を表わし」或は「他のいわれ」があって訪れた船を排斥したままではいけない。「争端」が起きて「兵乱」になり、国の荒廃を招くかもしれないからである。親書は、最後に、「蒸気船」のできた今は各国間の距離はますます近くなっている。こういうときに「万国と相親ざる」は人が好むところではない。「異国の人を厳禁する法を弛め給うべし」と忠告した。このように、オランダ国王の親書は、ほぼ正確な世界の「傾向」を伝え、日本が天保薪水給与令の段階にとどまることが困難であり、オランダ以外の西洋諸国とも通商を始めるよう忠告したのであった〔幕末維新外交史料集成2、一三三―一三四頁〕〔横山、二〇一三、三一八―三一九頁〕。

同じ一八四四年には斎藤竹堂の『鴉片始末』が出て、唐船からの情報を総合して、アヘン戦争の経過を整理し、さらに「講和」の条件を伝え、清国が償金を払うこと、広州・福州・寧波・厦門・上海の五港を「交市」のために開くこと、香港がイギリスの管轄に帰することなどを知らせた。つまり南京条約の内容を紹介したのである〔三谷、二〇〇三、五三―五六頁〕〔斎藤、一八四四、一一頁〕。

しかし、一八四五年二月から老中首座となった阿部正弘のもとで、幕府はオランダ国書の忠告を拒否し、同年七月、「通信は朝鮮・琉球に限定し、通商は貴国と中国にかぎる」と返答した〔幕末維新外交史料集成2、一三九頁〕〔三谷、二〇〇三、五〇―五一頁〕。幕府は世界の動きに対応することをためらっていた。なぜそれが許されたのだろうか。幕府にとって幸いにも、このような動きの後「約三年のあいだ、対外関係は小康を保っていた」〔加藤、一九八五、三〇三頁〕。横山伊徳によれば、一八四五―四六年に米英仏の船がやってきたが、それらの来航は通商実現というより、「アヘン戦争後の条約締結国の周辺地域への現状確認」という性格を強く持っているもので、「直接に条約締結をねらったものではない」のであった〔横山、二〇一三、三二一、三二三―三三〇、三三四頁〕。

この静かな時期に日本においては、幕府の政治的な対応こそなかったが、アヘン戦争の教訓が速やかに学ばれようとしていた。いわば、隣国におけるアヘン戦争の経験を「他山の石」としていたのである。この時期、日本では、前述の「親書」や「風説書」や「別段風説書」による情報だけでなく、より体系的な海外情報を獲得できるようになっていた。アヘン戦争は「世界全体の現況」への関心を強めたのである。斎藤竹堂の『鴉片始末』の他に、箕作省吾の世界地理書『新製輿地全図』(一八四四年)および『坤輿図識』(一八四五年)などが学ばれていた。このように、日本には世界についての情報や知識が急速に入って、それが「学習」されていたのである。いわば世界史の「傾向」が入りつつあったのである。

では、なぜアヘン戦争以後も、日本の対外関係が「小康」状態にあったのかという問題が提起されるべきであろう。前で見たように、アヘン戦争後、ロシア、アメリカ、フランス、イギリスが東アジアに出てきてはいたが、いずれの国もまだ日本開国に積極的ではなかった。それには英露の牽制、アヘン戦争の後始末、また米墨戦争などの要因を考えなければならない。それは世界史として考えるべき問題なのである。加えて、フランスやイギリスの場合にみられたように、ヨーロッパにおいて一八四六年に始まる「一八四八年」の大騒乱を抜きには考えられないのである。そのヨーロッパにおける「一八四八年」を考えるには、アヘン戦争中のヨーロッパの動きを見ておく必要がある。

4　ヨーロッパの「改革」——アヘン戦争の裏で

アヘン戦争は、ヨーロッパ自身においては、「城内平和」を可能にしていた。この時期は、「ウィーン体制」のもとで、イギリスのパーマーストン外相がオーストリア外相のメッテルニヒと対立しつつ展開した「会議外交」によって、勢力の均衡が保たれ、「ヨーロッパの平和」が維持されていたのであった〔君塚、二〇〇六、一〇一頁〕。一八四六年までは、ヨーロッパ諸国間の軍事的・外交的対立は見られなかった。

このヨーロッパでは、一八四〇年代前半に、全ヨーロッパ的な「変革」期が訪れていた。産業革命を経て世界の工場となったイギリスでは、労働者を中心とするチャーチスト運動がさまざまな社会改革を要求した。同じく産業革命を進めたフランスでは、国内の労働者の力が強まり、政治的・経済的要求を掲げるようになっていた。ドイツや東欧諸国では、一八四八年の「三月革命」に先立ついわゆる「三月前期」の改革期を迎えることになる。それは、世界的な緊張関係がアジアにおいて高まっている間に、ヨーロッパ自体において産業革命の波及に伴って展開された改革であった。産業革命を経た西ヨーロッパ(英仏)の世界進出→西欧の工業のためのアジアからの原料の輸入→西欧の工業と都市を賄うための農産物需要→それに応えようとするドイツや東欧の農業利益の改革(封建的な農業関係などの改革)要求、こういう世界的な「連動」関係の中で「三月前期」の改革が必要とされていった。だから、「三月前期」のような「改革」はヨーロッパ各国史はもちろん、ヨーロッパ史の枠組みの中のみでも論ずることはできないのである〔ベレンド&ラーンキ、一九九一、二一―三〇頁〕。ドイツ・東欧ではこういう社会改革の意識が「ネイション」の意識と結びあわされていった。この時期にはドイツ・東欧で「ネイション」の意識が次第に芽生え、社会のエリート層に拡がったのであった。この二つの側面が合流して、一八四八年革命を引き起こすのである。アヘン戦争ののち東アジアの国際関係が一段落すると同時に、ヨーロッパの激動が始まった。

二　ヨーロッパの「一八四八年革命」とアジア——緊張はヨーロッパへ

1　ヨーロッパ「諸民族の春」——「一八四八年革命」

一八四八年革命は、一八四六年のポーランド蜂起から始まっている。ハプスブルク帝国内のクラクフで起きたポーランド貴族の、農民をも巻き込んだ対露独立蜂起は、ロシアの「東方」への関心の間に生じたものであった。この蜂起は、一八四七年のスイスの革命を経て、一八四八年になると、フランスの二月革命を皮切りに、三月を中心として、大陸ヨーロッパ各地での「諸民族の春」へとつながった。社会変革と「ネイション」の要求を掲げる革命運動はオーストリア、ハンガリー、イタリア、ボヘミア、ドイツ、ルーマニア、デンマークなどに拡がった。同時期に、イギリスではチャーチスト運動が展開された。一八四八年革命が最終的に鎮圧されたのは一八四九年の夏におけるイタリアとハンガリーの軍事的敗北をもってであったから、一八四六年から一八四九年までヨーロッパの緊張関係は続いたことになる[森安・南塚、一九九三、一五三—一五八頁]。一八四八年革命は、今日では、大陸ヨーロッパ各国の歴史に分断して理解されているが、現実には、各地の革命は相互に影響しつつ関連して展開したものであった。一八四八年の「騒乱」に強い関心を持っていた箕作は、『万国新史』において、諸運動を関連させながら記述していた〔箕作、二〇一八、中編・巻五―六〕。

このように展開したヨーロッパの一八四八年諸革命において、ほとんど各地に共通する民衆の要求があった。それは封建制の打破と「ネイション」の主張であった。たとえば、一八四八年三月のハンガリーにおいては、民衆は「一二項目の要求」を掲げていたが、それは、農民の解放、議会・政府・軍隊・銀行を自民族のものにすること、検閲の廃止や法の前の平等などであった。これはヨーロッパ全体の一八四八年革命にほぼ共通する要求であった〔南塚、一九七九b、二七五―二七六頁〕。箕作によれば、一八四八年革命は「人民に自由の権」を与えることをめざし、「立憲政体の制度」つまり君主権の制限と人民主権の制度を設けさせ、「各個の人種たがいに一国をなすべき大理」つまり民族国家の原理を明らかにし、「農民をして、旧来の羈軛（きやく）〔束縛〕を脱し、自由を得」させた、つまり農民解放を実現したのであった〔箕作、二〇一八、二六二頁〕。これは当時としては見事な認識である。

世界史的に考えると、第一に、一八四八年の革命や運動は、世界的な脈絡の中で起きたものだと言うことができる。一般的な西洋史の理解では、フランス革命と産業革命の生み出したヨーロッパ社会の諸問題の結果として、一八四八年の諸革命が生じたと考えられているが、それは狭すぎる理解である。イギリスのチャーチスト運動もフランス二月革命も、英仏の工業製品の世界的拡大を背景にしたものであった。中東欧諸国の革命は、アジアなどに進出する工業的西欧へ農産物を輸出する中東欧の農業利益からして合理性を失った農奴の強制無償労働を変革する必要性に基づくものであった。第二に、一八四八年にはヨーロッパ各国において、デモや暴動や軍事的衝突が繰り広げられ、各国が体制的危機に直面したため、一八四〇年代後半には西欧の兵力はヨーロッパに集結されねばならなかった。

イギリス海軍の配置を見るならば、一八四〇年の時点ではエジプト問題などのために地中海に重点的に配置されていたイギリス海軍の戦艦と兵員は、アヘン戦争後の四五年には東インド・中国・太平洋に重点を移したが、五〇年にはふたたび地中海に戻っている(表1参照)。なぜアヘン戦争後にイギリスなどが日本に力で進出してこなかったのか、という問題への重要な答えがここにある。第三に、一八四八年革命で示された民衆のさまざまな要求がヨーロッパ全体だけではなく、まもなくヨーロッパの外へも伝わっていったのだった。一八四八年革命は、少なくとも日本においては一八七〇年代から箕作『万国新史』をはじめいくつもの「万国史」において記述されていた。西村茂樹の『校正万国史略』(一八七五年)や岡本監輔の『万国史記』(一八七八年)は、伊独仏墺の各国史の箇所で一八四八年革命を扱っていた。一九世紀中ごろの変革において提出されるべき諸要求が世界的に知られていくことになったのである。

2　緊張の緩和したアジアへの英米の侵入

このヨーロッパでの一八四六―四九年の緊張関係のあいだ、アジアでは緊張は緩和することになった。ヨーロッパ大陸諸国は、一八四八年革命に直接間接に関与していたから、ひとりイギリスがアジアに進出できた。ライバルのロシアはこの時期、ヨーロッパに関心を向けていて、ハプスブルクと連携してハンガリー革命に干渉したりしていたので、アジア方面へは力を注げなかった。革命後のフランスもその余裕はなかった。イギリスは一八四〇―四二年のアヘン戦争期に手控えざるをえなかった西アジア、中央アジアへの進出の遅れを取り戻し、インド、中国の支配を強化しようとした。

まずインドであった。イギリス東インド会社は、北西インドを支配するシク王国を攻撃、一八四五—四六年と一八四八—四九年の二度のシク戦争によって、シク王国を滅ぼした。インドでのイギリスに対する最後の抵抗が終わり、インド占領が完了したのである［辛島編、二〇〇四、二八八頁］。箕作は、この間の戦闘の経緯を詳細に述べたうえで、「イギリス人は、わずか百年を出でざるにインド全国を略取し」たのだと強調していた［箕作、二〇一八、二一四—二一五頁］。さらに東のアジアでは、イギリスは、一八五二年にふたたびビルマを攻撃して、ビルマ南部を手に入れて、中国への道を確保し、一八四〇年代の後半から一八五〇年代の前半には、アヘン戦争で開港させた上海の整備発展に力を入れることになった。上海の開港は中国内外の水運・海運のネットワークを外国貿易と結びつけたもので、そこに租界も作られたため、イギリスのアヘンを中心とする貿易を強固なものにした［加藤、一九八五、三三八—三三九頁］［高橋、一九九五、二六六—二六八頁］。

このようにイギリスのアジア進出が進む間に、アメリカが東アジアへ積極的に接近してきた。ヨーロッパ大陸を覆う緊張関係の中で、少なくとも一八四九年までは西欧列強は日本の開国を強く求めてはいなかった［横山、二〇一三、三四七—三四九頁］。しかし、ヨーロッパの緊張に直接的に関係しないアメリカにとっては、この時期、東アジアに進出する余地が拡がった。中国と望厦条約を結んでいたアメリカは、朝鮮と日本の開国を目指した。すでに見たように、一八四五年の議会決議の時期からアメリカの対日政策が明確化したが、アメリカ政府が対日開国に具体的に動き出したのは、アメリカの捕鯨船の漂流民が日本で虐待されたという報告に押されてのことであり、自国の漂流民の保護のために外交関係を求めて日本に接近してきたのであった〔加藤、一九八五、三三四頁〕〔西川、二〇一六、一三一一五頁〕。このアメリカの対日接近の要因については、望厦条約によって開港地が増えたために対中国貿易の急速な拡大が見込まれるようになったこと、米墨戦争の結果、テキサスのみならず、一八四八年五月にはカリフォルニアも領有して、太平洋に進出するようになったこと、同じく一八四八年一月にカリフォルニアに金鉱が発見されたこと、カリフォルニアと上海を結ぶ太平洋を横断する蒸気郵便船の計画が動き始めたことがあげられ、これらの要素が集まって、アメリカが太平洋岸を超えて、一挙に中国にまで西進し、その中で日本が大きな期待を集めたのだと言われている〔三谷、二〇〇三、八二―八五頁〕。だが、より直接的な理由としては、船員の遭難時の保護と、そのための外交関係の樹立の必要性が重視されている〔加藤、一九八五、五三―七〇頁〕。

日本の側で見ると、西欧列強が一八四八年の諸革命に専念している間に、アメリカが接近してきているとはいえ、東アジアにおいて列強の政治的・軍事的活動は限られていた。その間に日本は開国に向けて準備する期間を得た。日本は、アヘン戦争の教訓を学び、また、世界情勢を知る「猶予期間」を得た。その結果がやがてアメリカとの開国交渉に反映することになる。この時期に、単なる軍事的な対抗関係ではなく、外交の力というものが有効であるということを、学んだのである〔井上、二〇〇六、二三―四頁〕〔横山、二〇一三、三三四―三四六頁〕。

この時期の海外についての知識を豊かにするうえで、箕作麟祥の父である地理学者箕作阮甫（みつくりげんぽ）の『泰西大事策』（一八四八年）や同『極西史影』（一八五三年以前）が系統的なヨーロッパの歴史を紹介していた。一八四八年以後になると、中国でアヘン戦争での敗北に刺激されて編まれた『海国図志』が輸入された。これは、清の学者魏源が政治家林則徐の依頼によって著したもので、一九世紀初めまでの世界情勢を描いた地理書で、幕末に広く読まれた。また、蘭学者嶺田楓江『海外新話』（一八四九年）もアヘン戦争やイギリスの地誌を紹介し、世界地図や航路を図解していた。「ペリー来航の直前には、対外危機の切迫の意識に促されて、有志の知識人のネットワークが急速に生成し始めていた」のである［三谷、二〇〇三、五五―五六頁］［西川、二〇一六、二一―二二頁］。

こうして、世界情報の収集と学習を背景に、幕府が外交交渉を行う準備はできていった。

3　世界全体を意識した対外政策の開始

一八四八年革命が終わってから一八七〇年代初めまでは世界経済の「大ブーム」の時代で、大きな経済的転換と経済的拡大が見られた時期であった。この時代に、資本主義が本当の世界経済になり、それゆえ、地球は地理的な表現ではなく、絶えず機能する現実となった。一八四八―七五年の時期には、探検が進んで世界が知られるようになり、世界の貿易は格段に拡大し、鉄道が敷かれ、電信網、電話が発達し、世界は結び付けられた。カリフォルニアやオーストラリアのゴールド・ラッシュも世界を結びつけた。これ以後世界の諸地域は緊密に結び付けられ、歴史は文字通りの世界史になったのである［Hobsbawm, 1975, pp. 43, 63-66］。

この時代に海底電線網が設置され始めた。一八五〇年に英仏間の海底電線が敷設されたのをはじめとして、一八六六年には大西洋横断海底電線が敷設され、一八七〇年にはインドまでの陸路での電信線とともに海底電線も通じるようになり、さらに一八七一年には香港まで結ばれることになった。日本については、一八七一年に上海＝長崎間、長崎＝ウラジヴォストーク間の海底電線が敷設され、一八七二年からは陸路でヨーロッパと中国・日本をむすぶ公衆電報が開始されることになった［有山、二〇一三、二三、二五―二六、三二頁］。こうして電信の情報が世界をめぐり始め、世界各地の動きが容易に知られるようになった。

人びとは地球上のさまざまな部分についての知識を程度の差はあれ持つようになった。この時期のマルクスやエンゲルスは、アジアについて驚くほど詳細な情報を得てイギリスの進出の状況を正しく認識していた。地球全体がつながり、文字通りの世界史が成立するとともに、そういう世界を認識することもできるようになったのである。同時に、そういう認識を利用して国民を「操作」する政治も可能になった。単なる武力ではなく、デマゴギーと外交的成果を駆使して支配する政治家が現れてくるのであり、その最初がナポレオン三世なのであった［Hobsbawm, 1975, pp. 39-40］。かれは、国内での支配を維持するために外交での栄誉を活用し、初めて「帝国主義者」と呼ばれた。のちのビスマルクの時代ほど明確に「意図的」な外交はまだ展開されてはいないが、世界を見わたした政治が登場してきたのである。資本主義的な主導力は依然イギリスにあるが、「この時代の国際的危機の焦点はナポレオン三世のフランスに象徴されていた」［江口、一九七五、五九頁］。

さて、一八四九年のイタリアとハンガリーの革命の鎮圧によって「一八四八年革命」が抑えられると、世界の緊張関係は、バルカンへと移動する。それがクリミア戦争となるのである。そこを媒介するのがナポレオン三世であった。これは一八四八―四九年の大騒乱の裏で静かに進んでいたロシアとイギリスの「グレート・ゲーム」の一部でもあった。

三　クリミア戦争とその裏側のアジア——緊張はクリミアへ

1　世界戦争としてのクリミア戦争

クリミア戦争は、一八五三年に、オスマン帝国にあった聖地エルサレムの管理権をカトリックのフランスが回復しようとした動きをめぐって、正教の擁護者をもって任ずるロシアが介入したことに発したロシアと英仏の対立である。ナポレオン三世は国内的な政治基盤がないまま皇帝になったため、たえず対外的な栄光によって、その政治的権威を維持しなければならなかったのである〔世界史史料6、一九二—一九四頁〕〔鈴木、一九九五、九三—九四頁〕。戦争は、一八五三年一〇月に始まり、一八五四年一〇月から五五年九月までのクリミア半島での激戦を経て、一八五六年三月のパリ条約で終結した。実に二年半にわたる大戦であった。

この戦争は、列強同士が戦ったもので、現地の民衆は関与しておらず、その限りでは、戦争は各国の政治にとって「統制」可能なものと考えられており、たとえば、イギリスの外相パーマーストンなどは、クリミア戦争をめぐって必死の「会議外交」を展開し、戦争によってヨーロッパの「勢力均衡」が決定的に破壊されることのないように努力していた〔君塚、二〇〇六、第四章〕。それでも、この戦争には、各国は大きな戦費を投下し、イギリスの場合は多大の戦費のために財政が破綻し、そのために首相が交代(アバディーンからパーマーストンへ)するほどであった。そのことの意味は、イギリスは世界の他の地域での軍事行動は起こせないということであった。ちなみにイギリス海軍の配置を見ると、一八五五年には、戦艦の三分の一以上、兵員の半数近くを、地中海・バルト海方面に配置していて、イギリスがクリミア戦争に力を注いでいたことを窺うことができる(表1参照)。

実際には、クリミア戦争は、太平洋側のロシア領にも波及していた。英仏海軍の連合軍は一八五四年八月、カムチャツカにあるロシア軍の拠点ペトロパヴロフスク港を攻撃した。ロシア軍は翌年初めには撤退したが、双方に大きな犠牲を出した。この東アジアでの「クリミア戦争」は、「グレート・ゲーム」の東アジア版であった。さすがに箕作『万国新史』は、ここをきちんと見ていて、英仏は「ともに軍艦を黒海、白海、バルト海に遣り、あるいは遠く太平洋に赴かしめ、ロシア沿岸の地を侵襲せしめし……」と述べ、ペトロパヴロフスク港の攻防戦についても正確な説明を記している〔箕作、二〇一八、二六八頁〕。だが、東アジアでの戦争はあくまでも付随的であり、しかもアジアの諸国を巻き込んではいなかった。

ところで、戦争は国内に影響する。クリミア戦争のさなか、一八五六年に、英仏の支援を受けるためにオスマン帝国は「改革の勅令」を発し、列強の求める方向の改革を図らなければならなかった。これは、宗教の別を問わない帝国臣民の権利の平等、銀行・インフラストラクチャー整備、科学技術の導入、外資の導入、土地所有権の改正などを盛り込み、列強の進出を促進するものであった。一八五八年には国有地などと区別された「私有地」を明確にし、それを「所有権によって処分される土地」と規定する土地法も制定された[世界史史料8、一三二―一三三頁][加藤、一九九五、二〇七頁]。オスマン帝国は名目上は戦勝国であったが、実際には列強に従属する地位に置かれることになった。このような近代化改革はやがて、より東のアジアでも見られるのであった。

一八四八年革命を経過したばかりの西欧列強はこのクリミア戦争で総力を挙げて戦っていたため、アジアでの活動は依然として制約されざるをえなかった。二年半にもわたってクリミア戦争で列強が戦っている時に、アジアでは大体において国際関係上の緊張緩和の時期が訪れていたのである。その間に、実は、東アジアで重大な出来事が見られた。中国では「太平天国の乱」、日本では「黒船」騒動が起こったのだった。

2　太平天国の乱

イギリスの歴史家ホブズボウムによれば、一九世紀の革命の中で「最大の革命」が、非ヨーロッパ世界の最大の帝国で起きていた。それは一八五一―六四年の太平天国の乱であった。それが最大であったのは、中国の人口の大きさによるだけではなく、その規模と犠牲者の多さのせいである。おそらく二〇〇〇万人の中国人が死んだとされる。だが大切なのは、それが「中国への西欧のインパクトの直接的産物」であったことである[Hobsbawm, 1975, pp. 155-156]。

アヘン戦争後から活動を活発化したキリスト教の影響を受けた宗教結社太平天国は、一八五一年に広西で武装蜂起し、五三年に南京に建都(天京)し、以後、一八六四年にそれが陥落するまで、一三、四年に渡って中国を揺るがした。

太平天国の乱は、世界史的には、アヘン戦争以後のヨーロッパの侵入による中国社会の変化に対する民衆の抵抗運動であった。運動はまずは太平天国と清朝の対立であり、その意味で「革命」であった。建都後は、その「変革性」を喪失していって、内部で腐敗と内部対立が顕在化し、ついには打倒されてしまったとはいえ、太平天国は「清朝に正面から対峙した本格的な政権」であった〔高橋、一九九五、二六八―二七〇頁〕。マルクスもこれを「中国革命」ととらえていた。そして、「イギリスが中国に革命を引き起こしたので、次の問題はこの革命がそのうちに、イギリスに、そしてイギリスをつうじてヨーロッパに、どのように反作用するであろうか、ということである」〔マルクス＝エンゲルス全集（以下マル＝エン全集）9、九三頁〕と注目していた。

この「革命」は西洋のキリスト教の思想の影響のもとに生まれた運動の産物であった。太平天国は、「一九世紀初頭から本格化したプロテスタントの中国布教の影響を受けて誕生した」。創始者の洪秀全は、イギリス人宣教師から洗礼を受けた梁発の布教書『勧世良言』からキリスト教の知識を得て、拝上帝教を創唱し、太平天国の教義を作り上げたという〔世界史史料9、二四―二五頁〕〔尾形・岸本編、一九九八、三三二頁〕。箕作『万国新史』はすでに一八七〇年代に、洪秀全は「アメリカの伝教師に遇い、キリストの教を聴くに及び、みずからその心に得るところあり。ここにおいてその教を孔子の道と折衷し、……一種の神教を創し」たと記している〔箕作、二〇一八、三二二―三二三頁〕。西欧思想にインスピレーションを受けていた太平天国の運動は、それまでの中国社会を変革するために、天下万民がすべて兄弟姉妹であるとし、労働の強度に応じた食糧配分や、禁欲的な生活などを求めた。とりわけ

「天朝田畝制度」が特徴的で、それは、天下の男女を「上帝」のもとでの一大家族とし、画一的に土地を分け与えて生存を保証する一方、財産の私有を禁じ、生産物を国庫に納めたうえでの分配を定めて、平等な社会の構築を構想した。この土地配分が実施されることはなかったが、このような主張によって太平天国は民衆を引き付けていったのである［世界史史料9、二五―二七頁］［尾形・岸本編、一九九八、三二四頁］［吉澤、二〇一〇、六二―六九頁］。

クリミア戦争中は、列強はこの中国に介入はできなかった。太平天国がキリスト教的な運動という認識もあったが、実際の兵力の問題としても本格的な介入はできなかった。前述のように、イギリスの艦隊は、一八五〇年には、戦艦や兵員を東インド・中国から地中海方面に集中していたのである。だが、世界情勢の有利な環境の中にあったにもかかわらず、中国では、清朝と太平天国との戦いが国内的に決着を見ることがなかった。そのうちに、列強が介入するところとなった。のちに見るように、クリミア戦争が終結したあと、アロー号事件を口実とする列強の清朝との戦争を経て、太平天国も壊滅させられてしまうのである。

3　「黒船」――日本の「消極的開国」

和親条約

同じように、クリミア戦争の間のアジアでの緊張緩和の間に、日本へ「黒船」が到来し、日本を「開国」させるのである。イギリスとフランスは、クリミア戦争が始まると、それに集中せざるをえず、本格的な対日交渉はできなくなっていた〔加藤、一九八五、三〇九―三一〇頁〕。その間に、前述のとおり、アメリカが日本へやってくる準備をしつつあった。だが、アメリカに先立って、ロシアの対日接近が重要な一歩を踏み出していた。日本の「開国」は露米の競合の中で実現したのである。

ロシアからすると、南京条約以来の英中貿易の発展が、内陸を通ずる中露の貿易を衰退させたため、それを復活させる必要があった。そのためにも、一八五〇年にアムール河口にニコラエフスク港を完成させ、中国との貿易に役立てようとした。そしてその後、ロシアの日本への通商要求が高まったのである〔芝原、一九七五、四四―四五頁〕。新たな交渉のために遣日全権使節に任命されたプチャーチンは、クリミア戦争開戦前にロシア本国を出発し、一八五三年八月に長崎に到着、国書を手渡して外交交渉に着手していた。だが、日本列島の北部の国境をめぐって交渉が長引く中で、いったん長崎を離れたプチャーチンは、一八五四年三月にマニラにおいてクリミア戦争の開戦の情報に接することになった。ロシアは、英仏の軍事力を恐れて、本格的に対日交渉ができなくなり、結局はアメリカに対日交渉では先を越されることになった。しかし、長崎での日露交渉は、日本を開国の方向に向けて行く重要な準備となったのである〔和田、一九九一、一八三頁〕〔三谷、二〇〇三、一五五頁〕。

アメリカは、クリミア戦争に関係していない利点を生かしつつ、太平天国の動きを気にしながら、アジアにおいて独自の外交路線を展開し、対日交渉をすることになった。一八五二年一一月に大統領フィルモアの「日本国皇帝」あての国書を持って東インド艦隊司令官マシュー・ペリーがアメリカを出発した。出発にあたって、ペリーは政府から追加の訓令を受け取っていた。それは、遭難したアメリカの船の船員と財産の保護、薪水食糧の給与と船の修理、貯炭所の設置、積み荷の売買や交換のための入港の許可を確保することを課題とし、そのためになんらかの「示威」を誇示することが重要であるとしつつも、必要のないかぎり力の行使は禁止するとしていた。ペリーは、一八五三年四月に香港に着き、五月に琉球・日本へと向かうことになる［三谷、二〇〇三、九〇―九三頁］。

ここで太平天国の乱が日本へのアメリカの接近を牽制していた。太平天国の乱にどう対処するかをめぐって駐華米弁務官マーシャルとペリーのあいだで激しい対立が生じた。対中国政策を優先させようというマーシャルは、太平天国が一八五三年初めに南京を占領したことによって、中国にあるアメリカの資産をどう守るか、アヘン貿易をいかに続けられるかなどに頭を悩ましていた。これに対して、ペリーは、日本を重視していたのである［加藤、一九八五、一〇一―一一五頁］。このような確執のために、ペリーの思うほどの戦艦は集められなかった。かれは当初「一二隻の堂々たる艦隊」をもって日本へ行く予定であったが、太平天国が南京に入城して居留アメリカ人の保護に艦隊の一部を使う必要が出たこともあって、四隻の戦艦しか調達できなかったのである［三谷、二〇〇三、一〇八頁］。

このような露米の接近をまえに、当時の日本では、オランダなどを通じて世界情勢はかなり把握されていた。オランダは、「別段風説書」を通じて、アヘン戦争後の中国が結んだ諸条約を知らせ［松方、二〇〇七、一六〇―一六二頁］、また、「オランダの内情や大清・東インド関係だけでなく、パナマ地峡の鉄道と運河の開設計画、米墨戦争、カリフォルニアの金鉱発見、その合衆国編入、ヨーロッパの一八四八年革命とその影響など」について、きわめて豊富な情報を提供していた。もちろん、英米が日本との通商を求めて動いていること、英米がタイに使節を送って通商をもとめたことも知らせていた［西川、二〇一六、五〇―五二頁］。加えて、アメリカから帰国した中浜（ジョン）万次郎らから、アメリカの実状と使節派遣についての詳しい情報も、幕府は入手していた。中浜らは、アメリカは九州付近の出崎や島を借りて貯炭所を設ける「心願」を有しており、通商の希望もあるが、戦争や領土侵略の意図はないと証言していた[三谷、二〇〇三、九六頁][宮地、二〇一二、上・第七章]。

そのような情報がもたらされていた中で、アメリカの具体的な渡日計画が、オランダ政府から公式に通告されたのだった。オランダ商館長がアメリカ政府の依頼を受けて、使節派遣を知らせたのである。同時にかれの提出した「別段風説書」は、アメリカが交易のために二、三の港の開港を望んでいること、貯炭所を求めていること、艦隊は九隻になるだろうことを知らせていた[日本史史料4、一二頁][三谷、二〇〇三、九六—九七頁]。しかし、アメリカの接近を前に、幕府はこの時期、「鎖国」の維持と避戦政策を決めた以外は、積極的な政策を打ち出さなかった[同前、一〇六—一〇七頁]。

ところで、日本列島地域への列強の接近に際して、琉球が重要な役割を演じていた。琉球は、海上交通の要衝に位置していたうえ、政治的にも中国と日本の間の「両属」状態にあって、あいまいな、したがって流動的な立場にあったからである。すでに見てきている通り、琉球には、一八四四—四六年に、英仏船が出入りし、宣教師らも上陸滞在していた[西川、二〇一六、二四—二五頁]。ペリーは、アメリカの捕鯨船や商船が遭難した時の避難港や、薪水食糧の補給基地のために、琉球で一、二の港を確保すべきであり、アメリカ艦隊が琉球の港を占拠することは、不当ではないと判断していた。そして「今のところ、日本および琉球にはイギリスの手が及んでおらず、この地域でアメリカが自由にできる港を、早急に確保すべきである」と主張していた。こういう判断のもとに、一八五三年五月にペリーは香港から琉球にやってきて首里城に入城したが、この時には開国の交渉は行わず、六月には琉球を離れた〔同前、二八―三七頁〕。ペリーは琉球訪問の前には、琉球の「実質的な主権は中国政府によって主張されている」と見ていた。だが、琉球に来たのちには、「この美しい島は日本の属国であり、日本と同じ法律によって統治されている」と、見方を変えている。しかし、ペリーは琉球を日本の一部であるとは考えず、日本と琉球を区別しており、やがて一八五四年三月に日米和親条約を結んだあと、七月には、琉球王国と別個の条約を締結することになるのである〔加藤、一九八五、一四―一五頁〕〔西川、二〇一六、四三―四六頁〕。

ペリーは琉球を出ると、小笠原諸島の父島に向かった。かれは、「奄美大島、小笠原諸島」の「領有」を視野に入れていた。とくに小笠原諸島の父島には中国航路のための貯炭所を設ける構想を持っていた〔加藤、一九八五、一四頁〕。小笠原諸島は一六世紀に徳川家家臣の小笠原貞頼が発見したと言われるが、一九世紀に入ってヨーロッパ人が訪れ、一八二七年にイギリス人が領有を宣言していた。その後、アメリカ人やデンマーク人やポルトガル人らがハワイから原住民を連れて植民してきていた。ペリーはここに蒸気船の基地を作ろうとしたのである〔西川、二〇一六、三八―三九頁〕〔横山、二〇一三、二六四―二六五頁〕。しかし、島の帰属問題は簡単ではなく、ペリーは途中で父島を切り上げざるを得なかった。

ちなみに、この時期には、日本の「国境」はまだ流動的であった。北の樺太、千島についてのロシアとの交渉も決着がついておらず、琉球や小笠原諸島もその地位が不確定であった。これはヨーロッパをはじめ、一八五〇―六〇年代の世界の各地において見られる事態であって、世界史的には、この時期に各種の「国家」の範囲がしだいに確定されていくのであった。

さて、一八五三年七月、ペリー艦隊が浦賀に現れた。ペリーは大統領からの国書を渡し、再来を予告して、立ち去った。この国書は、オランダ国王の親書に比べて、世界情勢全体を語るというよりも、アメリカとの関係に集中したものであった。国書は、「親好」と「通商」のために使節を送るが、日本の「政体」には一切関与しないと述べたうえで、アメリカ合衆国は、東西に海を持つ広大な国で、その西海岸からは日本へ「火輪船」で太平洋を渡って一八日で行けるところにあり、太平洋岸には金銀・宝石が多数産出するとし、一方日本も同じように豊かな国で、「宝物」をたくさん生み出しており、人物は聡明利発で芸能も多い国であるという。そして、こういう隣国同士が往来すれば必ずともに「大利益」を得るであろうことは疑いがないのだから、交易を開いてはどうかという。日本国古来の掟では中国とオランダの船しか通商が許されていないが、昨今「万国の政事」はしだいに「古例を改革」し「新法に取り換え」ることが多くなっているのであるから、日本も変えてはどうかと述べていた。国書にはこのあと、もう一度開港を望む緊急の理由を追加で述べている。すなわち、カリフォルニアから中国へ向かうアメリカの船や捕鯨の船の遭難の際に慈悲を施し、人も物も保護してほしい。また、日本には石炭も食料も豊かなので、アメリカの船に給与してほしい。その費用は銀で払ってもいいし、品物で取り換えてもいい。こういう提案で終わっていた［幕末維新外交史料集成2、一六二―一六六頁］。

この国書の狙いについては、種々の解釈がある［加藤、一九九四、七五―七八頁］が、要するに、開港は日米双方の利益になるとしつつ、「交易」ではなく「自国民の保護」を主目的としていた。このような国書をうけた幕府はしだいに情勢に対応せざるをえなくなった。

一八五四年二月に再来したペリーは、中国と結んだ望厦条約をも見せつつ、交渉した。幕府側もそれまでの知見を総動員して交渉に臨んだ。たとえば、大学頭林復斎は、漂流者の救助は国際的な義務でありこれを守らない国とは戦争をしてもいいと言うペリーに、日本には漂流者の送還の道もあり、「戦争に及ぶべき程の儀」ではないと反論して、国際法の論理を展開したのであった。こういう交渉の末、三月に日米和親条約が調印された[加藤、一九九四、八七―九六頁][井上、二〇〇二、一九一―一九二頁]。日米和親条約は、両国の「和親」のほかに、

①米船に薪水・食糧・石炭・欠乏品を給与するために下田と箱館を開港すること
②給与する品は「日本役人」より渡し、代料は金銀をもって支払うこと
③日本は難破した米船を扶助し、下田・箱館に護送すること
④下田の周り七里は移動自由とすること
⑤開港地での物品調達は、自由な商人ではなく、「その地役人」が扱うこと
⑥片務的最恵国待遇をアメリカに与えること
⑦下田に領事館を設置することを「可有之(これあるべし)」とみとめること

を規定した[幕末維新外交史料集成2、二二七―二三〇頁]。近年は、これを交易・通信を規定しないで、二港のみをアメリカに開いた「消極的開国」ないし「限定的開国」であると見るようになっている[三谷、二〇〇三、一八九―一九一頁][青山、二〇一二、三二一―三二三頁]。

しかし、この条約をめぐって、この後、日本国内の政治が急展開することになった。その点は青山忠正の著書[同前]などに譲ることにして、ここでは、国外との関係の問題が国内の政治問題となると

いう関係にだけ注目しておきたい。

「条約港制度」に入る日本

一八五四年七月、日米和親条約のすぐ後にアメリカは琉球とのあいだに琉米修好条約を結んだ。これは、アメリカ人への琉球全土の開放と自由貿易、琉球各港における米船への薪水給与、難破した米船の乗組員の救助、不法行為を行ったアメリカ人のアメリカ船長への引き渡し(領事裁判権の承認)などを規定した。この条約は、日米和親条約よりはアメリカに対して「開放」的であった[三谷、二〇〇三、一八六頁][西川、二〇一六、四四—四五頁]。

ついで一八五四年一〇月に、日英協約(日英約定とも)が締結された。だが、これは日米和親条約とは違う性格のものであった。つまり、これはクリミア戦争との関係で、イギリス船の修理、薪水給与のために長崎・箱館を開くこと、片務的な最恵国待遇を受けることを規定したもので、領事館の規定や物品調達など通商に至るような規定は皆無であった。この協約の背景には、クリミア戦争の勃発にともない、ロシア艦隊が日本の港に入るのを阻止するという目的があったのである[幕末維新外交史料集成2、一二三〇—一二三一頁][青山、二〇一二、二七頁][BPP, Japan, 1, pp. 11-14]。世界的に見て、イギリスは、この時期、クリミア戦争とともに、太平天国への外交的対応にも追われていて、日本やペリーに大きな関心をはらう余裕はなかったのである[Beasley, 1990, p. 29]。

限られた余裕の中でイギリスは、むしろ、インドから陸続きの位置にあるタイへの「平和的」進出を重視していた。その結果、イギリスは、一八五五年四月、タイとの間にボーリング条約を結んだ。

条約は、自由貿易を規定し、低関税を導入し、領事館の設置と治外法権を認め、とくにアヘンの無関税輸入を定めたのであった。このほうが日本との条約より経済的に効果が大きいはずであった〔加藤、一九八五、四〇一―四〇九頁〕〔小泉、一九九五、三二七―三二八頁〕。こうして、クリミア戦争に巻き込まれていたイギリスは、日本などへは進出せず、中国に次いでタイというインドからの陸続きの地域を確保したのである。

アメリカに先手を打たれたロシアのプチャーチンは、一八五四年一二月からあらためて下田において日本との交渉を続行し、一八五五年二月に日露通好条約（日露和親条約）の締結にこぎつけた〔高橋、二〇〇二、四〇―四四頁〕。日露通好条約は、同じく薪水給与のためではあるが下田と箱館を開港した。また領事館は下田か箱館に置きうるものとした。日米和親条約に比べ、開港数は多く、領事館の設置も明記されていた。通商については、日米和親条約と同じ規定であった。国境については、樺太は雑居とし、千島はエトロフとウルップの間に国境線を引いた。一方、注目されるのは、日米和親条約には領事裁判権の規定はなかったが、日露通好条約は領事裁判権を日露双方に等しく認めていたことである〔幕末維新外交史料集成2、二三一―二三七頁〕〔西里、一九九二、一七三頁〕〔井上、二〇〇二、二一五頁〕。日露通好条約のほうが、日米和親条約より対等であったといわれる〔和田、一九九一、一三七―一六七頁〕〔永井、一九九五、二三四頁〕。思えば、プチャーチンは、一〇年近く日本への出入りを繰り返して、開港交渉を続けたのであり、このロシアとの交渉が日本にとってアメリカとの交渉を容易にしたのである。一八五六年一月には、日蘭和親条約が締結された。これは、オランダ人の出島からの出入りは「勝手次第」とし、治外法権を認め、長崎以外の開港は他国に倣うとしていた。それ以外は従来の決まりをいくらか緩和したような内容であった。ただ、この二年後に結ばれた「付録」では、交易の取り決めをして、交易を「会所」で発行する紙幣によって行うことや、アヘンを持ち込むことを禁止することなどを詳細に規定し、通商を限定していた［幕末維新外交史料集成2、二三七―二四六頁］。

このような諸条約によって、日本や琉球は程度の差はあれ「限定的」に「条約港制度」に組み込まれることになった。だが、ここに見たように、同じ和親条約でもその内容は国ごとに違っていた。そこに見られるように、これらの諸条約は、幕府に一方的におしつけられたものではなかった。井上勝生の言うように、幕府は、クリミア戦争の勃発した後の世界情勢を正確に見極めて、どの列強とも、「等距離外交をするという路線」をとったのだった。幸い、「日本への列強の外圧は、中国にくらべてかなり弱かった」。先に見たように、英仏露はクリミア戦争と太平天国にとらわれており、アメリカは太平天国を気にするほか、武力不行使という国内的要望にも縛られていたからである［井上、二〇〇六、二九―三七頁］。そういう国際情勢のおかげで、日本は諸外国と外交的に対応できたのだった。

これらの条約をさらに、南京条約や望厦条約などと比べてみるならば、南京条約は賠償や領土割譲を伴っていた点でやや異質であり、日米和親条約は望厦条約のほうを継承していた。だが、望厦条約に比べても、通商に関する条項はなく、治外法権の規定もなかった。琉米修好条約が望厦条約に近かった。日露の条約はさらに平等を目指していたことになる。

ともかく、一八二八年のトルコマンチャーイ条約や一八三八年のバルタ・リマン通商条約以来の不平等条約は、一八四二、四四年の南京条約や望厦条約に「連動」してきて、さらに日本や琉球にも及んだ。日本と琉球は「限定的」とはいえついに「条約港制度」に組み込まれたのである。だが、のちに一律に「不平等条約」とされる諸条約も、意外に大きな差があり、しかも、日本の関連する条約は、それぞれに「外交」が発揮された成果であった。日本の諸条約は通商に関する規定がなかったがゆえに、ロンドンやニューヨークでは評判が悪かったほどである[Beasley, 1987, p. 23]。

「開国」をめぐるアメリカと幕府の交渉については、近年見直しが進んでいる。加藤祐三は議論をこのように整理している。これまでの通説は、①幕府が無能無策であって、②ペリー艦隊による強力な軍事的圧力を受けて(砲艦外交)、③そのため極端な不平等性を持つ条約を結ばされたというものである。しかし加藤は、これは明治政府の権力者によって描かれたストーリーであるという。加藤説は違っていて、①幕府の外交能力は高く、②ペリー艦隊は「発砲厳禁」の命を受けてきていて、平和交渉をしたのであり、③日米和親条約は戦争を伴わずに締結されたユニークなものであったという[加藤、二〇〇〇、九二頁の注]。井上勝生も加藤と同じ方向の議論をしていて、クリミア戦争という世界戦争の進む中、日本にとって「条約」は、否定的なものから、むしろ必要なものに変わった。幕府の外交担当者らは日本を「弱国」と冷静に見極め、冷静で慎重な外交を生み出し、列強との『等距離外交』のスタンスを確定していったのだという[井上、二〇〇二、二〇一、二一一、二二二頁]。

このような条約交渉が可能であったのは、日本という国の「開国」が極めてまれな、日本にとって恵まれた国際関係の中で行われたからであった。しかもそれに対応する日本の側でも冷静な対応ができる状況にあった。世界情勢についての情報を入手し、外交や条約や通商といった世界史の「傾向」を学び取り、それを運用できる状態にあったのである。

以上が、クリミア戦争に列強の関心が集中しているときに、東アジアで生じた緊張緩和の時期における動きであった。だが、クリミア戦争が終わると、世界的な緊張関係が、またアジアへと向かってきた。

四 「アジアの大反乱」とその影響――緊張はアジアへ

1 クリミア戦争後の列強のアジア進出

クリミア戦争後、英露の対立はイランからインド方面へ移動し、ここに「グレート・ゲーム」が本格的に始まった。ロシアは、早くも戦争中の一八五四年からヒヴァへの再度の進撃を始めて、ヒヴァにロシアの「宗主権」を認めさせていた［マル＝エン全集13、五七二頁］。そして戦争が終わると、そこを越えてインドを目指すようになった。ロシアは、インドがイギリスにとって「最も脆弱な地点」であると認識していて、戦争後は、そこを攻撃すべきであるという政治的発言と世論がロシアで盛り上がったのである［Sergeev, 2013, p. 63］。

すでにクリミア戦争のさなか、ロシアは、インドへ使者を派遣し、対英蜂起の示唆を与えていたとさえいわれる。箕作『万国新史』も「ロシア人のごときは、セヴァストポリ攻囲の際ひそかに使をインドに遣り、ひそかに人民を挑唆（とうしゅん）［そそのかす］して乱を起こさしむるを謀りしという」［箕作、二〇一八、二八六頁］と記している。この真偽は定めがたいが、戦争が終わった一八五六年以後になると、インド攻撃のプランが次々とツァーリに提案された。それらは、実際の行動にはつながらないものであったが、ロシアのインドへの具体的な関心の高さを示していた[Sergeev, 2013, pp. 65-74]。

このようにロシアが関心を高めるインドへのルート上にあるイランとアフガニスタンが、英露の直接対立の舞台となった。ロシアがイランを鼓舞して再度のヘラート遠征を行わせ(一八五六―五七年)、インドをおびやかすと、イギリスはヘラートを奪い返すとともに、海軍を派遣して、ペルシア湾に進出した。そして、一八五七年三月にイランとの間にパリ条約を締結、イランにヘラートおよびアフガニスタンへの一切の要求を放棄させた[世界史史料8、二二九―二三〇頁][永田編、二〇〇二、二二九―三四四頁]。イギリスは、インドを守るためにアフガニスタンを確保したかったのである。他方、インドを確保していたイギリスは、中国の市場を発展させたかった。だが、南京条約以後も期待したような貿易の拡大を実現できなかった。アヘン貿易は伸びたが新たな綿製品市場は拡大しなかった。その理由は、条約港の数が不十分なこと、中国人が外国人を差別し続けたこと、通商のために内地へ入れないことにもあった[小林、二〇一〇、一〇七頁]。これは乗り越えねばならなかった。

ナポレオン三世のフランスも、クリミア戦争が終結すると、一八五六年にあらためて使節をベトナムに派遣して、フランス人のフエ駐在やダナンの割譲を求めた。これは拒否されたが、これに対して、フランスはダナン、そしてサイゴンを攻撃し、戦いは長期化した[石井・桜井編、一九九九、二二七―二三〇頁][桜井・石澤、一九七七、四三―四四頁]。

ロシアは、イランからインド方面においてイギリスと対立する一方、東アジアに再び進出し始めた。東部西シベリア総督ムラヴィヨフのもと、アムール川流域や樺太の支配を目指し、一八五七年にはアムール川流域に軍を展開するようになった。そして対清交渉のための全権としてプチャーチンが任命され、中国への積極的な接近が始まった〔世界史史料9、四六頁〕〔柳澤、二〇一〇、八三頁〕。このように、クリミア戦争後に、英露仏がアジアに再び進出してくる中で、インド、中国、ベトナムでは大叛乱が起こることになったのである。

2 「アジアの大反乱」——中国・インド・ベトナム

クリミア戦争後の列強のアジア進出は、アジアでの抵抗を受けずに展開されることはなかった。それは「第二次アヘン戦争（アロー戦争）」、「インド大反乱（セポイの反乱）」そして「ベトナムの大抵抗」であった。筆者はこの三つをまとめて「アジアの大反乱」ととらえたい。それは一八六〇年代の世界史の大きな渦となったのである。

第二次アヘン戦争

クリミア戦争が終結すると、英仏露の中国への進出が強化される。その過程で、それまで清朝と対立関係にあった太平天国は、あらたに介入してきた英仏軍と直接に戦うことになった。クリミア戦争を終えたパーマーストン首相のイギリスは、清朝との貿易の拡大が思わしくないことに加えて、清朝が依然として西洋人を「夷狄」とみて外交交渉を引き延ばしにしていたため、一八五六年一〇月に、清朝がイギリス船籍を名乗るアロー号を拿捕した事件を「砲艦外交」の口実にした。インドシナへの進出を狙っていたナポレオン三世のフランスも、イギリスの共同出兵の提案に応じた。イギリス本国からの軍隊が途中で一八五七年五月に起きた「インド大反乱」の鎮圧のためにインドに向けられたので、新たな派兵を待って、ようやく同年一二月に、英仏連合軍が広州を攻撃したのであった。ここにアロー戦争、つまり第二次アヘン戦争が始まった[尾形・岸本編、一九九八、三二六―三二七頁][吉澤、二〇一〇、九二頁]。マルクスとエンゲルスは、この「中国の反乱」に注目していて、一八五七年一―四月に、イギリスが宣戦することなく「平和な国を侵略」したことなどを批判していたが、同時に一八四〇年のアヘン戦争とちがって、今回は中国の人民が参加していることに注目していた[マル＝エン全集12、一〇五、二〇一頁]。

連合軍は、天津を襲い、北京に迫った。そして、一八五八年六月に清朝は英仏などと国別に天津条約を締結したが、清朝内部の対立から、再び英仏と戦争がはじまり、一八六〇年に英仏軍は北京を占領し、ここに同年一〇月、ロシアの仲介により新たに中国と英仏との北京条約が結ばれた。それは、天津条約を受けて、英仏に天津など一一港を新たに開港し、内地旅行権を認め、外交使節の北京常駐を許したうえ、さらに、イギリスに九龍半島を割譲し、天津を開港し、アヘン貿易を合法化するといった内容のものであった。またフランスとの間では、信仰の自由とキリスト教布教の自由を承認した[世界史史料9、四七―五〇頁][吉澤、二〇一〇、九六―九七頁]。この条約は列強の中国内地への進出を認めた点で、「条約港制度」の枠組みの拡大を意味した[Beasley. 1987. p. 18]。

ややのちに箕作『万国新史』は、英仏と太平天国の戦いを驚くほどリアルに記述し、「イギリス、フランスの両国はわずか三万五千の兵をして人口およそ四億万に余る大国の京城に迫らしめ、もって大勝を得たるは、その勇武実に称するに足る……」と、英仏の軍事力に驚いている。そして、天津条約と北京条約についても詳しくその内容を紹介していた[箕作、二〇一八、三一二頁]。両条約への日本の関心の強さを示すものである。

この第二次アヘン戦争の間に、ロシアが中国に出てきて、一八五八年五月、愛琿において現地の将軍との間にアイグン条約を結び、アムール川(黒龍江)北岸を獲得した。また、一八六〇年一一月の露清北京条約では、ウスリー川(松花江)以東の沿海州を割譲させた[世界史史料9、四六—四七頁][高桑、一九一〇、一一〇〇—一一〇一頁]。ロシアは英仏と中国との仲介の役を演じて、その代償として、中国との条約で東アジアに領土を拡大することに成功したのである。この間一八五八年一一月に、中央アジアへのロシアの進出と東アジアでのロシアの成功について記事を書いていたエンゲルスは、英仏はただロシアのためだけに戦争をしたようなものだと批評していた[マル＝エン全集12、五九二頁]。

この第二次アヘン戦争後の北京条約の体制は、中国の国内政治にも大きな変化を要求した。そして、一八六一年以後一〇年余りの「同治中興」といわれる安定期において、清朝は官僚であり武将であった李鴻章のもとに、軍隊の洋式化、外交担当機関(総理衙門の設置)や教育・産業の洋務化を行った。洋務運動である[高橋、一九九五、二七四—二七五頁]。こうした近代化を進める清朝は、今度は、列強の力を得て、太平天国を攻撃し、一八六四年になってようやく、太平天国の支配している南京を攻略し、ここに太平天国の民衆反乱を終焉させたのであった。しかしそれは、四年にもわたる戦闘の結果であった。列強は清朝に意のままの条約を結ばせただけでなく、太平天国をも打倒したのである。このとき、クリミア戦争で活躍した英軍のチャールズ・ゴードンが外国人を指揮官とする中国人部隊

「常勝軍」を指揮したことは、国際的な緊張関係の移動を象徴している。

こうして、太平天国の乱は、英仏の軍事力をもってようやく鎮められたのであった。一八五六年から一八六五年までのあいだ、中国における第二次アヘン戦争と太平天国の鎮圧のために、英仏は政治的・軍事的勢力をここに大きく集中させることになった。だが、同じ時期、インドでもイギリスの力を注がざるをえない大反乱が生じたのである。

インド大反乱

第二次アヘン戦争の最中一八五七年五月に、インドにおいて大反乱が起きた。一九世紀の中ごろのインドでは、経済的には、イギリスの綿製品のためにインド在来の綿製品はなりたたなくなり、インドはインディゴ、原綿、アヘンなどの輸出国に変わっていき、手工業を中心とした共同体的社会が大きな変容を遂げつつあった。イギリスの土地政策が地主や農民の不満を引き起こしていた。同時に、イギリスは、英語の公用語化、学校制度の整備、西欧的知識や価値観を広め、この「西欧的価値の押し付け」は、宗教関係者や知識人の不満を高めていた。そういう状況の中で、傭兵の反乱が起きて、それが「大英帝国」対「ムガル帝国」の闘い、つまりインドの独立闘争へと発展したのである〔辛島編、二〇〇四、三二二―三三〇頁〕。

日本では早くも一八七〇年代に、箕作『万国新史』が「セポイ（叙跛）兵の乱」について詳しく記述していた。かれによれば、東インド公司（東インド会社）は二八万人（二四万人の誤りか―筆者）の兵を持っていたがそのうちの二〇万は「土人」つまりセポイ（インド人傭兵）兵であった。四万のイギリス兵などがインドを支配していたわけである。東インド公司のインド支配はインドの人民を「撫恤（あわれむ）」せず、土地の宗教を侮辱して、人民の不満を買っていた。そういう中で一八五七年に「セポイ兵の乱」が起きた。直接の理由はセポイの使う銃（エンフィールド銃）のために牝牛の脂（これは豚脂の誤り―筆者）を使わせられた（これは噂であった―筆者）からである。五月にメーラトで起きた反乱はデリーに拡がった。そして反乱軍は「ムガル帝の胤たる八十余歳の老父ムハンマド・ザハール・バハードゥル・シャー二世を立てインド大皇帝の位に即かしめ」た。その狙いは、「けだし外国人の軛下を脱し、もってその国を自立不羈たらしめんと欲するにある」とし、この際「イスラム教徒のごときもこの際また、インド教徒（ヒンドゥー教徒）とあい合してともに事を謀らんと欲し」た。イギリスは当初は狼狽したが、やがて兵力を盛り返し、一二月には反乱の首魁ナーナー・サーヒブを敗北させ、一八五八年三月にはセポイ軍は降伏した。この乱は、「近世各国の争乱中未曽有の禍」ということができる［箕作、二〇一八、二八六―二八八頁］。箕作は、反乱軍を暴徒と見ていて、イギリスの賢明な政策を評価する立場をとってはいるが、出来事としてはほぼこの通りであった。この大反乱はイギリスの帝国政策の転換をもたらした。大反乱の鎮圧後、イギリスはインド支配を改革し、一八五八年にインドをイギリスの直轄植民地とし、ムガール帝国を廃止して、実質上インド帝国を成立させた［辛島編、二〇〇四、三三五頁］［木畑、二〇一二、二五八―二五九頁］。

この「インド大反乱」に際し、ロシアは、イギリスのインド支配に付け込もうとした。事実ではなかったが、「ロシアやイランがインド叛乱をそそのかした」という噂があったほどである。しかし反乱側がロシアに使節を送っていたことは事実だった［Hopkirk, 1990, p. 2］［Sergeev, 2013, p. 74］。

イギリスは、この「インド大反乱」を鎮圧するために大規模な軍事力を投入せざるを得なかった。マルクスは一八五七年七月から一八五八年七月にかけて、特派員を務めていた『ニューヨーク・トリビューン』に二五回余り記事を載せ、インド反乱について分析している。マルクスはインドには歴史がないと見ていたので、必ずしも反乱に同情的ではないが、三万人余りの反乱軍に対して、インド・イギリス軍が三万人では足りず、本国から二万から二万五〇〇〇人の兵を送らなければならないほどに、イギリス軍が苦戦していること、反乱の鎮圧によって、インドが再征服されたが、『インド人の心』を把握できなかったとみるべきことを強調していた〔マル＝エン全集13、一三五、五五〇頁〕。たしかに、イギリス海軍の配置を見ると、一八六〇年には、東インド・中国への派遣は一八五五年に比べて、ほぼ倍に達していた（表1参照）。それほどに「インド大反乱」はイギリスの兵力を大量に必要としたのだった。イギリスは第二次アヘン戦争と「インド大反乱」とをほぼ同時に戦わなければならなかったのである。

この時期、フランスにとっても、イギリスにとっての「インド大反乱」と同じような意味を持つ反乱が、一八五八年から一八六八年まで続くインドシナの民衆反乱となって勃発した。

ベトナム大抵抗

第二次アヘン戦争の最中、フランスはベトナムへの進出を再開した。一八五八年八月、フランスはベトナム軍の抵抗を受けてダナン進出をあきらめ、手薄と思われるサイゴンへの進出を図った。そこは南海貿易と米作プランテーションの可能性を秘めた土地であった。フランスは第二次アヘン戦争に兵力を出していたため苦戦を強いられたが、一八五九年にはついにサイゴンを陥落させた〔桜井・石澤、一九七七、四三―四四頁〕。ナポレオン三世は、このあと一八六〇年に第二次アヘン戦争が一段落し、一八六四年に太平天国との最終的戦争に突入するまでの間に、ベトナムから手を引いた。まず、一八六〇年にシリアのマロン派キリスト教とドゥルーズ派イスラム教徒の争いに伴う内乱に介入してシリアを自国の勢力下におさめた。ついで、一八六一年にメキシコへ出兵した。しかしこれに失敗すると、新たな外交上の勝利を求めて、ベトナムに回帰した。キリスト教の「布教の自由」を掲げてである。一八六〇年にイギリスとの間に自由通商条約を締結すると、原料供給地であるアジアへの進出が必須となった。軍事力を補強したフランスは、一八六二年六月、ついにベトナムと第一次サイゴン条約を結び、キリスト教布教の自由、メコンデルタの三省と崑崙島(コンロン、現コンソン島)の割譲、ダナンなど三つの港の開港、メコン川の自由航行などを認めさせた。ここにベトナムも「条約港制度」に組み込まれ、フランスによるベトナムの植民地化が始まったのである〔石井・桜井編、一九九九、二二九頁〕〔高桑、一九一〇、一一一六―一一一七頁〕。

ベトナムは、フランスにむざむざ侵略されていたわけではなかった。ベトナムには歴史的に「義軍」と称される民衆の武装勢力が存在していたが、これに支えられた反仏蜂起が起きた。北部ではタ・ヴァン・フンが指導する農民反乱が起き、東部トンキンを支配した。南部では、一八五九年にサイゴンが占領されたのち、サイゴン南方において、チュオンディンがフランス軍に対して抵抗ゲリラ運動を始めていた。このチュオンディンのゲリラには阮朝も支持を与えていて、ゲリラは、フランスの植民地組織、フランス軍、そしてコメの輸出港を攻撃して、フランス支配を苦しめた。そして、一八六二年以後は、このゲリラは、サイゴン条約に反対して、反仏抵抗を拡大した。このチュオンディン蜂起は一八六四年にようやく鎮圧され、チュオンディンは自殺した。この反仏蜂起はかれの死後も受け継がれ、一八六七年には、在地名望家のグエン・チュン・チュックが蜂起し、一八六八年までフランスに抵抗した。このほか、カンボジア国境付近でのヴォーズイズオン、南西部を拠点にしたチュオンクエンらの活動が知られる。これらは「ベトナム大抵抗」と呼びうるものである。この抵抗運動はコーチシナ西部に拠点があるというので、フランスはカンボジアをも支配下に置こうとした。そして一八六三年にはカンボジアを保護国化し、理事官の駐在、キリスト教の布教の自由などを認めさせた［桜井・石澤、一九七七、四四―四五、六二頁］［Mcleod, 1993, pp. 88-105］［シェノー、一九七〇、八二頁］。中国での太平天国の乱と同じ時に、フランスはこのような抵抗を抑えて、ようやく一八六七年六月、ベトナム北部から切り離したコーチシナ全域を併合し、仏領コーチシナを打ち立てたのだった。このあとフランスはベトナム北部への進出を目指すことになる［桜井・石澤、一九七七、四六頁］。

以上に見た「第二次アヘン戦争」「インド大反乱」「ベトナム大抵抗」は、英仏のアジア進出に対する「アジアの大反乱」である。そしてこの「アジアの大反乱」が、他の世界での緊張緩和を生んでいた。第一に、隣接する日本では、列強の軍事的介入のないあいだに、「積極的開国」が実現された。第二に、この時期に、他の列強の介入を見ないで米露で大きな変革が実現した。それは、アメリカ合衆国での「南北戦争」、ロシアの「大改革」である。第三に、ヨーロッパにおいては、政治的には不安定な中で、「創業熱」といわれる経済的なブームが起きて、資本主義が発達し、国民国家の経済的・社会的基盤が準備されていった。以下、これらの点を見ていくことにしよう。

3 「アジアの大反乱」に支援された日本の「積極的開国」

日本の「積極的開国」

日本はこの「アジアの大反乱」に側面支援を受けて、外国の武力介入なしに「積極的開国」と「維新」を準備することができた。そのために一八五三年に始まり一八六八年まで続く「一五年間」を使うことができたのである。近年はこの時期の日本の内政と外交の関係も具体的に詳細に研究されてきている。ここでは、その成果を世界史という観点から吸収してみたい。

一八五四年の「開国」を「消極的開国」とする三谷博は、一八五六―五七年を「消極的開国」から「積極的開国」への転機としている。三谷は、「通商」「通信」を含む積極的な「開港」の動きは、一八五六年八月に米総領事として来日したハリスが一八五七年秋から始める条約交渉によってではなく、オランダの提唱による一八五五年六月の長崎海軍伝習所開設と、クリミア戦争の終結によりイギリスが通商使節を派遣するという知らせとによって促進されて、一八五六年から始まっており、一八五七年二月に届いた第二次アヘン戦争勃発の情報が、これを決定的にしたのだという。その後、長崎ではオランダとの間に通商条約の調印にむけた調整が進んだのである〔三谷、二〇〇三、二四〇―二四九頁〕〔青山、二〇一二、三四―三五頁〕。こういう動きを受けて、江戸でも対外方針の転換がはかられた。一八五六年一〇月、老中首座が阿部正弘から堀田正睦に変わったのは、「消極的開国」の方針から、「ヨーロッパ・モデルを受容し、欧米諸国と本格的な国交と貿易の関係を結ぶという方針」への転換を意味した。青山忠正はこれを「公儀は、列島領域を、欧米列強に主導された世界体系へ参入させる道を歩み始めた」のだととらえている[青山、二〇一二、三五、三七頁]。イギリスの日本史家ビーズリーによれば、交易によって国富が高まりそれによって軍事力も強化されると考えていた堀田は、「西欧的な国際的ふるまいが避けられない」と認識していた[Beasley, 1987, p. 28]。前述の第二次アヘン戦争勃発の情報を得て、幕府の中において交易公認への流れができて、その中で、長崎では八、九月に、それぞれオランダ、ロシアと、通商規定を含む和親追加条約が結ばれた。一〇月にハリスが江戸に出府し、通商条約の交渉を求めてきたとき、日本はそのさいの経験を踏まえることができたのだった[三谷、二〇〇三、二四八—二五二頁][Beasley, 1987, p. 30]。

ハリスは一二月に幕府に対して大演説を行っている。これは、世界情勢を幕府に改めて認識させたものであった[井上、二〇〇二、二二一—二二二頁]。ハリスは、アメリカの観点からにせよ、世界情勢全般について、かなり正確に説明していた。その論点を整理してみよう。

①過去五〇年来、蒸気船、電報が発明され、交易が盛んになって、西洋諸国は豊かになり、世界中が「一族」のようになった。このような時代には、外交使節を受け入れ、商売を『勝手』(＝自由)にできるようにしたほうがよい。

②イギリスは「東印度所領」を、ロシアのために、ことのほか気遣っている。最近フランスと共同して戦った(クリミア戦争)のは、ロシアが各所で領土を蚕食したためである。イギリスは、ロシアがサハリン、アムールを領有することを嫌っている。ロシアがさらに満洲と中国(唐国)をとればつぎに東印度を「横領」しようとするに違いなく、そうなれば英露戦争が起こるとイギリスは

恐れている。
③中国は一八年前のイギリスとの戦争(アヘン戦争)で、「百万人」の命を失い、イギリスに港を乗っ取られ、「償」を取られ、国は衰えた。再度戦争をした(アロー戦争)が、英仏蘭の思うようになってしまった。
④日本が数百年も戦争をしていないのは幸いであるが、蒸気船などを備えて戦争の備えをした方がいい。いつ戦争になるとも限らないし、戦争の終わりには条約を結ぶことになる。アメリカは、戦争になる前に互に敬意をもって条約を結びたいと考えている。アメリカとしっかりとした条約を結べば、他国もこれに倣うことになる。
⑤交易はその国だけでなく、世界中を豊かにする。交易は自国用より多く産するものを外国へ出し、国内にないものを他国から運入することができる。
⑥イギリスはいずれ日本へ来て領事館の設置や交易を求めてくるはずである。イギリスはこの三月にも来るはずであったが、中国での戦争(アロー戦争)のために「延引」しているのだ。フランスも同じく日本へ来るはずであるが、これも中国での戦争のために「遅延」している。中国での戦争が終われば、両国はすぐさまやってくるであろう。〔日本外交年表竝主要文書(上)、一〇―一六頁〕
このように述べて、英仏が来る前にアメリカとの条約を結ぶよう促したのであった。このハリスの演説は、アメリカの都合の良いように述べているところもあるが、産業革命後の世界の情勢や交易の意義を説いたり、英露の「グレート・ゲーム」や第二次アヘン戦争の意味をきちんと説明していたりしていて、当時の日本の世界認識を広める役割は果たしたものと思われる。オランダ国王の親書、ア

メリカ大統領の国書について、世界史の「傾向」が多少とも体系的に知らされたのだった。この演説をも受けて、長崎でのオランダとの交渉と並行して、江戸でも、この一二月からハリスとの条約交渉が始まった〔青山、二〇一二、三九頁〕。日本側はハリスの国際関係についての議論を他の情報に照らして検討して批判するという準備をしながら、交渉に臨んだ〔井上、二〇〇二、一二一―一二三頁〕。

一八五八年一月に最終的な条約案ができたが、幕府は天皇の承認を得るために調印を延ばした。二月に堀田らは上京して、ナポレオン戦争以後「インド大反乱」に至るまでの三、四〇年の広汎な世界情勢を詳しく説明し、「和親交易」を拒むことはできないと説いた〔同前、二四〇頁〕。だが、天皇は事情説明を聞く前に条約反対を表明してしまっていた。その後五月に堀田は退けられ、井伊直弼が大老に任ぜられた。だが、天皇の承認を待つ間の六月に、アメリカの軍艦が、第二次アヘン戦争で清国が英仏連合軍に敗れ、天津条約が調印されたという知らせをもたらした。ハリスは、これ以上調印を延期すると、英仏軍が押し寄せて、屈辱的な条約を結ばされると通告した。これを受けて評議の末、幕府は天皇の「勅許」がないまま、六月一九日、日米修好通商条約に調印したのだった〔日本史史料4、二七―二九頁〕〔青山、二〇一二、四八―四九頁〕〔Beasley, 1987, p. 23〕。同条約は、まず、両国が対等に国を代表する役人をそれぞれの国に置くことを定め、ついで、下田と箱館のほか、神奈川、長崎、新潟、兵庫を開港し（神奈川開港ののち下田を閉じる）、居留地を設けること、江戸と大坂の二市の開市場を定め、さらに、官憲をとおさない自由貿易を定め（ただし、アヘン貿易は厳禁）、加えて、治外法権、宗法（宗教）の自由を認めた。関税（運上）については、別個の「貿易章程」によってこれを定めた〔幕末維新外交史料集成3、一六一―一六八頁〕。

この条約ののち、これとほぼ同じ内容の修好通商条約が、オランダ(七月一〇日)、ロシア(七月一一日)、イギリス(七月一八日)、フランス(九月三日)と結ばれた[幕末維新外交史料集成3、二〇八―二一五、二五八―二六四、三七五―三八二頁][幕末維新外交史料集成4、四六七―四七四頁]。この「安政の五カ国条約」によって日本も全面的に「条約港制度」に引き込まれたのだった[Beasley, 1987, p. 24]。

これら諸条約を受けて、一八五九年六月に神奈川、長崎、箱館で貿易が開始され、実際の「開港」が行われた。現実には、種々の禁制や制限がすぐに排除されたとは言えないが、主に神奈川の対岸の横浜において、治外法権に擁護されたイギリス商人中心の居留地貿易が進み、生糸の輸出と綿織物の輸入を柱として、日本の経済は世界資本主義へと組み込まれた。日本は中国と同じく、欧米への一次産品輸出国として位置づけられた。その結果、日本国内の経済は大きく混乱し、下層民の貧困は深刻化し、幕府は新潟、兵庫などの開港の延期を諸国と交渉しなければならなくなった。この交渉にさいしては、アメリカに遅れて一八五九年七月に領事館をおき、オールコックを初代領事(九月に公使)に任じたイギリスが、日本を支援するのだった[宮地、一九八七、二二六頁][井上、二〇〇二、二九二―二九六頁][Beasley, 1987, p. 26]。

安政の五カ国条約の評価については、日本の学界で近年大きな変化が生まれている。従来、この「勅許なし開国」は不平等条約を認めたもので、条約承認は失政であったとされてきていた。しかし、井上勝生は、むしろ現実的な選択ではなかったのかと問う。当時は、武家全体として「開国論」をとっていた。天皇の条約拒否こそ、非現実的だったのではないか、明治政府のもとで作られた「維新史」の偏見を批判する必要があるというのである。たしかに、日本が結んだ条約は「不平等条約」ではあるが、中国の結んだ天津条約や北京条約との違いは大きい。日本の場合は、清国が認めた外国人の内地旅行権、キリスト教布教権、アヘン輸入を認めず、開港場も限定され、揚子江の開放にあたるものも認めていなかった。日本は、領土割譲もなく、外国の武力介入なしに「開国」したのだった〔井上、二〇〇二、二三〇、二三五、二四〇―二四一、二四四―二五七頁〕。さらに三谷は、「開国」の過程を詳細に分析したうえで、治外法権承認、関税自主権の放棄は規定されているが、実際には日本にとってどの程度の「不利益」があったのかは疑問であるという。日本が西洋国際法の世界への本格的な参入を決意したと解すべきだというのである〔三谷、二〇〇三、二六〇、二六六―二六八頁〕〔青山、二〇一二、三九―四〇頁〕。いわば、日本は、第二次アヘン戦争における中国の抵抗や、「アジアの大反乱」のおかげで、十分な準備の末、「積極的開国」に軟着陸できたのであった。日本は自主的に「積極的開港」を準備し、「欧米列強が主導する世界体系に参入」したのだった。つまり、主権国家の冷徹な国際関係に加わったのである。いいかえれば、主権国家同士が一定の国際法に基づいて動くという当時の世界史の「傾向」は、よかれあしかれこのような形で日本にも「土着化」し始めたのである。

一八二八年のトルコマンチャーイ条約や一八三八年のバルタ・リマン通商条約以来の不平等条約は、一八四二―四四年の南京条約や望厦条約や黄埔条約を経て、一八五四―五五年の日本や琉球の和親条約、そしてタイのボーリング条約へとつながっていったが、今回の安政の諸条約によって、通商の条規が加わり、東アジアの「条約港体制」は一歩前進した。今度は、この安政の条約が基準となって、タイ、ベトナム、朝鮮などが列強との条約を結んで「条約港体制」を「連動」させていくことになる。

対外認識のルート

こののち日本国内では、幕府内部の対立や、幕府と朝廷との対立が生じて、「開国」と「攘夷」の対立が生じてくるが、それは、対外的な方針の違いが国内の政治方針の違いにもつながった過程であって、その中で、幕府体制は根底的に揺るがされていくことになった。ここではその詳細を論ずるゆとりはないが、「通商条約により、欧米諸国と列島領域とのあいだに外交関係が発生すると」、「単一の日本国政府を創設する必要」があることが認識された。そしてしだいに、国事審議の体制を作ることが先決問題であるとされるようになり、諸侯だけでなく、「四民」(士農工商)を含め、衆議を結集する機関としての「公議所」、つまり「議会」が構想されていった〔青山、二〇一二、三九、八六、一〇三、一二三頁〕。だがこの時期、日本はどういう情報源からこの「議会」などの意義を学んだのだろうか。

「開国」後、日本では、世界情勢や世界の歴史についての認識が意欲的に広められていった。前述のハリスを始め、イギリス公使のオールコックや通訳のアーネスト・サトウなど諸外国の使節らから情報を得たほか、日本は独自に情報を取り込むルートを持っていた。

その一つは、種々の幕府使節団の派遣を通じたルートであった。一八六〇年一月に出発し日米通商航海条約の批准書を持参した第一次渡米使節団には、咸臨丸で勝海舟らが随行し、中浜万次郎、福沢諭吉らも同行した。一八六二年一月には開港延期交渉と西洋事情探索のために第一次渡欧使節団、つまり文久渡欧使節団が出発した。これには通訳の福地源一郎、箕作麟祥の義理の叔父にあたる洋学者の箕作秋坪、福沢諭吉らが同行して知見を深めてきていた。一八六二年五月には、幕府使節が上海へ派遣され、その随行員として高杉晋作が同行し、清と欧米諸国との関係を直接に見聞してきた。そのほか、一八六二年から一八六七年までのあいだに、幕府は、横浜鎖港交渉、横浜製鉄所建設準備、国境画定協議、軍艦購入交渉、パリ万博訪問などのために使節を派遣し、また、留学生団を欧米に送り込んだ。使節団には「幕府以外の諸藩士さらに全国各地の医師、町人、豪農まで」が使節団員の従者として同行し、西洋体験をして見聞を深めてきたのだった〔日本史史料4、四一―四二頁〕〔宮地、二〇一二、上・二三二頁〕(〔松沢、一九九三、第一章〕に詳しい)。箕作麟祥は一八六七年の徳川昭武の万博使節団に同行していた。

二つは、事実上の「密航」である。一八六三年には、伊藤博文、井上馨らがイギリスへ、一八六四年には新島襄がアメリカへ、そして一八六五年には寺島宗則、森有礼がイギリスへ「密航」し、欧米の現実を見てきた。たとえば、伊藤は、井上らとともに、イギリスのマディソン商会の援助を受けて、一八六三年五月に出港し、九月にロンドンに着き、博物館・美術館などを訪れ、海軍の設備や造船所その他の工場を見学し、イギリスの文明の程度と国力の強大さに感服し、たちまち攘夷の考えを捨てたのだった。陸奥宗光も上海あたりへ「密航」していたようである〔伊藤、二〇〇九、三五―三八頁〕〔萩原、一九九七、一五九頁〕。この時期、各藩の若者たちは各藩の暗黙の了解を得て、海外に「密航」して知見を広めていたのである。

三つには、外国情報収集の体制の整備がある。開国後、幕府はいよいよ積極的に世界の情勢を知ろうとした。幕府によって一八五五年には一月に天文台蕃書和解御用掛を改組して洋学所が設立され、七月には洋式海軍と航海術の習得のために長崎海軍伝習所が開設された(一八五九年まで存続)。一八五六年洋学所は蕃書調所となり、一八六二年に蕃書調所は洋書調所に編成替えされ、すぐに一八六三年に開成所となった。箕作麟祥の祖父阮甫は蕃書調所・洋書調所の教授であった。ここは蘭学を主としに英学を従としたが、一八六〇—六四年には仏・独・露語も教えるようになった〔宮地、一九八七、一八頁〕。そこを中心に海外の情報が翻訳収集された。一八六二年一—二月に出された『官板バタビヤ新聞』、続いて同年八—九月に出された『官板海外新聞』は、オランダ領東インド総督府がバタヴィアで発行した機関紙「ヤバッシェ・クーラント」の翻訳で、幕府が海外情報の公開のために発行した新聞であった。

このような諸ルートを通じて「開国」後の日本では対外的知識が深められた。その中で前述の「公議所」つまり「議会」についての知識も伝わってきていたのであろう。そのようなかたちでこの時代の世界史の「傾向」が幕末の日本に浸透してきていたのである。

朝鮮の内外危機

西欧列強の接近に対して、日本とは対照的な対応をした東アジアの国が、朝鮮であった。第二次アヘン戦争の結果、一八六〇年に英仏軍が北京に入城した知らせは、朝鮮政府の「対西欧脅威観」を高め、「人々は西欧勢力が今すぐにも朝鮮へ押し寄せてくるものと思い込んで仕事をやめ、富民は山野に避難し、官人までもが郷里に逃避するというような混乱状態に陥った」〔趙、二〇一二、一八頁〕。ロシアが、第二次アヘン戦争で、清と英仏との講和を仲介した功により、一八六〇年の露清北京条約によって、清より沿海州を割譲されると、朝鮮はロシアと直接に国境を接することとなり、ロシアは一八六四年以後、通商を求めてくるようになった。加えて、一八三一年以来、キリスト教の布教のために宣教師を送り込んでいたが、一八四六年には弾圧を受けたりして、それに抗議をしてきていたフランスも、第二次アヘン戦争終結後、新たに朝鮮に接近してきていた〔趙編、二〇一二、一〇四頁〕。

このような国際情勢について、清から帰国した朝鮮使節は、一八六一年に、こう報告していた。西洋にとって「我国（朝鮮）は貿易すべき財宝がないので、軽々しく侵入することはないであろう」。また清の太平天国の乱も「北京の軍が遼（陽）瀋（陽）を固守しているので簡単にそれを破って越来することはないであろう」。ただ、キリスト教徒、アヘン常習者の類が内応すれば侵入を防ぐのは難しいので、「憂うべきは、まさに内にあって、外寇にあるのではない」と〔同前、一〇五頁〕。

この時期の朝鮮の対外認識は三種類に分けられる。一つは、中国の冊封を受けてこれに朝貢し「小を以って大に事（つか）える」という事大主義であり、中国の力に頼るものであった。二つは、明が滅亡して清という夷狄が支配するようになって、中華の正統は朝鮮が受け継いだのだとする「小中華思想」であり、実際のところ「朝鮮中華主義」であった。そして三つ目が、清からの実学的な学問の導入を唱える「北学思想家」たちであり、かれらは多元的な世界認識を有していて、中国も朝鮮も西洋も「均しく正界」なのだと見ていた。この中で、この時期には、まだ事大主義が優勢だった〔吉野、一九九五、二九八―二九九頁〕。一八六三年に高宗が国王となり、その実父大院君が権力を握ると、内政改革の一方で、強硬な攘夷政策を行った。だが朝鮮社会の深部では、一八六〇年に儒教を基にした民衆宗教である東学が崔済愚によって創建され、一八六二年には貧民や無土地農民による壬戌民乱がおきていたのであり、それがやがて重要な意味を持つことになるのだった〔趙、二〇一二、一五、一八、二三頁〕。

「アジアの大反乱」の間、それに隣接する東アジアの二国において、緊張の緩和状況を活用するうえで、対照的な対応がみられ、そこでの日本のユニークさを知ることができる。ではアジア以外の地域ではどうであったか。この時期、アメリカとロシアとヨーロッパにおいては、国際的な緊張関係の緩和状況がみられ、列強相互の武力的干渉等のない状況下で、それぞれに社会的・政治的変革が行われた。

4 米露の変革とヨーロッパ——南北戦争と「大改革」と「創業熱」

アメリカ合衆国では、一八六一年に南北戦争が勃発し、一八六五年に終結した。その結果、アメリカは、国の「統一」を維持し、奴隷制や政治・経済の面での「革命」と言われるほどの「大変革」を実行した〔辻内、一九九五、七五―七六頁〕。この南北戦争は早くから日本で注目されていた。一八七二年に文部省の作った小学生用教科書『史略』は、「人類を販売するは人道の生理に悖(もと)るが故に、此旧習を一洗し黒人と雖も皆不羈自由を得せしめんとするの論ありける」とし、ここに南北戦争が起こったという。一八七五年に出た師範学校の創建者として知られる田中義廉編による『万国史略』も、「黒奴」に注目しながら南北戦争を扱っていた。そういう中で、箕作麟祥『万国新史』は、アメリカの「商業製造」「鉄道」「電信線」「商船」「学校」「新聞」「教会」の発達について述べた後、南北戦争とその結果を詳細に論じていた。かれはもう「黒奴」のみを見てはいなかったのである。ここで大切なのは、かれが南北戦争をめぐる国際関係にも注目していて、ヨーロッパの各国は「厳に局外中立の法を守るべきの公布」をなしていたと述べていたことである〔箕作、二〇一八、三二五頁〕。

事実パーマーストン首相のイギリスは、種々の方法で綿花生産地の南軍を援助したといわれるが、公的には「中立」の政策を取っていて、ナポレオン三世が干渉の気配を見せた時も、ロシアとともにこれを拒否したのだった〔辻内、一九九五、六六頁〕。これを世界史的な観点から見ると、英仏の勢力が「アジアの大反乱」に引っ張られたこともあって南北戦争への英仏の武力介入は制約されていたのである。そこに「革命」ともいえる変革が可能となったのだった。

一方、この南北戦争のため、一八六四年以後は、アメリカに代わって、英仏が対日接近を進めることになった。同様なことはメキシコについても見られた。「合衆国に南北戦役起るや、メキシコ亦動揺ありき」とは、すでに一九〇三年に歴史家の坂本健一がその『世界史』で示している見方である〔坂本編、一九〇三、一二八八頁〕。そもそも一八五四年からのアメリカのメキシコ進出そのものが、クリミア戦争の間に進められたものである。だが、南北戦争の間に英仏が進出してきた。一八六一年メキシコに選挙でファレス大統領が生まれると、英仏は、スペインとともに軍事介入したのである。しかし、「アジアの大反乱」を抱えるイギリスは、本格的な介入はできず、翌年、イギリスはスペインとともに撤退した。ナポレオン三世のフランスは軍事的侵略を進め、一八六四年にはオーストリア皇帝の弟マクシミリアンを擁して、メキシコ帝国を作ったが、一八六五年に南北戦争が終結し、一八六六年に普墺戦争が勃発すると、軍を引き上げ、同帝国は崩壊して、共和制が復活したのであった〔増田・山田編、一九九九、二〇〇頁〕。

ユーラシアに目を転じると、「アジアの大反乱」は、ロシアがアジアへ進出する好機であった。イギリスは反乱に直接に巻き込まれており、フランスはベトナム以外にも、メキシコに介入したり、サルデーニャ王国を支援したりしており、新興のプロイセンも英露がアジアで争うことを好都合と見ていた[Sergeev, 2013, p. 88]。しかし、ロシアは一八六一年の「大改革」とその後のポーランド蜂起のために、アジアへの進出をしばし抑制せざるを得なかった。

ロシアでは、クリミア戦争の敗北後、一八五〇年代末に農民蜂起が頻発し、農奴制の改革が望まれるようになった。そして、一八六一年に農奴解放令が発布され、いわゆる「大改革」が実施された。これは農奴に直接土地所有権を与えるのではなく、村落共同体に土地を付与し、共同体をとおして農奴が土地を用役できるようにするものであった。しかしこの農奴解放は、ポーランド問題と関連した。ロシア領ポーランドでは、一八六三年一月、大規模な対露武装蜂起(一月蜂起)が起きて、主導した中貴族(シュラフタ)は農民を引き付けるために独立後の一定の土地配分を公約していた。しかし、この蜂起を鎮圧するにあたって、ロシアは、シュラフタが公約した以上に農民に有利な解放を約束し、蜂起の鎮圧後一八六四年に、そのような農奴解放令をポーランドに対して布告したのであった[南塚、一九七九a、六七—六八頁]。

このとき、ポーランド蜂起への列強の政治・軍事的介入はなかった。英仏はまず、「アジアの大反乱」のおかげで、干渉するゆとりはなかった。また、イギリスは、ロシアのヨーロッパ側で緊張が高まっている限り、ロシアはアジア側には進出してこないとみて、ポーランド問題に加入しなかったのだった。たしかに、「グレート・ゲーム」においてロシアが再度アジアに進出してくるのは、ポーランド問題が一段落した、一八六五年以降のことであった[Sergeev, 2013, pp. 76-78]。

日本との関係で言えば、アメリカ同様ロシアの対日接近は一時中断された。この時期に大変革を経験しつつあったロシアとアメリカに代わって、相対的に、英仏が対日接近を強めることになるのだった。それを象徴するのが、一八六一年に起きたロシアの対馬占領とイギリスの強硬な反発であった〔和田、二〇〇九、四三頁〕。しかしこれは大きな対立にはならなかった。

さて、「アジアの大反乱」のあいだに、緊張の緩和していたヨーロッパでは、静かな大変化が起きていた。ここでは、六〇年代の「創業熱」に見られる経済発展が進んだ。一八四八年革命で封建的な諸要素をかなり清算したヨーロッパ諸国は、五〇年代末の後退はあったが、一八七〇年代初めまでの「大ブーム」の時代を迎えていた。この時期に、ヨーロッパの少数の「発達した」諸国が工業化された経済になり、鉄道建設が拡がり、近代的銀行ができた。そして世界は資本主義的になった〔Hobsbawm, 1975, p. 42,〕〔Berend, 2013, pp. 136–142, 159–162〕。英仏の間に自由貿易協定が結ばれたのは、一八六〇年のことであった。

だが、世界史的に見れば、この「創業熱」というのは、決してヨーロッパ内において自立的に進んだ動きではなかった。アジアなどの犠牲の上に実現された緊張緩和の中で生じた発展であった。また、ヨーロッパがアジアその他へ経済的に進出し、その利益の上に作り上げられたものであった。この点をマルクスは次のように述べている。クレディ・モビリエ（フランスの投資銀行）の動揺によってはじまった、一八五七年から一八五八年にかけての恐慌からヨーロッパが比較的早く回復したのは、一八五七年のもう二つの大事件、すなわち、インドにおける「セポイの反乱」と中国におけるアロー戦争という二つの事件と関わりがある。両者とも、インドおよび中国の反植民地闘争の始まりであったが、これらの乱はヨーロッパの軍事力によって鎮圧され、短期的には、ヨーロッパによるアジアの植民地体制の強化として結果した。そして植民地からもたらされる果実の増大がヨーロッパ経済の破局を防止するのに大いに役立った[マル＝エン全集12、六二二―六二五頁]と。

そのようなアジアの「犠牲」のうえで、ヨーロッパにおける経済発展と「国民国家」の形成の準備ができたのである。この一八六〇年代には、次第に工業力を持つ国が力を伸ばしてきて、ヨーロッパでは、イギリスが相手にするのは、プロイセンになった[Hobsbawm,1975, p. 100]。このプロイセンがその後のヨーロッパにおける「国民国家」形成の主導者となるのであった。

「アジアの大反乱」に英仏の国際関係上の関心が向けられている間に、日本は列強の武力介入なしに「開国・開港」して、世界情勢の研究を進め、同時期にアメリカとロシアは大きな変革を開始して実現し、ヨーロッパは経済発展を遂げて、次の時代の「国民国家」の準備をしたのである。

五　ヨーロッパにおける「国民国家」形成とその影響
――緊張はヨーロッパへ――

1　「国民国家」の形成――ヨーロッパの大戦争期

「アジアの大反乱」が終わり、アメリカとロシアの再編の帰結が見えてきたところで、ヨーロッパの大再編が起きた。すでに、オーストリア、フランス、イギリスの関与する第一次、第二次のイタリア統一戦争を経てイタリア統一がなった(一八五九―六一年)のち、プロイセンを中心にヨーロッパの激動が高まった。一八六四年にプロイセンはデンマークとの間にシュレースヴィヒ＝ホルシュタイン戦争を起こして領地を拡大していたが、一八六六年にはオーストリアとの間に普墺戦争を引き起こし、北ドイツでの主導権を確立した。この戦争を経てイタリアは、ヴェネト地方(中心がヴェネツィア)を獲得した。一八六七年にはハンガリーがオーストリアとの「アウスグライヒ」を成立させて、オーストリア＝ハンガリー「二重君主国」の一員となった。そして最後にプロイセンはフランスとの普仏戦争を経て一八七一年にドイツの統一を完成させた。

一八六六年から一八七〇年まで、ヨーロッパは大国間の戦争に明け暮れていたわけである。だから、ヨーロッパに世界的な緊張関係は集約されていた。だが、このような戦争を経て、ヨーロッパでは各種の「帝国」に代わって「国民国家」なるものが形成され、それがヨーロッパを覆い、さらにのちに世界各地のモデルとなることになった。ここにいう「国民国家(ネイション・ステイト)」の「ネイション」とは、単に「ある国に住む人々」という意味でも、「ある国に住んでその国に忠誠・献身を感じる人々」という意味でもない。「ネイション」は、「ヨコ」の視線では、一定の言語や習俗や歴史的経験や、場合によっては血縁を、同じくすると「意識」された人間集団をさす(本書では「民族」というとき、このような集団をさす)。「タテ」の視線では、そういう人々が法の前ですべて平等の権利と義務を有すると「意識」される。それは、「創られた伝統」などを駆使してつくられた「想像の共同体」である。そのようなものが、フランス革命前後から芽生えたエリート・レベルでのネイションの意識、一八四八年革命を経て中間層に普及していく際のネイションの意識、そして下層民衆にまで浸透させられようとする際に「上から」操作されて作られるネイションの意識という具合に展開してきたのである。最後の「上から」のネイション操作は、「公式ナショナリズム」と称される意識操作による。権力はネイションの意識を作り出すために、過去の偉大さ、ネイションの優秀さなどを「宣伝」するのである。そして、「想像の共同体」としての「ネイション」がひとつの国家を形成するという制度が、一八七〇年前後にできたヨーロッパの「国民国家」である［南塚、二〇一〇c、一三―一七頁］［南塚、二〇一二b、二五頁］。

2　英露の外交的アジア進出

このヨーロッパ再編のための激動の時期、アジアでは緊張緩和の状態にあった。そこに、英露の静かな進出が見られた。

ロシアはポーランド蜂起の鎮圧ののち、中央アジアへの進出を再開した。一八六三年のポーランド蜂起のロシアによる武力鎮圧は、ヨーロッパでのロシアの評判を悪化させたが、ツァーリ（アレクサンドル二世）はその汚名を雪ぐためにも、インドへの進出を進めざるを得なかった。ロシアでは、ヨーロッパでの取引の余地を残しておくためには、アジアでの不安定さを取り除くべきだというハト派の意見に対して、中央アジアの諸国家を占領することこそ、ヨーロッパでイギリスとの取引のために有利なのだというタカ派の意見が優位に立った。こうして、ロシアのインド攻撃の計画が立てられた。ここに「グレート・ゲーム」の「本当の開始」が画されたのである［Sergeev, 2013, pp. 77–79, 96–98］。

一八六四年から一八七三年は、ロシアの積極的な中央アジア進出の行われた時期であった。ロシアは、アメリカの南北戦争による原綿輸入の停止の危機にも刺激されて、トルキスタンへの本格的な軍事行動を始め、一八六五年に中央アジアの重要な商業都市であるコーカンド・ハン国のタシュケントを占領して、一八六七年にはそこにトルキスタン総督府を置き、一八六八年にブハラ・ハン国を、一八七三年にヒヴァ・ハン国を保護下においた。こうして、トルキスタン方面では、ロシアがイギリスに先んじて勢力を拡大した[Sergeev, 2013, pp. 106, 125][小松編、二〇〇〇、三三三—三三五頁]。すでに箕作『万国新史』は、ロシアが「その版図をトルキスタンの地に拓し、……南はその境をイギリス領インドに接するに勉め」と見ていた[箕作、二〇一八、三四五頁]。

一方、イラン、アフガニスタン方面は、インドに近接しているため、英露が厳しく拮抗していた。焦点はヘラートであった。当時、マルクスは、英露の「大闘争」(「グレート・ゲーム」のこと)におけるヘラートの重要性を強調していた[マル＝エン全集12、一一二—一一二頁]。マルクスと同じ見方をしていた箕作によれば、「カーブルの君長ドースト・ムハマンド・ハーン」が、一八六二年にヘラートを撃ち、翌年ついにヘラート城を攻略したが、その死後、アフガンは混乱し、英露両国の狙う場所となった。「イギリス人もしこの地を略する時はイギリスかならずアジアの中央に覇たるべく、ロシア人もしこれを併合する時はロシアかならずインドに迫るを得べく」、こうして双方の利害が直接に対立したのだった[箕作、二〇一八、二九〇頁][永田他、一九八二、三二六、三二八頁]。

しかし、一八六四年から一八七三年までのあいだ、英露は「グレート・ゲーム」において、武力衝突は避けていた。ヨーロッパでの緊張関係に関心を集中せざるをえないイギリスは、軍事的には対立せず、外交で対応しようとしたのである。さらに東のアジアでも同様であった。イギリスは、インド以東のアジアでは平静な経済活動が保証されればいいという立場をとった〔小林、二〇一〇、一〇八―一〇九頁〕。加えて、フランスもヨーロッパでの戦争の懸念もあり、インドシナの確保を第一として、東アジアへの関与を控えざるをえなかった。こうしたことはアジアにおける国際的な緊張関係の弛緩を意味した。そこに日本の明治維新が起こるのである。

3　世界史の産物としての明治維新

欧米の政体の参照

たしかに、欧米列強は日本に軍事力をもって開国を迫っていた。一八六三年五月の下関事件や一八六三年七月の薩英戦争に始まり、一八六四年八月には英仏に主導される英仏米蘭連合艦隊が下関砲撃を行った。しかし、英仏は全面的な武力行使はしなかった。機会をみては、条約に反対する勢力に圧力をかける措置を続けたというのが、実際であった。それでも、一八六三―六四年の戦争における軍事的敗北により、伊藤など海外経験者らの主張によって、薩・長は開国派になったのである〔加藤、二〇〇〇、八九頁〕〔宮地、一九八七、三三二頁〕。だが、武力行使をひかえつつも、英仏らは日本に条約を履行させるためには、天皇の「勅許」すなわち「批准」が必要であるとし、武力の示威を活用した。一八六五年九月英仏米蘭四カ国の軍艦が大坂湾に侵入し、この示威を受けて、同一〇月修好条約の勅許が実現した。これにより「開国」が確定し、「列島領域が一つの統合体(日本国)として、欧米諸国と条約に基づく外交関係を持つことが確定した」[青山、二〇一二、一三一—一三八、一四〇頁]。

研究史上では、旧来、この時期における欧米からの軍事的侵略の恐れや日本の「植民地化の危機」が論じられていた。とくに一八六一年の対馬事件以来のイギリスによる領土割譲の意図が強調されていた。だが、近年の研究では、現実にはイギリスは貿易と平静な経済活動を第一に考えていて、内乱や外戦や、戦争による領土獲得などは考えていないとされる。これは石井孝がつとに指摘していたことである[石井、一九五七、一〇七、一三七、一七六頁]。「一面化した抽象論をつくるのではなく、具体的に展開する国際情勢に焦点をあわせること」が必要であると、井上勝生は主張する[井上、二〇〇二、三〇二—三〇五、三五三頁]。

この時期、戦争を伴うようなヨーロッパでの国家再編が進む中で、列強の関心はヨーロッパ内に向いていて、そのために、欧米からの重大な干渉(とくに軍事的介入)のない中で、日本は変革を進めることができたと言わねばならない。列強の中では、米露普伊墺は東アジアに関心を向けるゆとりがなかった。英仏の場合も、インド・インドシナ・中国などの政策が優先しており、日本は二義的な意味しかなかったから、大きな軍事介入は回避していた。イギリスはいかなる形の内政干渉も禁じていたのである[同前、三三七—三三八頁]。

一八六三年八月の薩英戦争でイギリス海軍が早期撤退したのは、糧食や「十分な軍事力がない」という海軍提督の判断があったからであった[同前、三〇〇頁][宮地、二〇一二、上・三九二頁]。しかし、なぜ十分な軍事力がなかったのかとさらに問うならば、中国での太平天国の鎮圧戦、そして中立を掲げたとはいえ南北戦争という事態を考えざるを得ない。ややのちの一八六七年という時点ではあるが、イギリスの海軍力は中国と北米に集中しているのである(表1参照)。外相のラッセルは、一八六三年一一―一二月に、イギリスの臣民と財産を守り平和な通商を保証しなければならないが、「戦争行為は制限する」ことを、在日本の領事館や海軍機関にたびたびきつく命じていた[BPP, Japan, 2, pp. 118, 129, 134, 160]。こういう本国の政策にもかかわらず、一八六四年八月にイギリスがフランスと率先して下関砲撃を行ったために、オールコックはラッセルに帰国を命じられたのだった[BPP, Japan, 2, pp. 243-248, 269, 313]。後任は第二次アヘン戦争期に中国に勤務していたパークスが任命された。

さて、条約勅許以後は、日本にどのような「統一体」を作るかが争点となった。注目すべきは、その際に欧米の政治理念と政治制度が参照され、採り入れられていったということである。

一八六六年八月に福井藩の松平春嶽は、当時禁裏御守衛総督の職にあった徳川慶喜にあてて出した七箇条の政体構想において、「天下の大政、一切朝廷へ御返上」すべきこととしたうえで、「天下の衆議」を重んずべきことを勧めていた[青山、二〇一二、一四七―一四九頁]。翌一八六七年六―七月に成立する土佐、薩摩の政体構想は、七箇条の「約定書」としてまとめられたが、それは「王制復古」を柱とした政体構想であった。その柱は、①天下の大政の全権は朝廷にあり、制度法律のすべては京都の議事堂より出るべきである、②議事院は上下に分けられ、議事官は身分に関係なく選挙すべきである、などであった[同前、一五六頁][宮地、二〇一二、下・四七頁]。それは、春嶽の七箇条の政体構想と同じ主旨であったが、上下の「議事院」とその議員の「選挙」が加わっていた。

これには、一八六六年一〇月に出た福沢諭吉『西洋事情』(初編三冊)の影響があったようである。たしかに、『西洋事情』は、アメリカの一七八七年の憲法を紹介していて、「国政を議定するの権は合衆国の議事院に在り」、議事院は上下に二分され、「下院の議事官は国民一般より選挙し、国民の名代人として、職に在ること二年を限とす」ることを指摘していた〔福澤諭吉全集1、三三二頁〕。だが、福沢以外にもいくつか考慮すべきものがある。すでに箕作阮甫訳『大美聯邦志略』（一八六一年）は、アメリカ合衆国の「開国原始」（建国）、「民脱英軛」（独立）を論じたのち、「建国立法」において連邦制や三権分立を紹介し、「設官分職」において立法と行政の関係を述べ、「理刑規則」において裁判制度を紹介していた。あるいは、一八六七年五月に京都で兵学塾を開いている赤松小三郎が、春嶽と島津久光にあてた建白で、上下議政局と、一般庶民をも対象とする議員選挙制度を設けるべきだと述べたことも意味があったとされる〔青山、二〇一二、一五六頁〕。さらに一般的には、イギリス外交官アーネスト・サトウの著とされる『英国策論』の影響も考慮されるべきである。それは、一八六六年前半の週刊英字新聞『ジャパン・タイムズ』（横浜で発行）に発表されたものであって、まもなく日本語に翻訳されて広まった。それは、それまでの対外条約の主体であったのは「日本一統の君主」としての「大君」であるが、実際には「大君」（将軍）は「諸侯の長」（大名の長）でしかなく、したがって、「大君」と結んだ条約を廃止して、「帝」（天皇）および「一致したる諸侯」と条約を結びなおすべきである、というものであった。これは「事実上政権を幕府から天皇をいただく雄藩連合へ移そうとするもの」に等しく、いわば内政干渉であるが、かなり広く流布されたようである〔石井、一九五七、三七七―三八五、四二七頁〕。

坂本龍馬は、一八六七年六月に土佐の後藤象二郎とともに作ったといわれる「船中八策」において、「政権を朝廷に奉還」すること、「議政局」を設けること、官制を改革すること、「外国の文際」を正すこと、「無窮の大典」つまり憲法を立てること、その他、陸海軍の創設、通貨改革を掲げていた。そのさい、「方今天下の形勢を察し、之を宇内万国に徴するに」、これ以外の道はないと述べていた。つまり国内の形勢を考え、それを世界万国の様子と合わせて考えてみたと言うのである。では、どのように「徴」したのであろうか。たとえば、さきの薩摩の七箇条の「約定書」との関係はどうであったのか。「約定書」に比べ、「選挙」がないのが大きな違いであるが、類似するところは多い。あるいは、坂本は福沢諭吉の『西洋事情』を参照していたのであろうか。この「船中八策」を基礎にして結ばれた六月の薩摩と土佐の「約定の大綱」も、「宜しく宇内の形勢を察し」て改革することを約していた〔萩原、一九九七、一七二、一七四―一七五頁〕〔安丸、一九九四、三〇頁〕。そして、一八六七年一〇月三日、土佐の山内容堂は、「天下の大政を議定するの全権は朝廷にあり」、「制度法則一切」は「議政所」より出ずべし、その「議政所」は「上下」とし、「議事官」は「選挙」すべきことなどを盛り込んだ「建白書」を幕府に提出した〔宮地、二〇一二、下・一五九頁〕。これはそれまでの議論の総まとめであった。

このように、この時期において、変革を求める若い武士たちは、世界の動きを見つめ、そこで動いている理念や制度、つまり世界史の「傾向」を日本に「土着化」させようとしていたのである。さまざまなルートから一九世紀世界史の民主主義についての理念は、日本列島にも拡がってきていたのである。この時期に、自由、民権、進歩、文明、選挙、議院、主権などの概念が入ってきていた。そのような情報を吸収してそれを「土着化」し、日本の新しい政治制度が作られることになった。

日本での明治革命

一八六七年秋以降、急速に新権力が形成されていく。近年は「維新革命」とも呼ばれているこの過程を欧米での諸革命に合わせて解釈してみよう。これにより、日本の歴史も外国史と同じ土俵で語ることができるはずである。三谷博もそれを提起している［三谷、一九九七、第九章］。

一八六六年一二月に将軍職についていた徳川慶喜は一八六七年一〇月一四日、山内容堂の「建白書」を受けて、「大政奉還」を行った。パークスはこれによって「平和的な方法で国家機構の完全な革命」が行われると期待した。だが、慶喜は「大君制」とも呼ぶべき絶対主義政体を目指し、自ら権力を維持しようとしていた［石井、一九七五、一七四―一七五頁］。そこで、これに対して、一二月には薩長と岩倉具視らは、「王政復古」による新政府の樹立の宣言文を発した。これは一二月九日政変と言われるが、いわば、クーデタによる臨時革命政府の樹立であった。この政府は、「それまでの朝廷・幕府を廃位して、天皇と臣下を直結し、その臣下の公議に基づいて運営する政府」であって、慶喜から将軍職を奪うものであった［日本史史料4、七八―八〇頁］［宮地、一九八七、三七―三八頁］［青山、二〇一二、一六五―一六八頁］。だが正統性の疑わしい新政権は、軍事力と「あらゆる既成的存在を超出する天皇」の権威を介して作られた「公論」によって、正統性を糊塗した。そのさい岩倉は、議事院などを欧米の制度の模倣ではなく、そうした「公論」によるものだと主張したのだった［安丸、一九九四、三四―三五頁］。このようにして、欧米の国家制度が導入されていったのである。

維新政府は諸外国からの承認を必要としていたので、イギリスのパークスなどと接触し、王政復古を受け入れさせた。一月、いわゆる対外和親の布告を発し、これまで「外国の儀」は「幕府従来の失錯」によって因循していたが、「このたび朝議のうえ、断然、和親条約取り結ばせられ」たと断じた〔青山、二〇一二、一七二―一七三頁〕。維新政府は、幕府による条約締結を幕府の「失政」として位置づけ、それを大前提として「万国対峙」をかかげていくのである〔井上、二〇〇二、三五〇頁〕が、ともかく、ここに、革命政権が国際的に承認されたのである。

並行して、一八六八年一月の鳥羽伏見の戦い以後、内戦（戊辰戦争）が続くことになった。四月の江戸城開城、四―九月の会津戦争を経て、一八六九年五月の五稜郭陥落をもって内戦は終結することになる。この間、英仏列強が「局外中立」を宣言して不介入を守ったことは重要なことであった〔石井、一九五七、六二九―六三四頁〕。

内戦が繰り広げられる中で、一八六八年一月に、政府の機構が整備され、欧米的な官僚制度が導入された。そして、三月一四日には新政府の方針を示す「五箇条の誓文」が発せられた。これは、いわば革命宣言と言うことができる。それは、「広く会議を興し、万機公論に決すべし」として、欧米の政治手法を取り入れ、「上下心を一つにして盛んに経綸を行うべし」として、ネイションとしての統合を訴え、「官武一途庶民に至るまで、各その志を遂げて人心をして倦まざらしめんこと」を求め、「旧来の陋習を破り、天地の公道に基づくべし」と述べて、世界のモデルを基礎にすることを宣言し、「智識を世界に求め、大いに皇基を振起すべし」として、広く世界の知見を取り入れて天皇支配の基礎を固めるべきことをうたったのだった〔日本史史料4、八二頁〕〔青山、二〇一二、一八一―一八二頁〕。これは総じて、欧米の体制を模範にしつつ、天皇を中心にした日本の体制を確定していこうという宣言であった。これは、四月に出された「政体書」でより具体化された。これはいわば、臨時憲法のようなものであった。それは、「五箇条の誓文」を基本方針としたうえで、中央政府として太政官をおき、それを立法、行法、司法の三権に分け、立法官と行政官の兼務を禁じ、また、地方行政制度を「府」「県」「藩」などと整備した。この「政体書」はアメリカ合衆国憲法や福沢諭吉『西洋事情』の影響があることが指摘されている〔日本史史料4、八四―八五頁〕〔青山、二〇一二、一八五、一八七―一八八頁〕。このあと、新政府は全国的に統治体制を整備していく。そして、一八六九年には「版籍奉還」、一八七一年には「廃藩置県」がなり、幕藩体制の崩壊とともに、新しい欧米的な中央集権的統治の制度が作り出され、新しい主権国家の権力が樹立されていった〔安丸、一九九四、四〇―四一頁〕。

このように、「明治維新」という大きな変革の諸過程も、決して他に例のないものではなく、欧米での「革命」の諸過程が、つまり一九世紀の世界史の「傾向」が、そこに「土着化」していたのである。

コラム……1 「万国史」の登場

欧米では、世界史の誕生のためには、天地創造に始まるキリスト教的普遍史からの脱却が必要であった。普遍史への批判は、一八世紀の末に、啓蒙主義者のヴォルテールらによって始まった。ヴォルテールは「事実にもとづいた主要な国民たちの精神と風俗と慣習」を描くことが歴史であるとし、さらにアジアの歴史を無視することはできないとしたのだった。そして、一九世紀の前半には、啓蒙主義の強かったスコットランドとアイルランドを中心に普遍史への批判が進んだ。スコットランドのタイトラー(A. F. Tytler)は、アラビア、インド、中国をも視野に入れた世界史を描いた。アイルランドのテイラー(W. C. Taylor)は、イギリスを中心としながらも、イギリスが関係する限りで、世界の歴史を広く記述し、植民史を詳しく扱い、インド史、中国史にも注意を向けていた。同じ時期にプロイセンにおいても、普遍史からの脱出が進められた。ペリッツ(K. H. L. Pölitz)やミュラー(J. Müller)やヴェルター(Th. B. Welter)らの仕事がそうである。ペリッツを見れば、それは、典拠に基づき、事実を駆使して歴史を書くべきことを強調していたが、領域的にはヨーロッパが中心で、非ヨーロッパは、アラブ、モンゴル、トルコなど、ヨーロッパと何らかの接触・関係があったところに限られていた。一方、アメリカでは、グードリッチ(S. G. Goodrich, ペンネームはパーレイ)が、天地創造を前提としつつも、アジア、ヨーロッパ、アフリカ、アメリカ、オセアニアの五州の歴史を満遍なく位置づける世界史を書いた。一九世紀の中ごろになると、実証主義的歴史学が普遍史を圧倒する。その例が、レーオポルト・フォン・ランケの一八五四年の講義「近代史の諸時期について」[ランケ、一九九八]であった。この講義は、ローマ帝国以来の世界史を「時代」ごとに論じ、各時代についてアジアとヨーロッパの関係を検討し、そのうえでヨーロッパ諸民族の歴史相互の関係を見ながらヨーロッパ全体史を取りまとめ、それぞれの時代の「主要な傾向」の貫徹のさまを描こうとした。この時期、イギリスでは、チェンバース(W. & R. Chambers)の『近代史』が注目される。それは、アジアをも広く視野に入れた「同時代史」的な世界史であった。

幕末・維新期の日本では、欧米の世界史が「輸入」され、「万国史」として紹介された。その前提は幕末に出た「泰西史」であった。一つは、箕作阮甫『極西史影』で、歴史は「事実」に拠るべきであるとしたうえで、西史を古史、中史、新史に分けて、一八三三年までを描いていた。今一つは、手塚律蔵『泰西史略』で、ペリッツの世界史の訳であった。明治期に入ると三つの「万国史」が現れた。一つは、西村茂樹『万国史略』で、タイトラーの本の「序論」にあたる部分のみの翻訳であったが、歴史の方法について多く伝えるところがあった。二つは、寺内章明訳編『五洲紀事』で、アメリカのグードリッチ(パーレイ)の本の翻訳であった。これはしばらく日本の「万国史」の基本となった。三つは、箕作麟祥編『万国新史』で、フランス革命からパリ・コミューンまでの同時代史的世界史であった。チェンバースなどを参考にしたもので、ヨーロッパに限らず、アフリカ、南アメリカ、そして中央アジア、南アジア、東アジアまでをも含む「現代史」であった[南塚、二〇一六][岡崎、二〇一六a]。

第Ⅱ章

「国民国家」の時代

——世界史の中の明治国家

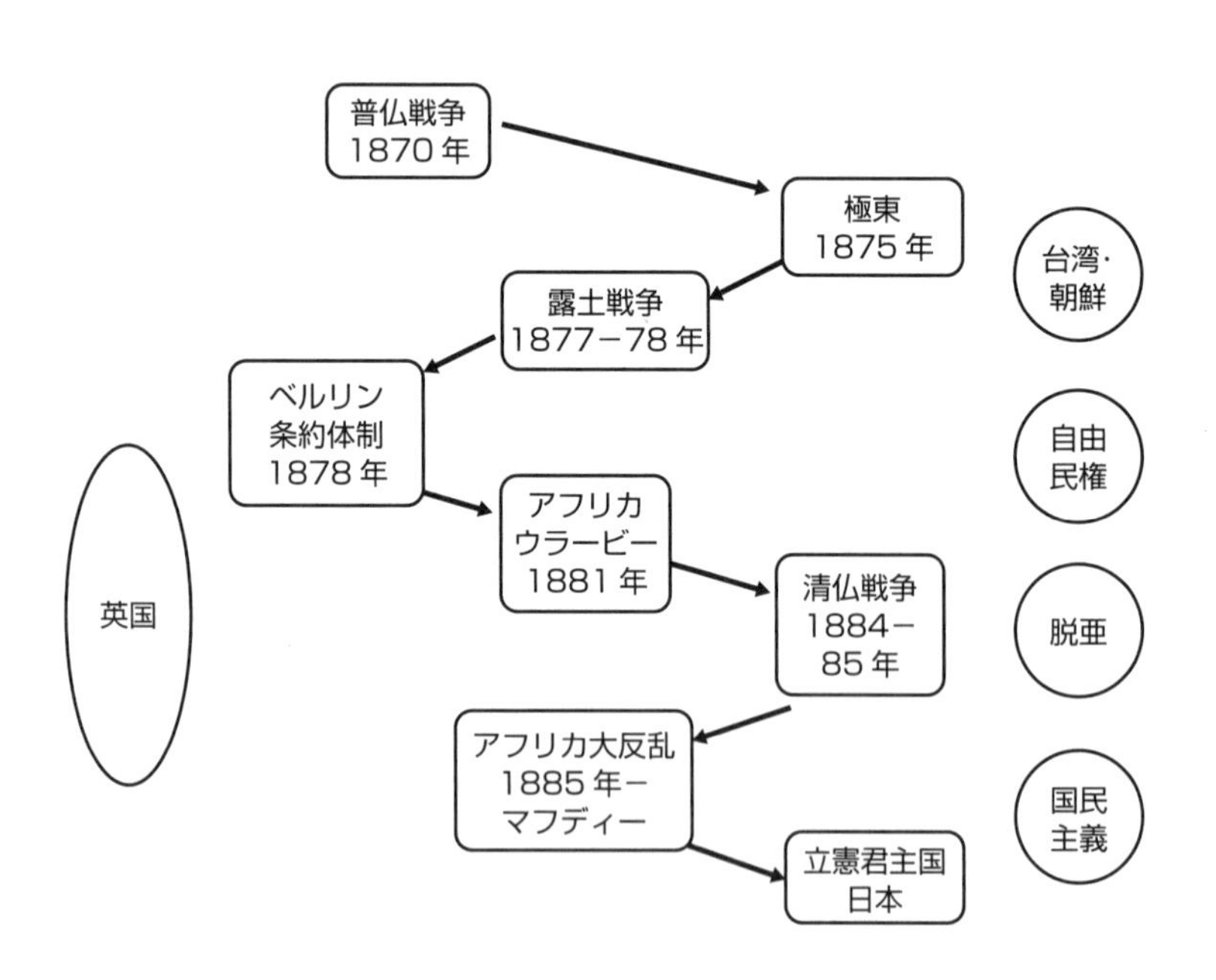
普仏戦争
1870 年
極東
1875 年
露土戦争
1877－78 年
ベルリン
条約体制
1878 年
アフリカ
ウラービー
1881 年
清仏戦争
1884－
85 年
アフリカ大反乱
1885 年－
マフディー
立憲君主国
日本
英国
台湾・
朝鮮
自由
民権
脱亜
国民
主義

《本章のアウトライン》

一八七〇年前後のヨーロッパにおける「国民国家」形成期の緊張関係が終わると、英露の「グレート・ゲーム」の展開する南・東南アジアでは新たな緊張関係が生まれた。この間に緊張関係の渦の外縁にあった東アジアでは「江華島事件」に象徴される「一八七五年」を期にいわば「バルカン化」が進行し、その中で明治維新の体制が確定していく。南・東南アジアの緊張は、バルカン半島での新たな緊張の高まりによって、緩和される。その緊張関係は一八七七—七八年の露土戦争となって具体化するが、この戦争が終結すると、ヨーロッパの平和のためにビスマルクのもとで「ベルリン条約体制」というべきものが成立する。そして、その陰で、列強の中央アジアとアフリカへの進出が進み、国際的な緊張はそちらへ移動する。だが、一八八四—八五年の「西アフリカ・ベルリン会議」がヨーロッパ列強の緊張を緩和すると、その反面として、アジアでのフランスの進出が「清仏戦争」を引き起こす。このアジアの緊張は、八〇年代後半のアフリカでの「大反乱」というべき民衆運動によって、アフリカへ移動する。その間に静かなアジアでは、日本において立憲君主国家が確立する。

一　ビスマルクの「平和」とアジアの「一八七五年」
――緊張はアジアへ――

1　ヨーロッパ「国民国家」間の均衡とアジア

一八七〇年代からは、ドイツ帝国（ビスマルク首相）をひとつの軸とするヨーロッパの国民国家間の国際関係が展開することになった。それはアジアにも影響した。依然として資本主義世界の中心はイギリスにあったが、この時代の国際的危機の焦点はドイツに代表されていたのである。ビスマルクの時代の初めにはヨーロッパでの「平和」を目指す同盟関係が築かれた。ビスマルクは、当面は、ドイツは「充足した国家」であり、対外的な野心はないことを公言して、列強の信頼を得ようとした［飯田、二〇一〇、一二―一四頁］。かれは普仏戦争で敗北したフランスの報復を恐れて、フランスを孤立させる政策をとり、一八七三年に独露墺の間に三帝同盟を締結した。この政策は、ドイツが英露という大国と敵対せずに、みずからの発展のための国際環境を整備しようとするものであった［ガル、一九八八、六五六頁］。他方、イギリスにとっては、ロシアを牽制するためにドイツは必要であった［Sergeev, 2013. pp. 151-152］。加えて、一八七三年に始まる世紀末の「大不況」を克服するためにヨーロッパ各国の国際的な安定は不可欠であった。

ヨーロッパでの激動の国際関係が一段落して安定すると、世界的な緊張関係はアジアへ移動する。一八七〇年から一八七五年にかけての時期は、世界史において緊張関係がヨーロッパからアジアへ移動した時期であった。そのアジアでは、国際情勢は緊迫しており、とくに東アジアでは、明治維新を成し遂げた日本が攪乱要因となっていた。

世界的な緊張関係のアジアへの移動は、いくつかのルートを通じて進んだ。第一は英露の「グレート・ゲーム」であった。ビスマルクは、英露がアジアで対立し続けることを望み、それを促進した。アジアでの衝突の可能性がなくなるとロシアは西の国境で軍事的脅威を強化するであろう、ドイツがロシアと紛争を起こせば、フランスがすぐにアルザス＝ロレーヌの回復を画するだろう、だから何としてでもアジアで英露は緊張関係を維持してもらわなければならないというのである[Stone, 2015, pp. 155–158]。

イギリスは、いまや、イランへの経済的進出を図るにいたった。その象徴が、一八七二年に実現したロイター利権であった。これはロイター通信の創設者ポール・ロイターがイランから得た鉄道利権であったが、実際には鉱山、通信、銀行などに及ぶ、広範な利権であった[Feis, 1930, p. 361][永田編、二〇〇二、三四三、四六一頁]。これは間もなく破棄されるが、ロシアの警戒を生んだ(この利権はのちの中国への列強進出の先例になったとも言える)。イギリスの拠点であるインドでは、一八四〇年代にイギリスの導入した土地制度ライーヤトワーリー制度に対するデカン高原の農民たちの「デカン農民反乱」が一八七五年に起きていて、イギリスのインド支配が動揺していた[小谷他、二〇一二、四二頁]。そのようなときに、ロシアがイギリスの利害に挑戦してきた。ロシアは、トルキスタン全体を支配下におさめたあと、さらに東へ進んで、一八七一年にイリ地方に侵入して、これを占領した。この東トルキスタンでは、コーカンドからやってきた軍人のヤークブ・ベグが一八七〇年にこの地の大部分を支配下に置いて清朝を追い出していた。ロシアはそのうちのイリ地方を占領したのである。ヤークブ・ベグはカシュガル国家を発展させようとしたが、一八七七年に急死してその国家が瓦解し、イリ地方を除く東トルキスタン全体は清に回復された［小松編、二〇〇〇、三二二―三一五、三三二―三三五頁］［新免、一九九五、三七二―三七三頁］。イリ地方の確保と並行して、ロシアは、一八七八年にコーカンドを占領してトルキスタンに合わせ、南のインドへの圧力を強めた。

第二のルートは、東南アジアへのフランスの進出であった。普仏戦争で敗れたフランスは、ビスマルクによるフランス孤立政策を受けてヨーロッパ周辺では勢力を拡大できなかったため、その進出先を英露の勢力範囲と抵触しない東南アジアに求めた。すでに一八六二年の第一次サイゴン条約でコーチシナを確保しており、数十万人のエジプト労働者などを酷使して一八六九年に開通したスエズ運河は、フランスとコーチシナとの結びつきを促進した。そして普仏戦争に敗れたのち一八七〇年代に入ると、ベトナムの北部への進出を目指すフランスは、一八七三年四月、トンキンにて阮朝と軍事衝突を起こし、清の私兵集団黒旗軍とも衝突した。普仏戦争の直後のフランスは大きな派兵はできず、その結果翌年三月の第二次サイゴン条約では紅河の通行権と主要都市への駐兵権を得るにとどまった［石井・桜井編、一九九九、三〇六―三〇七頁］。この際、フランスはベトナムを完全な独立国として清朝の宗属関係から切り離そうとしたが、清朝はベトナムを「属国」と主張した。これはのちの日朝間の江華島条約をめぐる日清朝間の関係を先取りしたものということができる［吉澤、二〇一〇、一九五―一九六頁]。

このようにして、一八七〇年代前半に列強の関心は南・東南アジアへと移動してきたのだった。

2　日本の「国民国家」形成

明治の新体制へ

南・東南アジアと違って、東アジアは、比較的列強の関心が弱いところにあった。そういう世界史の展開の中で日本における明治維新体制は作り上げられていった。明治維新を遂げて近代化を目指す日本は、列強と同じ論理を使って国家を統合し、東アジア地域に勢力を拡大するようになった。東アジアの歴史にとって、「一八七五年」は重要な画期となった。

まず国内体制から見るならば、日本では、ヨーロッパの国家モデルにならって「明治維新」後の新しい統治体制が整えられていった。「一八七〇年代」は、明治国家が、大名領主による分散的な体制に代えて、その人民と領域を統合して、集権的な主権国家を作る時期であった[青山、二〇一二、一九七頁]。一八六八年初めから、大名の領地と人民を天皇に返上することが議論され、一八六九年には版籍奉還が、一八七一年には廃藩置県が行われた。この間、一八六九年一月に、ともに外国事務局御用掛にいた伊藤と陸奥らが提出した「国是綱目」は、かれらがいかにヨーロッパに学び、それに並ぶ日本を作ろうとしていたかを示している。たとえば、その第二条では、全国の政治・兵馬の大権を朝廷に帰せしむべしというが、その理由は、「海外諸国と並立して文明開化の政治を致さしめ」んとすれば、「全国の政治をして一斉に帰せしむる」にしくなしという。つまり「藩」を廃止せよというのであるが、これはヨーロッパ諸国の封建割拠の廃止と中央集権化の例にならったものである。第三条に、「博く世界万国と交通し、信を他邦に失すべからず」というが、その理由は、「世界万国交易を務め、有無相通ずる」ことは「天地自然の理」だからだという。ヨーロッパ諸国のように自由貿易による繁栄を目指そうというのである。第四条では、「博愛の心に基き、人命を重んじ万民を視るに上下の別を以て軽重すべからず、人々をして自由自在の権を得せしむべし」と断言する。人命は差別なく重んじ、士農工商の差別をなくし、職業の自由、居住の自由を得さしめなければならないというのであるが、これもヨーロッパでの人権論や身分差別廃止の例によるものである。そして、第五条では、「弘く世界有用の学業を受け」させるために、ヨーロッパに倣った大学をはじめ教育の施設を整備することを提言したのであった［ネット史料②、一〇五―一〇六頁］。欧米を知っている伊藤や陸奥らしい提言であった。

間もなく、一八七一年には新政府は、「ヨーロッパの制度にならった開化政策」を矢継ぎ早に実施した。たとえば、戸籍法の公布、散髪・脱刀の自由化、華士族と平民間の婚姻の自由化、「穢多非人」の称の廃止、土地の永代売買の許可などが挙げられる。とくに戸籍法は、身分的に編成されていた全国の住民を、居住地別に編成し、個々に政府が把握しようとしたもので、「四民平等」というヨーロッパ的な原理を実現させようというものであった［青山、二〇一一、二二一―二二三頁］。だが、一八六九年に北海道と改称されていた蝦夷地において、七一年には戸籍法が摘要されてアイヌ民族に創氏改名が強制された［井上、二〇一〇、一二五頁］。ヨーロッパにおけると同様に、主権国家はこういうマイノリティへの暴力を伴っていた。

このような国内整備と並んで、政府は、対外的に、「欧米列国と並び立つ国家」として「万国対峙」の姿勢を示す必要があった。そのためには「不平等条約」が改定されなければならなかった。前述のとおり、幕末の諸条約は幕府のそれなりの外交的努力を反映してはいたが、「不平等」であることは事実であったから、その改正がめざされたのである。そこで計画されたのが、政府首脳による欧米への使節派遣であった。安政の「不平等条約」の改定交渉の予備交渉と、欧米各国の制度・文物の調査のために、いわゆる岩倉使節団が派遣された〔宮地、一九八七、四五頁〕。使節団は、一八七一年一一月に出発して、一八七三年九月に帰国した。これは岩倉具視を全権大使とし、木戸孝允、大久保利通、伊藤博文、山口尚芳を副使とし、これ以外に久米邦武、福地源一郎、新島襄、あるいは留学生の中江兆民、牧野伸顕、津田梅子らを含め、総勢一〇〇人余りの大使節団であった。その成果はのちに考えることにしよう。

この使節団が留守の間にも、留守政府は条約改正を可能にする国家整備を続け、秩禄処分、司法改革、徴兵制布告などのほか、「文明開化」と称される諸政策を実施した。とくに兵制改革は、一八六九―七〇年にヨーロッパの兵制などを調査してきた山県有朋により、プロイセンの兵制にならった国軍を創設するものであった〔瀧井、二〇一三、一八〇―一八六、一九二―一九四頁〕。また、教育の分野でも、一八七二年の文部省の「学制」の公布により、フランスの制度にならった学区制に基づく小学校が設立された。さらに「太陽暦」もこの年の末一二月に採用された〔青山、二〇一二、二二六―二三一頁〕〔宮地、二〇一二、下・二七五―二八〇頁〕。すでに幕末には軍事部門を除いて、二〇〇人余りの外国人を雇って、欧米の知識を取り入れていたが、明治政府は一層多くの「お雇い外国人」を雇って国内体制の整備に励んだ。明治期全体でイギリスを中心に、仏独米を加え、四〇〇〇人もの「お雇い」が雇われることになった[Beasley, 1990, p. 88]。この一八七三―七四年は西欧モデルの吸収という意味で、重要な時期であったとされるが、見方を変えれば、世界史の「傾向」が日本にもとりこまれ、日本的な条件を踏まえて「土着化」したということである。

地租改正

内政上特に重要なのは、一八七三年に布告された地租改正である。明治の初めから新しい地租(税)の導入が検討され、さまざまな提議がなされていたが、地租改正がどこから発想を得て考え出されたのか、今でも十分には解明されていない。一般には神田孝平の提議がもっぱら重視されているが、陸奥宗光の建議も見逃されてはいけない[加藤、一九七二、六〇―七六頁]。維新後外国事務局御用掛に任ぜられ伊藤や井上馨らと職場を同じくしていた陸奥が、一八六九年四月、摂津県知事の時代に、「全国的に統一された税法制定」を新政府に建白したのが画期であった。「古来検地の通弊を改正し……地質の厚薄、肥瘦(ひそう)により て等級を建て、地税法則を一定すべし。……税法一定すれば、地税は田畑を論せず、尽く金納とすべし」というのである。だが、当時は、これはまだ時期尚早であって、政府の採るところとはならなかった[福島、一九六二、四二頁][萩原、一九九七、二九四頁]。同じく一八六九年の四月、神田孝平は「田地売買許可の議」という議案を公儀所に提出した。そこでかれは、田地の売買を許可すること、各土地につき沽券(こけん)(不動産の証文)を作成すること、地租は沽券価格に応じて割り振ることなどを提案した。かれは、さらに翌年六月には、それをいっそう具体化した「田租改革建議」を提出した。だが、いずれもこの時は政府に採用されなかった。神田はどこでこの発想を得たのであろうか。神田は蘭学を学び、幕府の蕃書調所の教授をしたことがあり、洋学に通じていて、明六社の一員でもあったので、そこでの知見からの産物ではないかと考えられる〔福島、一九六二、四六―五一頁〕〔中村他、一九八八、一三六―一四一頁〕。ともかく、陸奥の建議も神田の提言も政府の採るところとはならなかった。しかし、一八七一年七月に廃藩置県が行われると、地租改正が焦眉の問題として日程に上ってきた。そういう中で、一八七〇年九月から翌年五月までの欧米視察ののち、当時神奈川県令の職に在った陸奥が一八七二年四月、「田租改正議」を提出した。陸奥は、「田租改正議」において、これまでの田租を一変し、「現在田畑の実価に従い、其幾分を課し、年期を定して、地租に充て」るべきであると提議した〔萩原、一九九七、二九五―二九八頁〕〔中村他、一九八八、一四七―一四八頁〕。こういう陸奥の建議は政府の採るところとなり、陸奥は一八七二年六月、神奈川県令に加えて、大蔵省の租税頭に任じられたのである。

ここで地租改正の詳細に踏み入ることはできないが、要するに、神田も陸奥もヨーロッパの事情に通じていた人物であり、欧米の経験を日本の土壌に合うように加工して地租改正を提起することによって、この時代の世界史の「傾向」を日本に「土着化」させたということができる。一九世紀前半のヨーロッパでは、イギリス、オランダ、フランス、ベルギー、オーストリアなどで地税が導入されていた。その議論は、生産者農民の土地私有権を認め、その土地で行われる生産活動からの収益に対して課税するというものであった。この考えはイギリスなどで支配的だっただけでなく、それは、イギリスがインドで行った土地制度改革とも通底していたのであり、明治政府は「何らかの方法でライーヤトワーリー制度についての知識を得ていたのではないか」とも言われる〔小谷他、二〇一二、六―八、一〇四―一〇五頁〕。

こうして、陸奥らを通して、世界史の「傾向」が日本にも浸透していた。地租改正という変革の「核心」は日本に内在的な原理に基づいていて、その周辺の諸条件をヨーロッパからの「ヒント」に拠ったというのではないのである。それはのちに見るように、「憲法」についても同様であった。

ヨーロッパの教訓――岩倉使節団の学んだもの

さて、この間欧米に派遣されていた岩倉使節団は一八七三年九月に帰国した。その報告書である久米邦武編『特命全権大使　米欧回覧実記』(以下『実記』)ができるのは一八七八年のことであるから、なお数年を要するが、使節団の学んできたものは、報告書を待たずとも、帰国後に活かされてきているはずであるので、ここで検討しておきたい。

『実記』は、米英仏は日本の学ぶ余地のない「大国」と見ているが、ベルギー、オランダ、デンマーク、スイス、チェコ、ハンガリーなど小国には強い関心を寄せている。ヨーロッパの小国は、領土こそ小さいが、大国の間にあって「自主の権利」を全くし、その「営業の力」は大国の上をさえ行くと評価している〔久米編、一九七九、一六五頁〕。また、三大国に追いつこうとするドイツは「土地の権」と「同族の繁息」に熱中していて、それ故に封建の「割拠」が強いが、政治的には学ぶところが多いという。使節団の得た教訓をまとめるならば、

①使節団は、今のヨーロッパが文明化され、人民が富強である基本は、「国民の営業力」つまり「生産力」と、「民主」の力(共和の治)にあると判断した。

②使節団は、「自主」「自由」という観点から欧米各国を見て、ロシアやオーストリアのような貴族政治を批判して、議会制を評価していた。「人民の公選にて議員を選出し、立法の権を執る」はヨーロッパに一般的で、「支那日本」と最も異なるところであるという〔久米編、一九八二、一四六―一五〇頁〕。その観点から、幕末からの日本でのロシアを通したヨーロッパ観を転換する必要を理解し、ドイツなどへの新たな関心を強めた。

③発展のための政治的方策として、「憲法」というものに大きな意味を感じて帰った。東洋の徳治とは違い、利益保護のための権力政治がヨーロッパの政治であり、自立した個人が自らの利益を求めて行う「太平の戦争」つまり競争が、ヨーロッパ文明の精髄だという認識の上に、その競争の保護と自主の力の涵養を目的として、国の「政体法規」(＝憲法)が「協定」されていると見てとってきた〔瀧井、二〇〇三、五七、五九、六〇頁〕。

④使節団は「進歩」についての意識を持って帰ってきた。「先知のもの之を後知に伝え、先覚のもの後覚を覚して、漸を以て進む。之を名づけて進歩と云う」。この観点から、革命ではなく漸進主義による「開化」を考えたのである〔同前、六三頁〕。

この時期にヨーロッパで進む「国民国家」の整備の実態から、使節団はこのような教訓を学んできたのである。

『実記』での見方は、久米のみならず、岩倉、木戸、大久保らも共有していたといわれ、また、こういう欧米観は使節の代表数名のものではなく、一緒に行った一〇〇人前後の随員・留学生にも共有され、官民さまざまな分野で流布されたと考えられる。こういう形でこの時期の世界史の「国民国家」にともなう種々の「傾向」が日本へ浸透していくわけである。

このように欧米から学んだ使節団は、帰国後に、「漸進主義」「内政優先」、そして「征韓論」批判の政治を打ち出した。しかし、使節団が欧米で学んだ最大の政治的教訓は、立派な国家はしかるべき「憲法」を持たねばならぬということであった[長井、二〇一二、二〇―二一頁]。

憲法・自由・民権の「学習」

使節団帰国後の一八七三年一〇月の閣議で、「征韓論」の立場をとる西郷隆盛らが敗北した。「征韓論」は、ヨーロッパ的な新国家の整備によって累積した旧士族層の不満を解消するために唱えられたものであるが、これに対して、世界についてのより多くの知識を得てきた岩倉、大久保、木戸らは、「漸進主義」「内政優先」の方針に加え、国内での軍事集団の肥大を警戒し、時期尚早として「征韓論」をつぶしたのである。この「明治六年の政変」により、西郷、副島種臣、後藤象二郎、板垣退助らは下野した[宮地、一九八七、五一―五二頁][Beasley, 1990, p. 141]。

使節団に参加していた木戸や大久保は、帰国するや、すぐに欧米を参考にした国制の構想を練り始めた。木戸は、欧米で独自に各国の「政体書」の調査をしてきていて、一八七三年一〇月には意見書を上奏し、「人民の会議」ではなく天皇と「政府の有司」による「独裁」を内容とする「政規」(憲法)を提案した。一方、大久保は、やはり欧米の政体の調査をしたうえで、一八七三年一一月に意見書をまとめて、木戸と同じく「政規」の制定を目標とするが、木戸と違って「君民共治」を唱えた。君権と民権をともに評価して、「良質な開明的立憲主義」を目指したものであった。それはプロイセンに多くを学んだものであった。このような動きのさきに明治憲法が出てくるのである〔瀧井、二〇〇三、六五—七六頁〕。

このあと、一八七五年四月の「詔」によって、立法機関としての元老院、司法機関としての大審院の設置、地方官を招集した会議の開催、そして「立憲の政体」(憲法の意味)の樹立が宣言された。こうして、やがては憲法を制定し、議会を開設することが公的に宣言されたのである。青山忠正によれば、選挙制に基づく議会制ではないが、上下両院制を模した制度が採用されたのである〔青山、二〇一二、二五〇—二五一頁〕。

なお、日本での「憲法」という用語について見るならば、「憲法」という語が根本法、基本法、基礎法という意味で用いられたのは、一八七三年に出た村上正明訳『合衆国憲法』『英国憲法』や箕作麟祥訳『仏蘭西法律書憲法』が始まりだと言われるが、政府筋ではそれは遅かった。政府筋では、岩倉使節団から帰った木戸や大久保は「政規」という語を使い、その後、一八七六年ごろからは「国憲」という語が用いられた。そして、「憲法」という語が公的な語として定着するのは、一八八〇年前後からであった〔池田、一九八九、四—六頁〕。

自由主義という世界史の「傾向」の「土着化」という意味でも、この時期は重要であった。一八七四年(明治七年)四月に発刊され翌年一一月に停刊となった『明六雑誌』は、短期間ではあったが、ヨーロッパの自由主義を日本に浸透させるうえで、重要な役割を演じた。それには西周、西村茂樹、森有礼、福沢諭吉、箕作麟祥、神田孝平、中村正直ら、欧米の思想・文化に通じた第一線の知識人が寄稿していた。そして、スマイルズ、J・S・ミル、モンテスキュー、ルソー、ギゾー、バックルなどの説が紹介され、自由や独立や租税や議会などの意味が伝えられた。

たとえば、箕作麟祥は、モンテスキュー『法の精神』から一部を抽出して訳した「人民の自由と土地の気候と互に相関するの論」を『明六雑誌』(第四、五号)に載せ、ヨーロッパにおいていかに人民が「自由」であるかを示し、バックル『イギリス文明史』の一部分の訳を発表して、「欧州各国開化の進歩」は、政府の智によるのではなく、「その国人民の衆論」によるのであると論じた。そして、さらに、「リボルチー(自由)の説」(第九、一四号)において、ミルの「自由」論を翻訳した中村正直『自由之理』(一八七二年)をも利用しつつ、「リボルチー」の原義やその歴史をたどり、欧州においては、「人民いったんその自由を得て、これを嘗試する、すでに久しきを経れば、たとい君主独裁擅制の政を復し、その往時に同じきを欲するも、得てよくすべきにあらず」、「ゆえに各国互に議院を置き、もって人民の代理者に立法の権を委するに至れば、……君主の権次第に衰え、人民自由の権ようやくに隆盛に趣くを徴する(証明する)に足れり」と論じていた。麟祥がこの一八七一年から出版し始めることになる『万国新史』のモチーフの一つは「人民」の「自由」であった。麟祥が『明六雑誌』に載せた訳論は、「とりわけ過激な議論」に属するものであったと言われる[瀧井、二〇一三、一一七頁]が、このような雑誌を通じて、世界の「傾向」は日本に浸透してきていたのである。

明治維新の体制は、世界史的に見れば、「維新」という「革命」ののち、選挙も憲法制定議会もないままに出来上がったものであった。それらは「国民国家」には不可欠であったから、世界の動きをとり入れて、それらを求める動きが現れざるを得なかった。一八七四年一月に出た「民撰議院設立建白書」がのちの「自由民権運動」に大きな影響を与えた。「建白書」は、イギリス留学から帰国した古沢迂郎（滋）が中心になり、同じくイギリス帰りの小室信夫らが加わって書かれたものである。古沢は、一八七〇年にイギリスへ留学し、経済学を学んできていた。その「建白書」は、有司専制を批判し、「天下の公議」を拡張するために「民撰議院」（つまり国会）を立てること、納税する者は政策決定に参加する権利を持つこと（つまり租税協議権）を主張した。いずれも「開明」のための「天下の通論」であると称して、ヨーロッパのモデルを取り入れるものであった。安丸良夫は民撰議院の考えは「文明史的必然性をもった新しい政治理念」として人々に語りかけたのだという［日本史史料4、一二八―一三〇頁］［安丸、一九九四、五三頁］［青山、二〇一二、二三九―二四〇頁］。

一八七四年に板垣が立志社を作った時の「立志社設立之趣意書」は、さらにヨーロッパ的な政治思想を表現していた［青山、二〇一二、二四八頁］。この「趣意書」は、見事に一九世紀の民主主義の「傾向」を日本の土壌に汲み入れているものということができる。「趣意書」は、まず、ヨーロッパで広く掲げられている人民の平等、人民の不可侵の権利を主張していた。人民は貴賤尊卑の別なく、一定の権利を有し、不羈独立の人民であるという。次いで、その権利を「保有」するためには人民は「勤勉」すべきことをうたっていた。人民は「先ず自ら治めずんばあらず」、つまり、自立的な人民にならなければならないというのである。人民は「政府に依頼すること過甚なれば、すなわちその自立の気風を傷（そこな）う、人民その自立の気風を傷えば、すなわち天下の元気髄（したがい）て萎靡（いび）す」。ここで重要なのは、「欧米人独り宇内に雄視し、而して支那、印度等の人民能く彼と比較し得ざる」のは、これによるとする認識である。こういう認識の上に、「吾輩……宜しく先ず自らを修め、自ら治むるよりして始め、而して人民の権利を保有し、もって自主独立の人民となり、欧米各国自由の人民と比較し得るを務めずんばあるべからず」という。そして、欧米人民は結合して結社を作り、「開化文明」の実を挙げているのだという〔宇田・和田編、一九一〇、一五二―一五六頁〕。こうして一八七五年には立志社が結成されたのだった。

このように、日本では、政権と民権派の両方において、世界史の「傾向」が「土着化」されつつ、新しい「国民国家」の整備が進められていったのである。「国民国家」の世界的な「連動」の一局面である。

3　東アジアの「バルカン化」――江華島条約

ヨーロッパ・モデルは日本国内の体制整備に取り込まれるのと同時に、東アジアの国際関係にも持ち込まれた。そこでは日本が特有の動きを見せて、日本を中心に東アジアの「バルカン化」が進むことになった。江口朴郎によれば、「一八七〇年当時、日本、中国、エジプトなどの国際的地位の間には、のちに考えられるほどの開きはなかったであろう。……東アジアの一つの不幸な事実は、日清両国が多少とも近代化の方向を辿ろうとする場合、この時期には近隣の弱小国への圧力を強化する道が残されていたことである」〔江口、一九六九、五二頁〕。この一八七〇年代、東アジアにおいては中国を中心とする宗属的な国際関係がヨーロッパ的なものに変えられつつあり、そこに日本が進出できる余地があったのである。

その日本がまず取り組んだのが、対清朝関係である。朝鮮や台湾との関係もこれにかかっていたからである。交渉の結果、一八七一年に日清修好条規(および通商章程)が締結された。相互の不可侵を約し合った中国初のこの条約は、言わば、欧米に不平等条約を押し付けられている国同士の平等条約であった。相互に外交使節と領事を駐在させ、相互に制限的な領事裁判権を認め合うなど、双務的な条約で、治外法権や協定関税などの規定はなかった[日本外交文書4、二〇四―二二一頁][宮地、一九八七、四六頁][吉澤、二〇一〇、一一四―一一六頁]。また、この「条約」によって清朝の宗属体制は崩れ始めたわけではなく、清朝は条約関係と宗属関係をダブルスタンダードで維持しようとしていた[川島、二〇一〇b、三頁]。

同じ時期、日本は、清国と日本への「両属」関係を続ける琉球の支配権をめざして、一八七二年に琉球藩を設置し、その領有を清国に対して主張した。その理由は、「言文」が同じで、代々「薩摩」の「附庸」だったからであるというものだった[日本史史料4、九八頁]。それはヨーロッパ的な論理に他ならなかった。日本はさらに一八七一年に台湾で琉球からの漂流民が殺害される事件が起きていたのを口実に、一八七四年には台湾出兵を行い、台湾を支配下に置き、清国との紛争を招いた。この事件を口実に一八七五年には琉球処分官を任命して日本への統合を進めようと交渉したが、琉球は強く反対し、清国も抗議した。しかし、やがて日本は一八七九年に武力をもって沖縄県を設置することになる。琉球処分の最も重要な局面というべき廃琉置県である。これはもちろん清朝の認めるところではなく、清国をも巻き込んだ琉球住民の抵抗運動があり、この問題が決着するのは日清戦争を待つことなる〔西里、一九九二、一八一―一八八頁〕〔我部、一九九四、一四九―一五四頁〕。この際、日本が琉球に対し、清国への朝貢を停止するように強要したことは重要であった〔岡本、二〇一〇、一六一頁〕。このような「東アジア地域内での日本の外政出兵は、清朝が中心となっていた中華世界の華夷秩序を、国境画定を含めて、ヨーロッパ・モデルの外交体制に再編する」ものであった〔青山、二〇一二、二四四―二四六頁〕。

この間、一八七六年には、日本は小笠原諸島の領有を宣言し、それまでのイギリスの影響力を排除して、南の「領土」を確定した。また、ロシアがさらに東へ進んできて、一八七五年五月には、日本と樺太千島交換条約を結んだ。それによって、樺太はロシア領と認め、千島はウルップ以北も含め全島を日本に帰属させることとなり、ロシアの極東アジアの領地が確定し、北方での日本の「領土」が確定された〔日本史史料4、一一一頁〕〔西里、一九九二、一七〇―一七一頁〕〔高桑、一九一〇、一一〇二頁〕。このような形で、日本は南北の「領土」を確定して、近代主権国家「日本」の枠組みを作っていった。

このような東アジアの国家間関係の再編成の中で、とくに列強の関心を集めていたのが、朝鮮であった。日本の「開国」と「維新」を経て、朝鮮の進むべき道は国際的にも注視され、清国やフランスやアメリカが強い関心を示していた。だが、大院君は強力な攘夷政策を行っていた。一八六六年には、カトリックへの大弾圧を繰り広げ、フランス人神父らを殺害したため、同年七月フランスは艦隊を派遣して、九月には江華島を占領した。しかしこれは続かずフランス軍は撤退した。この後普仏戦争に突入したフランスに代わってアメリカが出てきた。アメリカの商船が大同江を遡って通商を求めたのち、一八七一年にアメリカは艦隊を派遣して江華島を占領したが、これも朝鮮の抵抗にあって撤退した〔岡本、二〇〇八、六一―六二頁〕。ここに日本が入ってきたのである。

朝鮮では、一八六〇年ごろから「洋夷」を排する鎖国攘夷論が支配的であったが、明治新政府が政権交替などを通告した国書の受け取りを朝鮮が拒否した「書契問題」をめぐって、日本との関係も見直され、「和洋一体」との見方が拡がり、明治維新後の文明化に対する不信感が生まれていた〔吉野、一九九五、三〇五―三〇六頁〕。一方の日本では、「征韓論」こそ一八七三年にはおさまったが、朝鮮をみずからの勢力のもとに置こうという動きはやまなかった。折から、攘夷によって自信を深めていた大院君も一八七三年には閔妃一族によって引退に追い込まれ、以後、国王高宗の親政がはじまり、事実上閔氏一族が実権を握ると、朝鮮は開国に前向きとなった。そのタイミングで日本の開国要求が朝鮮に向けられた。一八七五年に日朝交渉が始まったが、進捗が見られないとみるや、日本は軍艦を派遣して江華島を砲撃する事件を引き起こして、軍事的に勝利し、翌一八七六年二月、朝鮮に日朝修好条規(江華島条約)を結ばせた。日本は各国に先駆けて朝鮮を開国させたのである。交渉に際しては、薪水の給与や難破船の救助など、アメリカが日本の「開国」に使ったのと同じ論理が使われた。そして、この条約は、朝鮮を「自主の邦」として宣言して、釜山などの開港と居留地の設置、治外法権、無関税、日本の通貨の使用などを認めさせた〔日本外交文書9、一一四―一一九頁〕〔岡本、二〇一〇、二八二―二八三頁〕。欧米との間に不平等条約を結ばされた日本が、それ以上に不平等な条約を朝鮮に結ばせたのである。それは対等な日清修好条規とは違っていた。この条約によって、明治の新政府は国内でもその支配力を強化した〔吉野、一九九五、三〇六頁〕〔宮地、二〇一二、下・三三六―三三七頁〕。

日本は、ここで、朝鮮を「自主の邦」として中国の宗属体制から切り離し、主権国家同士の条約関係を樹立したものとみなした。だが、当時なお清朝と朝鮮の間には宗属関係のもとでの「属国自主」の関係が続いて、完全に朝鮮が独立したわけではなかった。それでも、日本は欧米と同じ論理を使って朝鮮に不平等条約を押し付け、「ヨーロッパ・モデルの通商条約システム」を持ち込み、みずから列強に認められたのである[岡本、二〇一〇、一六六—一六七頁][青山、二〇一二、二五七—二五九頁][Beasley, 1987, p. 42]。

このように、いわば朝鮮と台湾と琉球を踏み台に日本中心の東アジアの新体制が成立した。つまり、日本は「アジアとの連帯」という道をとることを放棄したわけである。これは、先に述べた一八二〇—三〇年代の「バルカン化」の歴史と類似していた。これはヨーロッパ的な権力政治を東アジアに持ち込んだものであるが、それは世界史のこの時期の「傾向」であって、それが日本によって、東アジアに「土着化」されたのであった。「一八七五年」という時期は、日本の国の内部においても、国際関係においても、ヨーロッパ的モデルが日本に持ち込まれた[青山、二〇一二、二五六頁]時であった。「明治六年の政変」以降一八七七年の西南戦争にいたるまでは、日本の政治は不安定で、世界史の基準から言えば、西南戦争などはいわば「内戦」であって、ここに外国の干渉があってもおかしくはなかった。江華島事件でも列強の干渉はなかった。だがこの時期は、南・東南アジアに列強の関心があって、東アジアは、比較的列強の関心が弱かったのである。

南・東南アジアでの緊張が一段落すると緊張はオスマン帝国へと移動し、この後の世界史の現実は、この日本の国際環境をさらに有利にすることになった。きっかけは一八七五年にバルカンのヘルツェゴヴィナで起きたオスマン帝国の民衆反乱であった。この事件が、ヨーロッパでの緊張を一挙に高め、南・東南アジアでの緊張関係を後退させ、東アジアの状況をいっそう「平穏」にしたのだった。

二　露土戦争と「ベルリン条約体制」——緊張は中央アジアとアフリカへ

1　露土戦争と「ベルリン条約体制」の成立

一八七五年六月にバルカンのヘルツェゴヴィナで起きたオスマン支配への民衆反乱は、列強を巻き込んで、新たな激動の焦点となった。この反乱は、一小村でのキリスト教徒とムスリムの衝突をきっかけとして起きた大規模な農民反乱であって、すぐに隣のボスニアにも波及し、さらにバルカン全体にも及んだ。隣接するセルビアが反乱を支援し、モンテネグロとともに一八七六年六月にはオスマン帝国に対して開戦した。この間、ブルガリアでも一八七六年四月に対オスマン蜂起が計画され、ギリシアのテッサロニキでも住民の反乱がおきた。明治の末に出た高桑駒吉『最新世界歴史』(一九一〇年)は「ロシアとバルカン」や「ロシアの東略、清とロシアの関係、イギリス、ロシアの衝突」という章において、箕作『万国新史』同様、西洋とアジアをつなぐ地域での歴史を詳しく扱っていた〔柴編、一九九八、一九九―二〇〇頁〕〔江川、一九九八、一三七頁〕〔高桑、一九一〇、一〇九二頁〕。

このバルカン問題は列強の強い関心を引き付けた。まずロシアは正教の保護者として、無関心ではいられなかった。また、イギリスは一八七四年に首相となったディズレーリーのもとで、一八七五年にはスエズ運河株を買収して、この方面への関心を強めていた。この中で、ドイツのビスマルクはオスマン帝国を犠牲にしてもヨーロッパでの「勢力均衡」を維持すべきであると考え、一一月には、オーストリア＝ハンガリーがボスニア＝ヘルツェゴヴィナを、ロシアがブルガリアを、イギリスがエジプトをとるという「領土保障政策」さえ示唆していた。「東方問題はポンメルンの一兵卒の骨にも値しない」と断言していたビスマルクは、イギリス、ロシア、オーストリア＝ハンガリーが、バルカン半島や黒海や東地中海を含めた「東方」で対抗しあうような状況が作り出せれば、自国に有利と考えていたのである〔飯田、二〇一〇、四四、六五―六六、八二―八三頁〕。

このような列強の介入の恐れを前に、オスマン帝国も一八七六年一二月には、スルタンの権限を明記し、イスラーム教以外の宗教の自由や、すべての帝国臣民の平等を認めたほか、二院制議会や地方自治などを規定した「ミドハト憲法」を発し、帝国の統合といっそうの近代化を図った〔世界史史料8、一二三―一二五頁〕〔加藤、一九九五、二〇七頁〕。

オスマン帝国のこの試みにもかかわらず、ビスマルクの右のような姿勢に鼓舞されてロシアが具体的に介入し、オスマン帝国内の正教徒の保護を口実にして開戦した。一八七七年四月に始まった露土戦争は、オスマン帝国の抵抗にもかかわらず、ロシアの勝利に終わった（この戦争には山沢静吾が観戦武官としてロシア軍に加わっていた）。一八七八年三月に結ばれたサン・ステファノ条約は、マケドニアを含む大ブルガリア公国を設置するなど、ロシアの地中海への進出を容易にする内容のものであった。そのため英墺はこれに強く反対した〔柴編、一九九八、一九九―二〇二頁〕〔高桑、一九一〇、一〇九三―一〇九七頁〕。

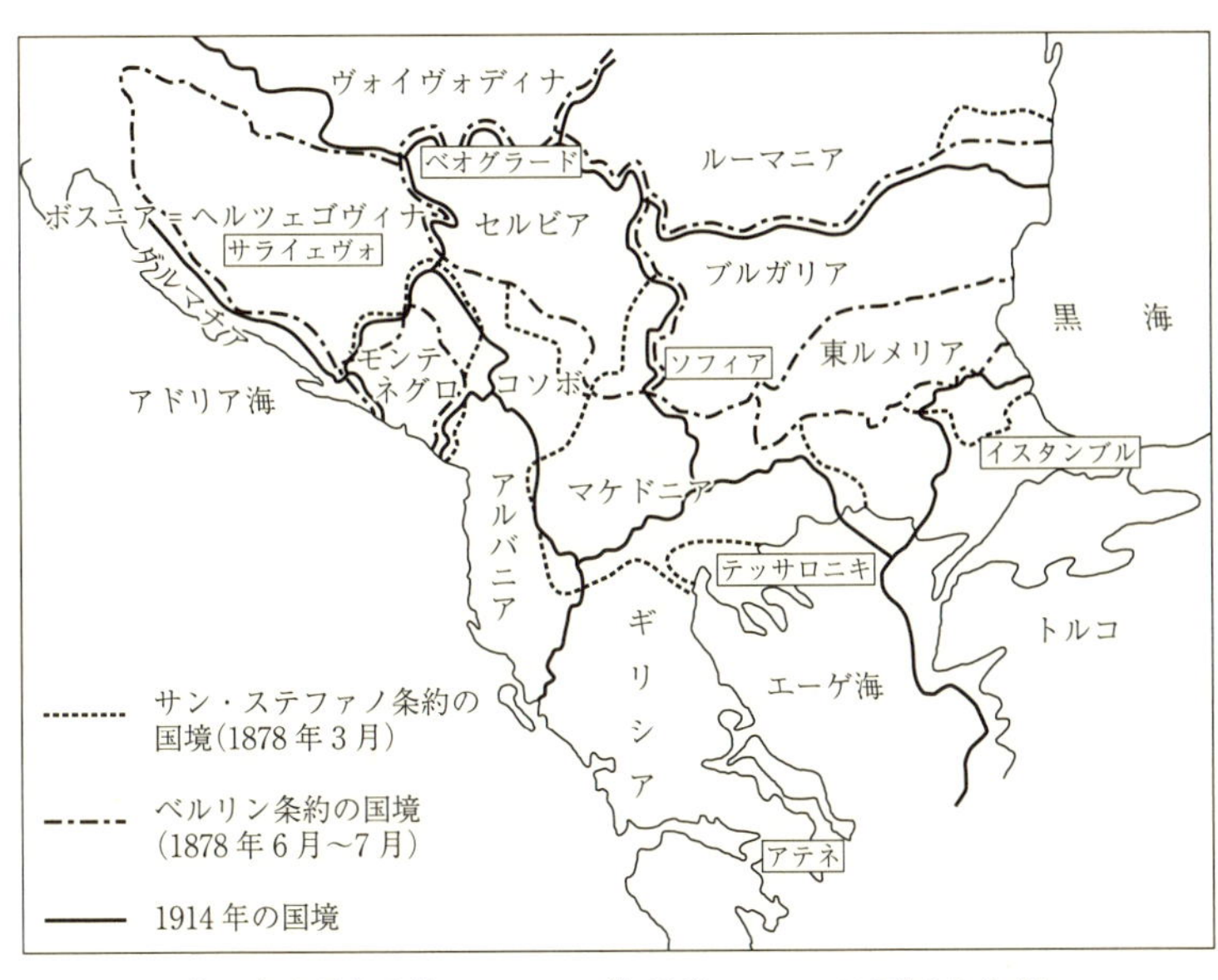

第 1 次世界大戦前のバルカン([百瀬他, 1995, 68 頁]より作成)

サン・ステファノ条約への英墺の強い反対に対処するため、ビスマルクが調停に入って、ベルリン会議が開かれた。一八七八年七月に結ばれたベルリン条約では、「大ブルガリア」は三分割(ブルガリア公国、東ルメリア、マケドニア)されたものの、セルビア、モンテネグロ、ルーマニアの独立が承認され、ブルガリア公国も承認されて、ロシアの利益は最低限で認められた。オーストリア＝ハンガリーはボスニア＝ヘルツェゴヴィナ二州の行政権を獲得し、別条約で、ロシアがカフカースで領土を得る代償として、イギリスがキプロスを租借した[柴編、一九九八、二〇二頁]。この会議では、ビスマルクは、ドイツ自身の領土獲得の意図は否定しつつ、オスマン帝国を犠牲にして、ロシア、オーストリア＝ハンガリーに領土を保障し、イギリスのエジプト進出を容認する政策の具体化をめざした。この間、オスマン帝国では敗戦を理由にスルタンにより、一八七八年二月に西欧的なミドハト憲法は停止され、スルタンの専制が続くことになった〔小松、一九九八、二二六頁〕。

その後、ビスマルクは、一八七九年に独墺同盟、一八八一年に独墺露間の新三帝同盟、一八八二年に独墺伊の三国同盟を締結するとともに、イギリスのエジプト進出を容認して、英独関係を維持した。フランスを孤立させるこのような同盟関係によって、ヨーロッパでの緊張関係は一段落したのであった〔飯田、二〇一〇、八九―一一九、一二六頁〕。これは「ベルリン条約体制」と称される。

「ベルリン条約体制」の成立は世界の他の地域に対しては、政治的な緊張を意味した。ベルリン会議後、ビスマルクは依然としてドイツ自身の植民地獲得を否定しつつ、英仏露の植民地活動を鼓舞する政策をとった。その結果、世界的な緊張関係は中央アジアとアフリカへと移動し、両地域が列強の「勢力均衡」の犠牲となったのである。

すでにビスマルクは一八七五年一一月にイギリスのディズレーリ首相のインド方面への帝国政策を支持する発言をして、その中で、イギリスが本国から地中海・紅海を経てインドへ至るルートを確保することで、ロシアの中央アジア進出がイギリスにとって重要でも脅威でもなくなり、『英露間の親密な友好関係の樹立』が促進されることを望むと述べていた〔同前、三三頁〕。しかしかれは実際にはこの方面で英露の対立が続くことを望んでいた。アフリカについては、ビスマルクは、ベルリン会議の際の非公式の交渉の中で、フランスのチュニジア支配とイギリスのエジプト占領への同意を示唆していたといわれる〔伊藤、一九九五、二二八頁〕。こういう駆け引きの中で、ヨーロッパでの緊張関係は「外へ」そらされようとしていた。

2 「グレート・ゲーム」の展開

中央アジアでは、露土戦争終結後、ドイツが関与するようになったこともあって、一八七四年から一八八五年までのあいだに、「グレート・ゲーム」は「クライマックス」を迎えることになる。

ビスマルクは、バルカンから中東をめぐる列強の対立、つまり「東方問題」には無関心を公言していたが、実際にはドイツ資本は海外進出に無関心ではなくなっていて、着々と中東へ進出してきた。ベルリン会議後、ドイツ銀行と電機工業のジーメンス資本は、フランスと競争しつつ、バルカン諸国のインフラと鉄道建設に進出してきた〔江口、一九七五、七九、九五―九八頁〕〔南塚、一九七九a、三四六頁〕。さらにベルリン会議での話し合いに基づいて一八八一年に同帝国の財政再建のために設立された「オスマン債務管理委員会」には、英仏などに加えてドイツも投資に加わった。ドイツは一八八〇年代からオスマン帝国への軍事顧問派遣などを通じて影響力を行使した。オスマン帝国からすれば、ドイツへの接近は英仏露を牽制する道でもあった。そして、ウィーン＝イスタンブル間の東方鉄道が開通した一八八八年、ドイツはドイツ銀行などの後押しを受けて、イスタンブルとアンカラおよびコンヤを結ぶアナトリア鉄道の敷設権を獲得してその建設に着手するのだった〔世界史史料8、一三八―一三九頁〕〔永田編、二〇〇二、三〇七―三一〇頁〕。このドイツの中東進出はいずれ、英露の「グレート・ゲーム」にも影響してくるはずである。

この時期の「グレート・ゲーム」の焦点の一つは、アフガニスタン問題であった。ロシアでは、すでに露土戦争終結後、イランとアフガニスタンを通って、インドに侵攻することを求める声が上がっていたが、一八七八年春には実際にカーブルに軍隊が集められた。ロシアには、ブハラと同じようにイランやアフガニスタンをロシアの保護国とし、さらにインドへ侵攻しようとする勢力が存在したのである。この「インド侵攻」は露土戦争によるロシアの経済的疲弊や、兵站の難しさや、ムスリムの反発などのために失敗した。だが、イギリスはロシアの「インド侵攻」に警戒を募らせ、露土戦争の終結後、一八七八年一一月にアフガニスタンに宣戦し、第二次アフガン戦争を起こした。イギリスはこれに敗北を喫し、一八七九年五月に締結したガンダマク条約においては、アフガニスタンの外交権の獲得で満足せざるをえなかった。だが、イギリスは、アフガニスタンの抵抗をさらに排して、一八八一年にアフガニスタンを保護国とすることに成功したのだった[Sergeev, 2013, pp. 172–189][永田編、二〇〇二、四六二頁][高桑、一九一〇、一一〇九―一一一二頁]。

「グレート・ゲーム」の次のポイントは前述のイリ問題であった。露土戦争が起きて、ロシアはこの地から後退し、一八七七年には清朝が東トルキスタン全体を回復していた。だが、露土戦争後にロシアは再度軍事進出し、一八八〇年には清露関係は、軍事衝突寸前にまで至った。しかし、アレクサンドル二世の暗殺事件やイギリスからの圧力などのため、結局一八八一年になってイリ条約がロシアと清朝のあいだに結ばれて、国境線が確定した[Sergeev, 2013, pp. 167–168][高桑、一九一〇、一一〇七頁]。このあと、新疆とロシアの経済関係は急速に深まった。このロシアのイリ進出はイギリスにとっても清国にとっても脅威であり、とくに清国は、ロシアの東アジアへのさらなる進出が朝鮮半島に至ることを恐れたのであった。

3　アフリカへの列強進出

ベルリン会議後の「ベルリン条約体制」のもとでのヨーロッパの「協調」は、新たにアフリカへの列強の進出を開始させ、アフリカで大きな緊張関係を生み出した。ビスマルクが英仏の植民地進出を後押ししていたこともこれに貢献していた。

元来、英仏とも一八六〇年代までは、アフリカにおける植民地獲得に必ずしも積極的ではなかった。すでにインドシナに進出していたフランスは、ナポレオン三世の時期以来セネガルに拠点を築いていたとはいえ、一八六〇年代にはその西アフリカ進出は停滞していた。だが、普仏戦争で敗北し、アルザス＝ロレーヌを失ったあとの一八七〇年代後半から一八八〇年代前半にかけて、帝国の栄光の獲得のためにも、その対外政策の関心を、アフリカ大陸での植民地獲得に向けていった。一八七〇年代に入って、フランスはセネガルからニジェール川上流地域へ進出して、その間に鉄道を敷くことを考えた。これは、黄金海岸(ゴールド・コースト)を獲得したイギリスとガンビアをめぐる競合を生むことになった[Oliver and Atmore, 2004, p. 119]。一八八〇年に首相となった積極的な領土拡張主義者ジュール・フェリーのもとで、フランスは、北アフリカへも進出して一八八一年にチュニジアを保護国化し、さらに一八八三年からイギリスに対抗して東アフリカのマダガスカル島に進出し、メリナ王国を保護国化してインドシナに至る拠点を築こうとした[世界史史料8、二〇〇—二〇一、三〇〇—三〇一頁]

[Bowman et al., 2007, pp. 18–19][EAH, vol. 2, p. 877]。ビスマルクは、フランスの北アフリカやマダガスカルへの進出を積極的に後押しし、その政策を支持したのだった[飯田、二〇一〇、一二三―一二四頁]。

これに対して、すでにインドと南アフリカを植民地化しているイギリスは、インド洋に面する東アフリカに強い利害関心を持っていた。だが、一八六〇年代まではアフリカでの植民地獲得という点で大きな進展はなかった。しかし、西アフリカでは、一八七四年に、オランダから黄金海岸を譲り受けて、シエラ・レオネからニジェール川下流にまで進出し、フランスと対立することになった。他方、イギリスは一八七五年にスエズ運河の株を買い取ったのち、次第に東アフリカへの関心を高めた[世界史史料8、二八八―二九〇頁][吉田、一九七八、三八―四〇頁][中村、一九八二、五九―六〇頁]。折からビスマルクは、イギリスに対してエジプトへの進出を促していた[飯田、二〇一〇、一二一頁]。一八七八年のベルリン会議では、イギリスは独自の条約によってオスマン帝国からキプロスの租借権を獲得して、エジプトやインドへのルートを確保した。一八八〇年に発足した第二次グラッドストン内閣は、帝国主義政策に批判的であったが、エジプトは例外であった。

一八六七年にオスマン帝国から完全な内政の自治を与えられていたエジプトでは、すでに見たムハンマド・アリーの後継者たちがスエズ運河建設などを梃子に英仏への従属を深めつつ近代化を進めていたが、一八八一年に、立憲制の議会を求め、国内人民の平等を掲げ、外国の干渉を排除しようとするウラービー・パシャの武力蜂起が起きた(ウラービー革命)。だが、翌年にはイギリスが武力でこれを鎮圧し、エジプトを占領してしまった[世界史史料8、一六七―一六八頁][加藤、一九九八、一七二―一七三頁](日本ではウラービーへの関心は明治以来強く、東海散士『佳人之奇遇』巻九をはじめ、[坂本編、一九〇

三、一二一九頁][高桑、一九一〇、一一三八頁]に詳しい)。このエジプトに隣接するスーダンでは、新しい事態が待っていた。一八八一年に、エジプトの税制や宗教的支配に反発したスーダンの住民の中から、ムハンマド・アフマドが自らを「マフディー」(「神に導かれた者」)と宣言し、イスラーム改革を掲げつつ民衆を結集して、一八八三年以後、エジプト・イギリス軍に対する武力闘争を開始するのだった[世界史史料8、一七三―一七四頁][吉田、一九七八、六〇―六一頁][栗田、一九九八、一五〇頁]。

この時期、英仏以外でアフリカに進出してきたのは、ベルギーであった。かねてからポルトガルが沿岸部の経営を進めてきていたコンゴ川河口地域に、ベルギーが進出してきて、一八七九年にはコンゴ国際協会を設立して、ベルギー国王が私領地としてこれを獲得しようとした。そこで一八八二年、ポルトガルがコンゴ河口地域の支配権を主張した。イギリスはポルトガルを支持したが、フランス、ドイツはベルギーを支持して対立した。これが一八八四―八五年の西アフリカ・ベルリン会議につながるのである[Oliver and Atmore, 2004, p. 122]。

このように一八七八年以後の「ベルリン条約体制」下の列強はアフリカへの進出を進め、相互に競合しあうことになるとともに、アフリカ住民の抵抗をも引き起こし、それに対応しなければならなくなった。アフリカがこの時期の世界史の緊張関係の焦点となったのである。

4　朝鮮の開国と日本のアジア主義

朝鮮の開国――日本の位置

露土戦争に続く中央アジアとアフリカでの緊張のため、一八七五年から一八八〇年代初めまでの間、東アジアは、世界の緊張関係の渦の周辺にあった。そういう東アジアにおいて、明治期の日本は朝鮮・中国との関連の中で内外の新体制を整えていった。対外的には、日本はヨーロッパ・モデルによる国際関係を東アジアに広め、その「バルカン化」を進めた。

江華島条約ののち、ロシアをはじめ列強は朝鮮にその「開国」を迫ってきた。依然として朝鮮は清国の宗属関係のもとにあって、清朝が宗主国であったが、内政外交は朝鮮が自主権を持つという「属国自主」の関係にあった。この関係を盾に朝鮮は諸外国からの「開国」要求に対してこれを拒否してきたのだが、もはや「属国自主」の論理によって「開国」を拒否し続けることはできなくなってきた。そしてついに、一八八二年五月、朝鮮は清国の李鴻章の主導のもとに、アメリカと米朝修好通商条約(シューフェルト条約)を結び、続けてイギリス、ドイツとも条約を結んだ[世界史史料9、二八六―二八七頁][岡本、二〇〇八、七六、八〇頁]。

宗主国中国は、朝鮮は「中国と親しみ、日本と結び、アメリカと連携し、それをもって自強を図る」べきだと考えていた。もはや朝鮮が鎖国を守ることは不可能であり、朝鮮は旧来に増して中国に依存しつつ、日本との条約を維持し、領土拡張の野心のなさそうなアメリカと連携すべきである。

「ロシアの侵略を防ぎ、イギリス・フランス・ドイツ・イタリアの干渉を避けようとするならば、すみやかにアメリカと連携せざるをえない」のだと中国は見ていた〔世界史史料9、二八四―二八五頁〕〔糟谷、一九九二、二三七―二三八頁〕。このような観点から中国は朝鮮に対してアメリカとの条約締結を促したのであった。

この時期のアメリカ合衆国はどうかというと、南北戦争の終結後、ヨーロッパ列強に干渉されることなく、独自の政治的経済的発展を見せて、いわゆる「金ぴかの時代」を実現しつつあった。アメリカでは、この時期に西部への進出が終了し、原住民の囲い込みが終了した。同時に、アメリカはヨーロッパからの移民を受け入れて、多民族的な国家を作り上げようとしていた。対外的には、一八六七年にアラスカをロシアから購入した程度で、国外での領土の拡張は追求していなかった。

中国の主導による「開国」は、朝鮮の側でも受け入れられていた。事大関係を明確にすることによって「外圧に対処」しようとしたのである。そして、事大的な外交をとりつつ国内では、西洋文明の導入による富国・自強策をとろうとする開化派が勢力を拡げつつあった〔吉野、一九九五、三〇九頁〕。こうして、朝鮮の「開国」が始まろうとしたその一八八二年七月、壬午政変が起きた。これは当初は米の不正支給に端を発した軍人暴動であったが、この機を利用して、いったん失脚していた攘夷派の大院君がクーデタを起こし、閔氏を排して政権に復帰し、開国諸条約を破棄しただけでなく、さらに日本公使館を攻撃した。日本が出兵すると、閔氏ら開国派の要請を受けて、宗主国の清が出兵し、清軍によってクーデタは抑えられ、大院君は排されて閔氏政権が復活した。これによって開国政策は継続したが、清朝は朝鮮に対してなお宗主国として軍隊を駐留させた。この際日本は清朝を介さないで朝鮮と済物浦条約を結び、賠償金や駐兵権を獲得した。この二年後にはロシアも朝鮮と通商条約を結んだのである。この壬午政変は、清国と日本による朝鮮への介入を招く契機となった。ロシアの進出を恐れる清国は、自国と親しみながらの朝鮮の「開化」を期待したために、保守派の大院君を排除したが、それは日本の介入を招いたのであった〔世界史史料9、二八七―二八八頁〕〔岡本、二〇〇八、八四―八六、一一三―一一六頁〕。これは東アジアの「バルカン化」を進めることになるのだった。

垂直的なアジア主義と水平的なアジア主義

東アジアでのこのような権力政治の展開に対して、連帯の対案はなかったのか。この点で一八八〇年ごろに盛り上がった日本の自由民権運動はどう対応したのか。自由民権派は基本的にはヨーロッパの「文明観」を取り入れていたため、多くは、中国・朝鮮への侮蔑的意識を持っていた。民権派の「民権かぞえ歌」の世界観は、「亜細亜は半開化」であるが、「日本は亜細亜の灯明台」であるとしていた。福沢諭吉の『時事小言』(一八八一年)は、福沢の大きな転換を示していて、福沢はここから啓蒙主義(「天然の民権論」)と決別して、民権を国権に反映させて、東洋諸国、とくに中国と朝鮮を日本の指導下に文明開化するという「アジア盟主論」を説くに至ったのであった。かれは『時事新報』の創刊(一八八二年)に当たっても、社説において強大で文明的な日本が弱小で未開の朝鮮の盟主となるのが朝鮮との交際の道だと述べていた〔ひろた、一九八五、三一九―三二二、三三二頁〕。ただ、福沢だけでなく、民権派の多くの主張も基本的には同じであった。日本の民権派は、結局は朝鮮には独立の気概がないから、日本がロシアと清朝の支配に対して朝鮮を守らなければならないと考えたのである。

　これに対し、民権派の中でも、植木枝盛は「通俗無上政法論」(一八八〇年)において世界憲法と万国共議政府による世界平和を説き、馬場辰猪は「外交論」(一八八〇年)において人民と人民の「交際」を基礎とする国際関係を説き、中江兆民は「論外交」(一八八二年)において自らの「開化」を頼みに他国を「凌辱」するのは「真の開化」ではないと批判し、道義に基づく外交を主張した。また、「征韓不可」を唱えていたキリスト教徒の吉岡弘毅も中国の土地を取ってしまえという福沢諭吉の発言に対して「是の如き不義不正なる外交政略は、決して我帝国の実利を増加する者にあらず」と批判した。一八七九年の「琉球処分」についても、植木枝盛は、一八八一年に、琉球を独立させれば、西欧に先駆けて「国家同等論」を実践し、「世界」に「義を示す」ことができるのだと、批判したのだった[牧原、二〇〇六、九七―九八、一二一―一二二頁][ひろた、一九八五、三三二―三三三頁]。だが、これらは大勢にはならなかった。

　自由民権運動の本流には、アジアの人々の連帯を目指す視角はなく、アジアへの蔑視を色濃く残していたのである。アジアの「バルカン化」をとどめる力はなかったのだろうか。

　この時期に、ヨーロッパ列強の進出に対抗するためにアジア諸国の相互の連帯を図る動きが「アジア主義」として登場した(以下はほぼ[黒木、二〇〇三、七〇―七二頁]による)。一八八〇年に設立された「興亜会」がアジア主義の最初の組織であった。会の共通の思想は、欧米のアジア侵略によって、日本と中国以外のアジアが抑圧されていること、アジアが地理的に近接していること、アジアが同文同種性(文化の共通性、人種の同一)を持っていることを前提にして、欧米に対してアジアが対抗して独立を回復し相互に振興するために連携するべきだということであった。渡辺洪基ら指導的グループは、日本・朝鮮・中国間に関税同盟を作り、経済利害の共通性の上に将来の政治連合を形成し、欧米に対抗することを考えた。だが、日本の指導性を重視し、日本を盟主とする「垂直関係」の形成を考えていた。

一八八一年一〇月に発足した自由党に近い末廣鉄腸らのグループは、自由主義的改革(藩閥専制政治の改革、立憲制、国会開設)を成し遂げた日本が主導してアジアの連帯を開き、欧米に対してアジアが抵抗、興起することを構想した。それは、日本の政治改革を先決とし、そのうえでアジアの民間志士の交流、アジアへの自由主義の普及、アジアの人民の開明によって、アジアの連携を築き、そうしてアジアの欧米からの独立を図るというものであった。だが、自由党の多くは、日本の「文明」は朝鮮、中国の「未開」よりは進んでいて、日本がアジアを文明化するのは歴史的使命であると考えていた。「興亜会」が自由主義的改革を経ない専制政府同士のアジア諸国の連携を図ろうとする限りでは、自由党はこれを批判したが、ともに「垂直的」なアジア主義であり、「バルカン化」を止める論理は持っていなかった。

この自由党に参加してはいたが、植木枝盛のアジア主義は、インターナショナリズムにまで発展するものであった。植木は、アジア諸国が欧州各国からの独立を目指さなければならないという考えでも、自由主義改革の必要を説く点でも自由党と同じであった。だが、かれは、欧州がアジアだけでなく、アフリカ、オーストラリア、アメリカなどにも勢力を扶植しているとき、「亜細亜の連合」をもって「欧州の暴乱」を抑えることはできるか、と問うのである。「亜細亜の連合は独り亜細亜のみを固むるに過ぎずして未だ世界の乱勢を救正し宇内の治平を致すにたらざる」という。そこでかれは、

「万国共議政府〔世界的国家連合政府〕を設け宇内無上憲法〔世界連邦憲法〕を立つ」ことを提唱したのであった。これはヨーロッパを反面教師として、「被抑圧アジアからの発想に基づく「同等国家」による世界の形成」を構想するものであった〔家永編、一九七四、五八―五九頁〕。これは「水平関係」の連帯を目指すものだったが、極めて孤立した考えであった。

東欧の経験

このようなアジア主義の動きをヨーロッパに参照するならば、一八六〇年代に北欧や東欧に見られた「連邦」や「連合」の動きと対比するのが参考になるであろう。ここで東欧について見るならば、一八四八年六月にプラハで開かれたスラヴ会議は、多民族国家であったハプスブルク帝国内のスラヴ諸民族の平等が保証されるような「連邦国家」に帝国を再生させることを議論したが、途中でハプスブルク帝国の軍隊によって中断されてしまった。その後、ハンガリーの一八四八年革命が国内諸民族に理解されなかったことの教訓を学んだハンガリーのコシュートは、一八六二年に「ドナウ連邦」構想を発表したが、それは、ドナウ川流域のハンガリー、セルビア、クロアチア、ルーマニアなどを連邦とし、外交や軍事を共通として、経済同盟を結び、議会と政府を各国持ち回りで置くというもので、ドナウ川流域の諸民族の水平的な連帯によってハプスブルクやロシアなど大国に対抗しようとするものであった〔歴史学辞典7、五二五頁〕。同じく、一八四八年の経験を汲んで一八六〇年代には「バルカン連邦」も構想された。当時ハンガリーに属したヴォイヴォディナのセルビア人ポリト・デサンチッチは一八六二年に、大国のバルカン支配の克服のためには、バルカン連邦こそが必要だと主張した。

かれはスラヴ人、ルーマニア人、ギリシア人が国家連合を形成し、スラヴ人であるセルビア人とブルガリア人が連邦国家をつくり、アルバニア人、トルコ人などムスリムに関しては、民族的な自治を与えるという連邦構想を提起した。同様の考えは、当時の政治家たちにも支持されていて、ヤルビア王の顧問ガラシャニンなどはギリシア、ルーマニアなどとの連邦を構想していた〔歴史学辞典〈、五二五頁〕〔百瀬、二〇一一、七三—七六頁〕。これらはいずれも実現はしなかったが、「水平的」な連帯を目指すものであった。

一方、一八六七年にモスクワで開かれたスラヴ会議は、スラヴ諸民族の連帯をうたいながらも、正教を重視し、反西欧的で、ロシアの優位を強調したものであった。これはコシュートやデリンチッチやプラハのスラヴ会議の方向とは異なるものであって、結果的にはバルカンの正教スラヴ人の保護を名目にロシアのバルカン方面への進出を支援する「パン・スラヴ主義」につながることになった〔川村、二〇〇八、一八七—一八八頁〕。これは、いわば「垂直的」な連帯を目指すものであった。

これらの東欧の構想は、権力政治の中では、結局は挫折するか、大国に取り込まれるかの運命をたどった。ヨーロッパの一八五〇—六〇年代における歴史的現実は、冷酷な権力政治に対抗するためには、いっそう民衆的な運動に依拠して、労働運動や農民や諸民族の運動に即して考える道しかないことを教えていた。そのような世界史の「傾向」は一八八〇年代のアジアにおいてもまだ「学習」されて活かされてはいなかったのである。

5 日本の憲政への道——世界に学ぶ憲法議論

日本国内では、条約改正が受け入れられるような新体制の整備が世界の経験に学びつつ行われていった。一八七五年に始まった刑法の編纂作業はフランス人のボアソナードの助言を容れて進められ、一八八〇年に完成した。また、欧米に学んだ森有礼のもとで作られた教育令も一八七九年と一八八〇年に発布された。ただ、民法は苦戦した。同じくボアソナードのもとで一八七〇年代に始まった民法編纂作業の結果、いったん一八七八年に最初の案ができたが、それはあまりにも「外国的」だというので、政府に拒否され、改めて長い作業の結果、一八八九年にようやく出来上がり、一八九〇年に公布された[Beasley, 1990, pp. 92-98]。しかしこの「旧民法」もすぐに論争の的となり、施行はされなかった。このように法律に関しても、ヨーロッパのモデルという形で世界の「傾向」を取り入れ、それをどう「土着化」するかという難しい作業が行われたわけである。一八八〇年からはじまった憲法草案の起草も、いかに世界の憲法を活かすかということが焦点となっていた。

一八七五年に設置された元老院においては、一八七六年に「日本国憲按」(第一案)が作成される過程で、イギリス、フランス、プロイセン、ベルギー、イタリアなどの憲法が翻訳されて参考にされた。「条文ごとに参照した外国憲法の条文を付記した文書も作られた」。政府の憲法作成者の間には、「欧米諸国に認められる憲法」を作ろうという意識があったのである[牧原、二〇〇六、三八—三九頁]。一八七八年に第二案、一八八〇年に第三案が作られた。それは、「万世一系の天皇」の統治を認めたうえで、元老院・代議院の二院制をとっていたが、議院内閣制はとっていなかった。

自由民権運動の側でも憲法の作成の取り組みが活発に行われた。一八八〇年春に国会期成同盟が結成され、秋には自由党が結成されるという動きの中で、一八七九年から八一年末までに民間で作られた私擬憲法草案などは七五を超えた〔日本史史料4、一四〇―一四二頁〕。これらも、「万世一系の天皇」による統治、二院制などを認めていたが、実質的な議院内閣制を採用していて、上の元老院案と大きな違いがあった。特に、慶應義塾関係の交詢社の「私擬憲法案」は、イギリス型の議院内閣制を掲げていた。さらに独特だったのは、一八八一年の植木枝盛の「東洋大日本国々憲案」で、それは連邦制を取り入れ、日本人民の自由権をうたい、そのうえで、軍と行政の長としての「皇帝」の存在を認めるが、立法権は人民に置き、参政権を女子にも認め、さらに抵抗権や革命権をも明記したものであった。これはイギリス的な議会制に加えて、フランスの人権宣言の要素も取り入れたものであった〔牧原、二〇〇六、四〇―四二頁〕〔宮地、一九八七、六四頁〕〔ネット史料③〕。

こういう動きを受けて、政府内では、憲法をめぐる議論が一八八一年（明治一四年）に大きな政治的対立を生んだ。きっかけは、同年三月に大隈重信が提出した「大隈憲法意見書」である。それは、憲法の制定、政党制、選挙による議院、議院内閣制など、イギリス的な立憲君主政を広く取り入れようというものであった〔日本史史料4、一四三頁〕〔宮地、一九八七、六五頁〕。これを機に、イギリス的な立憲制と議院内閣制を考える大隈重信らと、プロイセン的な欽定憲法、天皇にのみ責任を負う内閣制度を主張する井上毅や伊藤博文らが対立し、結局一八八一年一〇月に大隈らが敗れて伊藤ら薩長の権力独占が確立した。この「明治十四年政変」においても、指導者らはヨーロッパの政治理念や政治制度をどう取り入れるかをめぐって争ったのであった。さっそく、一八八二―八三年には伊藤らはプロイセン型の法律と憲法を学ぶためにヨーロッパへ遊学した〔牧原、二〇〇六、三八―四六頁〕。

伊藤は、ベルリンを経てウィーンに入り、ここで、国家学者ローレンツ・フォン・シュタインの教えを受けた。国家を一個の人格ととらえる独特の説を唱えるシュタインは、国家は三つの要素からなると考えていた。その一つは国家の自己意識を具現化する機関としての君主、二つは国家の意思を形成する機関としての立法部、三つは国家の行為を司る機関としての行政部である。そして、立法部については、過度の民主主義は議会の専横を許すとして、これを警戒し、君主については、「君主はいかなる国事行為にも自ら介入すべきではない」とし、結局、「独立の体制」としての行政部が最も重視されるべきだとした〔瀧井、二〇〇三、九八、一一五―一一九頁〕。このような説を学んできた伊藤は、日本の自由民権派の依拠する英米仏の「過激論者」の説を拒否し、シュタインらの説を日本の現実に当てはめようとした。つまり、まず「国民」を育ててはじめて議会制度が機能するということ、ついで議会制度を外から支える行政部の育成があってはじめて議会制度が機能するということに留意して、漸進的に議会政治を日本に定着させることを考えたのである〔日本史史料4、二〇三―二〇四頁〕〔瀧井、二〇〇三、一二七―一二八頁〕。

結局、明治政府は、「まずフランス流の民権派である西園寺〔公望〕―中江の系統を攻撃し、ついで大隈―福沢のイギリス流の議会派を政府から追放し、最終的に岩倉―伊藤―井上毅のプロシア流の君権派の主導権を確立した」のである〔中江、一九七〇、二五頁〕。言い換えれば、日本の政治はヨーロッパの政治のなかのいくつかの選択肢から選ぶという形で展開した。政府も民権派もヨーロッパの政治を取り入れつつ、国家組織と政治制度を構想していた。このような国家組織の整備のおかげで、井上馨外務卿による条約改正の動きも進展し、一八八四年ごろには一定の成果を見るのであった〔日本史史料4、一八八―一八九頁〕。

一八七八年のベルリン会議後の列強は、中央アジアやアフリカでの緊張関係に注目していて、東アジアにおける日本と清国の動きに介入することはなかった。だから、岩倉使節団にせよ伊藤の訪欧にせよ、重要な政治家が長期にわたって国外へ調査に出かけることができ、この環境を最大限に活用して、世界史の「傾向」が取り入れられたのである。反面、そういう時期にあったにもかかわらず、アジア主義が説くような東アジア諸国の連帯は実現せず、より強い国がより弱い国を踏み台にして上昇していくという「バルカン化」が進んだのであった。そして、中央アジア、アフリカでの緊張がひとまず収まると、世界的な緊張関係はヨーロッパに回帰した。それは、ビスマルクの政策転換に関連した英独関係の悪化であった。

三　「西アフリカ」から清仏戦争へ――緊張はアジアへ

1　「先占権」と「実効支配」――ビスマルクの政策転換と西アフリカ・ベルリン会議

一八八四年から一八八五年にかけて、ビスマルクが旧来の政策を放棄して植民地獲得に動いた。この時期までドイツは、民間人が海外で活動していても、政府として植民地獲得に動くことはなかったが、ビスマルクは急にその政策を変えたのであった。

一八八四年四月、南西アフリカのアングラ・ペケーナ(現ナミビア内)でブレーメン商人が取得していた土地を帝国の保護下におくことを宣言し、同年七月、トーゴとカメルーンについても同様の保護宣言を発した。さらに、東アフリカでは、一八八四年以来ドイツがザンジバルを拠点に入り込み、二月にタンガニーカを保護領化し、一八八五年にはドイツ領東アフリカ設立を宣言した。一方、太平洋上でも、一八八三年四月以降、英領フィジー島でドイツ人土地所有の問題が起きたのを機に、一八八五年五月、ドイツは、ニューギニア島北東部とビスマルク諸島を保護領とした[飯田、二〇一〇、一三四―一三八、一四二、一五六頁][Townsend, 1930, pp. 86-100]。この間、一八八四年六月にビスマルクは帝国議会で演説をして、経費がかかり他国と紛争を招く「植民地」には依然として反対ではあるが、ドイツ臣民の積極的な海外事業には、帝国が保護を与えることが必要なのだと表明し、実質的にその植民地政策を転換したのだった[Speitkamp, 2014, pp. 24-25][ネット史料④]。

このようなドイツの動きは、対英関係を悪化させることになるが、なぜ、この時期にビスマルクが植民地政策に乗り出したのか。その理由の一つは、イギリスのグラッドストン内閣の強硬な対独姿勢への反発であるという。ビスマルクは、一八八一年以来イギリスに対してエジプト問題などで好意的態度をとっていた。にもかかわらず、イギリスはそれを無視して反独的態度を取ったことへの仕返しをしたというのだ[飯田、二〇一〇、一四四、一四八頁]。また、ビスマルクが、グラッドストンの中央アジアでの英露和解の方向に警戒し、あえて反英政策をとったのだともいわれる[Stone, 2015, p. 161]。

また国内的にも、植民地獲得論者に妥協することによって議会での多数を確保しようという狙いがあったという[吉田、一九七八、四頁][飯田、二〇一〇、一三一—一三四頁]。この時期、ドイツにおいては植民地を持つことの国内的意義についての種々の議論があり、植民地を求める各種の「圧力団体」の力や国内の問題を海外にそらそうという「社会帝国主義」の力も指摘されている[Conrad, 2012, pp. 21-35]。

理由は決めがたいとはいえ、ビスマルクは、海外におけるイギリスの支配に対抗するため、フランスに接近する政策を採った。フランスのフェリー首相はドイツの暗黙の支持を得つつ、植民地政策を推進した。普仏戦争以後も対立していた独仏が、いまやアフリカをめぐって協力しあったのである。焦点はエジプトであった。一八八二年にイギリスの占領下におかれたエジプトが、ウラービー革命の鎮圧や占領費用のために多額の債務を抱えたので、この問題を解決するための国際会議が一八八四年六月にロンドンで開かれた[Feis, 1930, p. 391]。英仏のほか、ドイツ、イタリア、オーストリア＝ハンガリー、ロシア、オスマン帝国が参加した会議は結局何も決まらないまま終わったが、ドイツはフランスを支持し、イギリスは事実上孤立したのだった。この会議に引き続いて八月に独仏はエジプト負債問題とニジェール川・コンゴ川の自由通行を含む西アフリカに関する協定を結び、さらに一一月に西アフリカ問題を協議する国際会議をベルリンで開催することに合意した。独仏は、イギリスを孤立させつつ、植民地政策を展開しようとしたのだった。独仏は交渉段階で、すでに「先占権を持つ国による実効支配の原則」を承認していた[飯田、二〇一〇、一六五—一七一頁]。これはのちの西アフリカ・ベルリン会議で承認されることになる。

一八八四年一一月—八五年二月にベルリンで、ポルトガルとベルギーの間のコンゴ問題を含む西アフリカ問題の解決のための会議が開かれた。会議には、ロンドン会議のメンバー七カ国のほか、ベルギー、デンマーク、スペイン、アメリカ合衆国、オランダ、ポルトガル、スウェーデンを加え、計一四カ国が参加した。会議では、コンゴ川流域がベルギー国王の所有に帰すことが承認された以外に、その「一般議定書」において、①コンゴ盆地における通商の自由、②奴隷貿易の禁止、③コンゴ盆地の地域の中立、④コンゴ川の航行の自由、⑤ニジェール川の航行の自由、⑥アフリカ大陸の海岸の土地を領有した場合他の国に「通告」することと、その領有した土地に「既存の権利」を守るための「権威の確立」をするという原則を認め合った[世界史史料8、二七五―二七六頁][Townsend, 1930, p. 104]。この最後の原則は、「先占権を持つ国による実効支配の原則」と言われることになり、ここに列強は、西アフリカだけでなく、またアフリカだけでなく、東アジアを含む世界各地の植民地について、勝手に分割・領有するための「協定」を締結したことになった。これはこの後の世界史の展開に重要な影響を及ぼすことになったのである。この会議は、いわば「非公式の帝国」というものを否定し、列強を排他的な領域支配(つまり分割)による「公式の帝国」の形成へと向かわせた[Oliver and Atmore, 2004, p. 126][板垣、一九九二、五四―五五頁]。

この会議では、ドイツのビスマルクはそれまでの一方的な親仏姿勢を調整して、イギリスとの関係も修復するという姿勢を見せた[飯田、二〇一〇、一七二頁]。それは会議後の「アフリカ分割」を促進したのであるが、その前にアジアが問題となった。この会議と並行してアジアで清仏戦争が行われたからである。それは、列強がこの会議に集中している間はアジアへは介入しなかったためであり、またドイツとの一時的友好のおかげで、フランスはアジアに力を向けるゆとりがあったためであった。

以下では、西アフリカ・ベルリン会議の間に繰り広げられた清仏戦争とその影響について考察しよう。

2　清仏戦争――東南アジアの緊張

植民地政策をめぐる独仏の一時的和解は、フランスのアジア進出を促進した。そのためにアジアには大きな緊張の焦点ができることになった。一八八四年に入ると、ビスマルクの後押しもあって、フランスはインドシナへの進出を強化した。一八八四年の初め、ビスマルクはイギリスを牽制するために、「フランス人がトンキンとマダガスカルで勝利を収めること」を望むと語っていたのである〔ガル、一九八八、八〇七頁〕。はたしてフランスは一八八三―八五年の戦争でマダガスカルのメリノ王国を破り、これを事実上の保護国とした〔世界史史料8、三〇〇―三〇二頁〕。これによって、インドシナへのルートが容易になった。

すでにベトナム南部に仏領コーチシナを打ち立てていたフランスは、ベトナムを北上し、トンキンを経由して、中国に至るルートを求めていた。一八八三年と一八八四年の二次にわたるフエ条約によって、ベトナムの中部と北部もフランスの保護国となった。ここで、清国の「属国」である阮朝は、清朝に援護を求め、宗主国の清朝は要請に応じてトンキンに侵入し、現地の私兵集団である黒旗軍とともに、フランスと対立した。一八八四年八月、ついに清仏間の全面的な戦争が始まった〔石井・桜井編、一九九九、三〇七―三〇八頁〕。

この時期までの清朝は、すでに二〇年にわたる洋務運動の結果、軍隊の洋式化が進み、海軍も英米独から購入した新鋭艦を備えていた〔高橋、一九九五、二七八―二七九頁〕。したがって、戦争はフランス軍にとって順調には進まず、「おおむね勝ったり負けたり」で、一八八五年三月には好戦派のフェリー首相が失脚したほどであった。戦争は台湾や澎湖島などに拡がったが、アフリカでも戦わねばならなかったフランスは決定的な勝利を得ることがなく、停戦交渉の結果、一八八五年六月、清朝との間に平和友好通商条約(天津条約)が締結された。この条約は清のトンキン撤退を規定したが、領土割譲や賠償などは含まなかった。しかし、これによって清朝はベトナムに対する宗主権を放棄し、ベトナムがフランスの保護国となることを承認したのであった。もっとも清朝の国内向けの配慮から条約にはこの宗主権の放棄のことは明記されてはいなかった〔世界史史料9、三二九―三三〇頁〕〔吉澤、二〇一〇、一九七―一九八頁〕〔高桑、一九一〇、一一一八―一一一九頁〕。この清仏の条約に対して、ベトナムでは強い反発が起こり、翌七月以降、ベトナム全土の農村で大規模な民衆反乱が起きたのであった〔石井・桜井編、一九九九、三〇七―三〇八頁〕。

これと同時に、フランスはカンボジアにも攻勢をかけて、一八八四年六月には、行政権の委譲などを強要して、「一八八四年協約」を署名させたが、ここでも一八八四年末から八七年初頭までの大規模な民衆反乱を引き起こすことになった〔桜井・石澤、一九七七、六二一―六三頁〕。フランスは、このような反乱を抑えたうえで、やがて一八八七年一〇月に、フランスはコーチシナ、トンキン、アンナン、カンボジアからなるインドシナ連邦を設立するのである。

こうしたフランスのアジア進出は、西アフリカ問題を議論するベルリン会議と並行して遂行されていた。この会議ではフランスは西アフリカの広大な植民地を守るために戦わなければならなかったから、東南アジアで軍事作戦を展開する余地などなかったように思われるが、かえって、ベルリン会議での「協調」のおかげで、フランス国内の強い要望と、ビスマルクの側面援助を利して、これが可能だったのである。にもかかわらずフランスは苦戦をしいられたが、折からイギリスもフランスとの正面戦争を危惧して、中立を守ったのだった〔小林、二〇一〇、一一七—一一八頁〕。

この清仏戦争は東アジアに重大な影響を及ぼした。清仏戦争が戦われている間、朝鮮における中国軍は、ベトナム方面に動員されて手薄になった。穏健開化派の閔氏一族に影響力を持つ清朝が清仏戦争で苦戦をし、「漢城で清国軍が少なくなった機をとらえて」、一八八四年一〇月、急進開化派の金玉均らが日本軍の支援を受けてクーデタを起こした。甲申政変である。ロシアが出てくる前に日本が乗り出して朝鮮の改革派に梃子入れし、朝鮮を親日改革派の国にしようとしたのであった。だが、清の袁世凱の軍が介入したので、金らのクーデタは失敗、日本軍も撤退した。自由党の一部や福沢諭吉らは金玉均を支持して、フランスとともに清国に当たろうとする動きを見せた。しかし、日本政府は参戦せず、朝鮮とは漢城条約(一八八五年一月)、清国とは天津条約(同年四月)を結んで、事態を収拾した〔糟谷、一九九九、一八〇—一八二頁〕〔牧原、二〇〇六、一一八頁〕〔吉澤、二〇一〇、二〇〇頁〕。しかし、天津条約は、日清両国軍の撤退を決めたが、以後再出兵する際の「事前通告」を決めていて、のちの日清戦争の伏線を敷くことになったのである〔日本史史料4、一八四頁〕。

中国と日本は東アジア諸国の連帯によって西欧列強の進出に対抗するのではなく、自らも列強の一員として、アジアへの進出の側に立つという路線を進むことになった。その中で、清仏戦争での清国の敗北を見た日本は、この機会に宗属関係を論拠とする清国の影響力を排除して朝鮮政略を推進しようとしたのである〔ひろた、一九八五、三二三―三二四頁〕。そういう意味で、この時期は東アジアにおける諸国間の関係の一つの転機であった。永井秀夫は、一八八〇年代を日本の立憲化の時期とし、その国際環境としては、清仏戦争が転換期であったとみている。その国際環境の変化が国内の政治にも影響を与えたというのである〔永井、一九九五、二五七頁〕。

3 「垂直的アジア主義」と「脱亜論」

清仏戦争と朝鮮の甲申政変の失敗は、日本の世界認識に大きな影響を与えた。

一八八五年、「明治の一政治青年」であった樽井藤吉が『大東合邦論』を書いた(のちに一八九三年に漢文で出版)。これは、日韓の紛争を解決し、列強の侵略を共同で防衛するために、日本と朝鮮(中国は入れない)が平等合併すべきだとするものであった。樽井には「洋学の素養」はなく、これはかれの「創見」であったといわれる〔竹内、二〇〇六、二九〇―二九一頁〕が、スイスや「ブリテン」の他、「現今」のノルウェーやハンガリーなども例示されていて広い視野を有している〔竹内編、一九六三、一〇六―一二九頁〕。ともかくこの対等合邦論は、アジア主義の一方の極であった。これにやや近いのが、玄洋社のアジア主義であった。すでに一八八一年に板垣や自由民権運動とも交流があった頭山満らによって設立されていた玄洋社は、甲申政変ののち、民権的な立場から国権的な立場に転換し、積極的なアジア主義を唱えて、金玉均を支援する派兵クーデタ計画を練ったりし、のちには東学とも連帯した〔竹内、二〇〇六、二七八頁〕〔中島、二〇一四、一一三―一一九頁〕。これは具体的な連帯を目指すアジア主義であった。今ひとつ、大井憲太郎ら自由党左派のアジア主義があった。その思想は、日本の民権派が朝鮮の改革をとおして「独立朝鮮」を立て、それと「改革日本」とが連携して中国とロシアに対抗するというものであった。大井らは、金玉均らの朝鮮開化派を支援して朝鮮政府を倒すとともに、清国との間に緊張関係を作りだし、日中対立激化の中で奮起する日本人の愛国心に依拠して日本国内で革命を起こすという計画をたてたが、それが発覚して逮捕された。それが一八八五年一一月の大阪事件であった。この大井らの世界認識は、普仏戦争の敗北期におけるフランスのガンベッタとその後の「共和政治」や、アメリカ独立革命を支援したラファイエットの思想を評価したりする点で、興味深いものであった。だが、大井らの思想は、朝鮮を弱小国とみなしていて、「垂直」関係のアジア主義であった。ラファイエットはもちろんガンベッタも、すでに少なくとも箕作麟祥『万国新史』には紹介されていたが、その受け止め方は「水平」の連帯にはつながらないものだったのである。一方、自由党の大勢は従来の小国主義的対外論を放棄し、国権拡張論に変化した。つまり、「アジア文明先進の日本が、欧米列強のアジア(朝鮮・中国)侵略以前に、文明後進(未開)のアジア改革を支援し、アジアを文明化し興起を図る」という垂直的アジア主義に変化した。この自由党のアジア主義は日本のアジア進出を支持する要素をも含むことになったのだった[牧原、二〇〇六、一二四―一二六頁][黒木、二〇〇三、七一頁]。

だが、もっと現実的なアジア観が登場していた。一八八五年三月に世に出た「脱亜論」がそれをよく表わしていた。「脱亜論」が福沢諭吉の手によるものか否かは別として、それは、当時の日本の「民権派」の大勢になりつつあった。それは、「今日の謀を為すに、我国は隣国の開明を待て共に亜細亜を興すの猶予ある可らず、寧ろその伍を脱して西洋の文明国と進退を共にし、其支那朝鮮に接するの法も隣国なるが故にとて特別の会釈に及ばず、正に西洋人が之に接するの風に従て処分す可きのみ。……我は心に於て亜細亜東方の悪友を謝絶するものなり」〔福澤諭吉全集10、二四〇頁〕という。ひろたまさきは、「壬午事変から甲申政変にいたる民権派のプロセスは、その大勢が福沢的な脱亜論の方向に包括されていくことを物語っている」という〔ひろた、一九八五、三二八頁〕。このような「脱亜論」には中江兆民や吉岡弘毅らの批判があったが、現実的な力にはならなかった〔牧原、二〇〇六、九四―九五、一二二―一二三頁〕。基本的に西洋文明を崇拝していた民権派は水平的アジア主義を捨て、「アジア蔑視」に足をとられていったのである〔ひろた、一九八五、三二八、三三四頁〕。

この「脱亜論」の国際的な背景として、ひろたは、甲申政変での朝鮮開化派の敗北に加えて、「清仏戦争での清国の敗北もアジア開化への絶望とアジア蔑視に転ずる契機」となったのだという〔歴史学辞典7、四六頁〕。「脱亜論」は、日本は改革の遅れた中国と朝鮮から袂を分かって、いわば両国を足蹴にしてもヨーロッパ的な開化へと進まなければならないという考えである。「西洋人が之に接するの風に従て処分す」べしというように、このような考えはまさに欧米的な考えであって、ここでも日本はそれをアジアに持ち込んだのである。その結果は、東アジアの「バルカン化」を促進するものであった。これもこの時代の世界史の「傾向」であった。

清仏戦争ののち、東アジアでの朝鮮をめぐる日中(露)の争いが、列強の干渉をまったく受けないで進んだということは、列強にとってより重要な「問題」が他にあったということを意味していた。それはアフリカであった。

四　「アフリカ大反乱」とアジア――緊張はアフリカへ

1　ビスマルク最後の「勢力均衡」

一八八五年二月に西アフリカ・ベルリン会議が閉幕し、清仏戦争が終了して間もなく、バルカンをめぐって新たな問題が発生した。一八八五年九月、オスマン領東ルメリアにおいてブルガリアとの統一を目指す組織の武装暴動が起きたのを受けて、ブルガリア公国は東ルメリアを「併合」することを宣言し、それに反対するセルビアとの戦争に突入した。これが新たに国際関係の一つの焦点となったのである。ブルガリアの東ルメリア併合は、ロシア皇帝の甥ながらロシアとの関係を悪化させていたアレクサンダル公のもとで行われたもので、イギリスは支持したが、ロシアは不支持であって、一八八六年に、親露派がクーデタを起こしてアレクサンダルは亡命・退位させられてしまった。これにオーストリア＝ハンガリーが反発し、一八八七年に親墺的なフェルディナンド公が即位したところ、今度はロシアが反発した。こうして、ブルガリアをめぐって、イギリスとロシアとオーストリアが介入し、とくにロシアとオーストリアの対立が決定的となった。その結果、ビスマルクの肝煎りの三帝同盟が解体し、ビスマルクの旧来の政策が崩壊することになった［飯田、二〇一〇、一七四、一七七―一七八頁］［柴編、一九九八、二〇五―二〇七、二一八頁］。これに加えて、ドイツとフランスとの関係も悪化した。一八八五年にフランスの親独的なフェリー首相が失脚し、翌一八八六年には反ドイツ強硬派のブーランジェが陸相に就任した。さらに一八八七年にはフランスの一税官吏にドイツのスパイ嫌疑がかけられる事件が起きて独仏関係は悪化した。こうして、一八八七年初頭以降ビスマルクの外交目標は再びフランスの孤立化へと回帰するのである〔飯田、二〇一五、二〇四頁〕。

ロシアとフランスの二国に対応するためのドイツの苦肉の策が、ビスマルクの仲介によって一八八七年二月に締結されたイギリスとイタリアの地中海協商であった。これは、黒海などを含む地中海の現状維持を定めたもので、露仏の地中海への進出を阻止しようというものであった。これにはすぐにオーストリア＝ハンガリーとスペインが加わって、フランスを包囲した。同じく一八八七年二月には三国同盟が更新された。一方で、ビスマルクは、一八八七年六月に独露再保障条約を締結して、露仏の接近を牽制した。ビスマルクはこういう「勢力均衡」政策によって、フランスを孤立させ、英露と結び合うことにかろうじて成功したのだった〔同前、二〇四—二〇六頁〕。ここに英独の「蜜月期」が生まれることになった。

2 「アフリカ大反乱」——「アフリカ分割」と抵抗

ビスマルクの苦肉の外交によってヨーロッパでの「勢力均衡」がかろうじて維持されたかに見えると、世界的な緊張関係は、いよいよ本格的にアフリカにおいて展開されることになった。西アフリカ・ベルリン会議ののち、ドイツの進出を受けて、「アフリカ分割」をめぐる列強対立が顕現化したのである。西アフリカ・ベルリン会議後の一八八五年四月にベルギーのコンゴ自由国が成立し、コンゴがフランス、ポルトガル、ベルギーで分割された。これを皮切りに、列強の全面的な「アフリカ分割」が始まった[板垣、一九九二、五二―六三頁][宮本・松田編、一九九七、第一一章参照]。とくにソールスベリ首相のもとで、ドイツを念頭に、イギリスが積極的に動いた[Oliver and Atmore, 2004, pp. 127-129]。この分割の様子は、すでに一九一〇年に高桑駒吉『最新世界歴史』によって正確に記述されていたことに、注意しておきたい。箕作の『万国新史』ののち、明治期の「万国史」においては、アフリカは抜けおちてきた。しかしアフリカが入ることによって「世界史」は地球全体の視野で語れるようになったのである。

西アフリカは、フランスがニジェール川流域から東へのびる植民地圏の形成をめざしていて、セネガル、ダホメ(ベニン)、象牙海岸、ギニアの一部を獲得していたが、イギリスも黄金海岸、ナイジェリアなどを獲得した。そこにいまやドイツが加わってきて、ドイツはギニア湾岸の植民地をめぐって、イギリスと対立した。そこで、一八八五年にはギニア湾をめぐる英独協定を結んで、同湾の分割を定めた。このとき英独は「勢力圏」という概念を初めて用いたが、それはあっという間に世界中に拡がり、東アジアにもやってくることになった[NEB, vol. 6, p. 311]。

東アフリカでは、イギリスはエジプト、スーダンからエチオピア、ソマリア、ケニアなどを経て、ケープ植民地にいたる植民地圏を狙っていたが、当地では、前述のようにドイツが一八八五年にドイツ領東アフリカ設立を宣言し、イギリスと対立することになった。結局、一八八六年、一八九〇年の英独間の協定により、東アフリカは分割され、タンガニーカのドイツ領有を認める代償として、ケニ

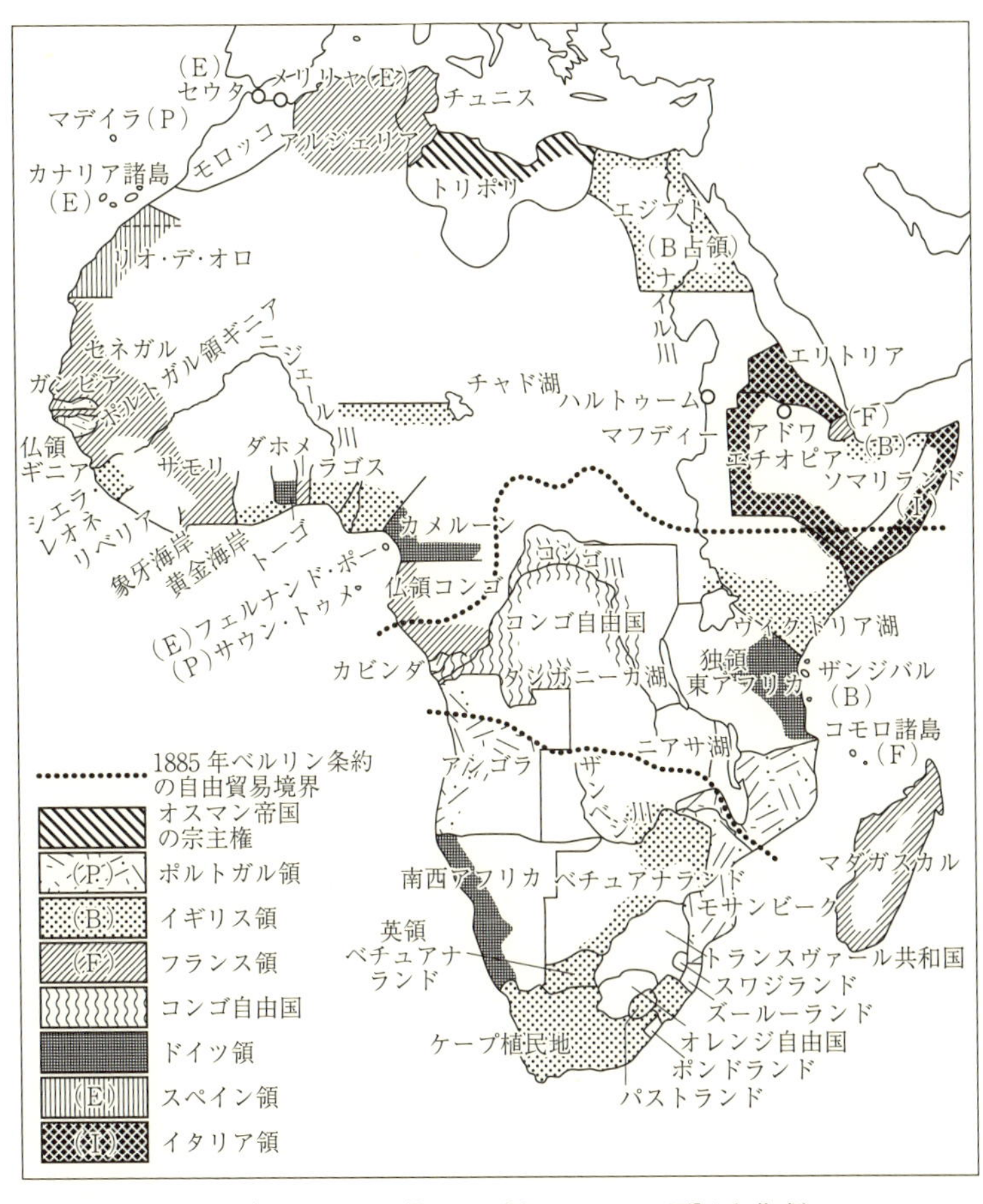

1891年のアフリカ([西川・南塚，1986，53頁]より作成)

ア、ウガンダをイギリスがとることになった〔世界史史料8、三〇二―三〇三頁〕〔EAH, vol. 3, p. 1714〕〔吉田、一九七八、五一―五五頁〕〔高桑、一九一〇、一一四二頁〕。北東アフリカでは、エチオピアへ進出したイタリアが、一八八九年にウチャレ条約でエチオピアを保護国化したが、同条約は一八九四年に廃棄され、翌年から九六年にかけてのアドワでの戦争でイタリアは敗北し、エチオピアの領有に失敗した〔世界史史料8、二八一―二八四頁〕。同じころ、英仏伊によってソマリアが分割された。

この時期の「アフリカ分割」の重要問題はイギリスによる南アフリカの植民地化であった。一八六七年にオレンジ自由国のキンバレーでダイヤモンドの鉱脈が発見されてから、イギリスはオレンジ自由国とトランスヴァール共和国という二つのブール（ボーア）人国家の拡大を警戒し、一八八〇―八一年の第一次ブール戦争を起こした。ブール人（アフリカーナーとも言う）は、オランダ系を中心とするケープ植民地入植者で、イギリスが同植民地を領有してから内陸部へ移動（グレート・トレック）し、右の二国を作っていたのである。この戦争ではイギリスは敗れて、トランスヴァール共和国の自治を認めた。だが、一八八五年四月にドイツ領南西アフリカができ、一八八六年にトランスヴァールで金鉱が発見されると、イギリスは改めてトランスヴァール攻略を目指した〔宮本・松田編、一九九七、三七二頁〕。ダイヤモンドや金の発見以来、トランスヴァール共和国とオレンジ自由国では、ブール人の地主がドイツ資本をも入れつつ、原住民を労働者として酷使して鉱山業を営んでいた。ケープ植民地から入りこんできた多数のイギリス人鉱山技師たちへのトランスヴァール共和国内での差別を口実に、イギリスは同共和国の征服を狙ったのだった。この間、キンバレーの金鉱を支配する会社を設立したセシル・ローズが、イギリスの植民地政策にも進出し、やがて一八九〇年にケープ植民地首相となり、ブール人勢力を駆逐していくことになるのである［星・林、一九七八、七六―八七頁］［高桑、一九一〇、一一四〇―一一四一頁］。

だが、こうした列強の分割は現地アフリカの住民の「同意」を得て進められたわけではなく、現地の民衆から激しい抵抗を受けた。アフリカ史では、一八八〇年代から一九一〇年までのアフリカ人の抵抗は「初期抵抗」と称されている［吉田、一九七八、六七―六九頁］［宮本・松田編、一九九七、三九七頁］。しかし、この民衆的抵抗は、世界史上、未曽有の多様性と規模をもったものであった。

エジプト領スーダンで始まったマフディー運動は、エジプトを握っていたイギリスが一八八四年一月に、第二次アヘン戦争で「活躍」したゴードン将軍をスーダンに派遣したころから、イギリスに擁立された傀儡のスーダン国家に対する闘争の性格を帯びるようになった。そして西アフリカ・ベルリン会議中の一八八五年一月、イギリス・エジプト軍の支配するハルトゥームがマフディー軍によって陥落させられ、ここにマフディー国家が成立したのである。マフディー国家は、北アフリカのサヌースィー運動、チャド周辺のラービフの国家、西アフリカのサモリ・トゥーレの国家などを鼓舞し、さらには、北東のエチオピアを攻撃した。一八八〇年代後半はスーダンを中心にマフディーの大支配地域が成立したのだった。のちに見るように、ようやく一八八九年になって、マフディー軍はエジプト遠征に失敗してその勢力を失うことになるのである［板垣、一九九二、五八―五九頁］（マフディー運動と同国家については［栗田、二〇〇一］）。それは、サモリの敗北と合致していた。

西アフリカでは、一八六〇年代にエルハジ・ウマールの作り上げた大きな神権国家トゥクロール帝国が、フランスの脅威に直面した。フランスは一八八三年にニジェール川に至るが、同帝国の抵抗を受け、ようやく一八九〇年に同帝国の帝都セグを陥れた。一八六一年ごろからニジェール川右岸に国家を建設していたサモリは、一八八一年にはニジェール川上流に支配を拡げたが、一八八二年にはニジェール上流に進出したフランスと対立し、軍事衝突を起こすようになった。一八八六年に一時和解が成立するが、この対立は、一八九〇年代まで続いた［世界史史料9、二九五―二九七頁］［中村、一九八二、六四頁］［宮本・松田編、一九九七、四一三―四一五頁］。

東アフリカでは、一八八〇年代以後ドイツ領東アフリカで抵抗運動が頻発した。一八八〇年代の代表的な反乱が、アブシリの反乱である。一八八八年八月、ザンジバル島の対岸のパンガニにおいてアラブ人のアブシリに率いられたアラブ人やアフリカ人によるドイツ支配に反対する武力抵抗が起きて、南北の港や内陸部にまで拡大した。同時にアフリカ人の首長ブワナ・ヘリも海岸地方で反乱を起こした。アブシリの反乱のほうは強力で、ドイツは軍隊を増強したほか、イギリス、イタリア、ポルトガルが沿岸封鎖などを行ってドイツを援助し、ようやく一八八九年に鎮圧されたのだった［世界史史料8、三〇四―三〇五頁］［吉田、一九七八、六九―七一頁］。このような武力抵抗の形こそとらなかったが、ドイツ領の南西部の内陸にあった首長ムクワワの率いるへへ族は、しばしばキャラバン通商隊を襲って、植民地政府を悩ませた［吉田、一九七八、七二頁］。これらの「アラブ反乱」(Conrad, 2012, p. 63)はいずれも近代的な装備を持つ列強に敗れたが、その後も抵抗は再発し、ゲリラ的に続くのであった。

こういう全アフリカ的に拡がる抵抗があったからこそ、列強の他地域への関与は不十分にならざるをえなかった。これは一八六〇年代の「アジアの大反乱」に相当する世界史的意義を持つものと言える。だから、この時代は「アフリカ分割」の時代としてではなく「アフリカ大反乱」の時代として位置づけるのが妥当であると思われる。また、イギリスの軍人ゴードンは、クリミア、中国、スーダンと移動したが、それは見事に、国際的緊張関係の焦点の移動を反映していた。次の時代には、この民衆の大反乱は列強に抑えられ、民衆を犠牲にした列強同士の争いがアフリカという場で展開されるはずである。

4 「アフリカ大反乱」とアジア

右に見た「アフリカ大反乱」に支えられて、この時期のアジアは国際関係の緊張緩和状態にあって、ここではどちらかと言えば静かな侵略が進んだ。

まず、この時期に英露間の「グレート・ゲーム」の「東漸」が見られた。一八八五年四月にロシア軍がアフガニスタンの一部に侵攻しそれをロシア領に編入した「危機」は、英露の戦争にはいたらずに終わった。高桑駒吉が指摘するように、スーダン遠征に従事していたイギリスはロシアとの大規模な対立を避け、一八八七年にはアフガニスタンの新国境をロシアと画定して、アフガン危機を回避したのだった[永田編、二〇〇二、四六二頁][高桑、一九一〇、一一二頁]。しかし、この後ロシアはイリ地方から東へと進み朝鮮にも接近した。折から朝鮮にもロシアと提携する動きがあった。これに対して、イギリスは一八八五年四月、巨文島を占領してロシアを牽制したのだった[和田編、二〇〇二、五八―六四頁][牧原、二〇〇六、一一八頁]。だが、全体として「グレート・ゲーム」は、一八八六年ごろから一九〇三年ごろまで「膠着状態」に入っていた[Sergeev, 2013, p. 211]。

つぎに、イギリスはインドにおける足場を強化しようとした。「インド大反乱」以来の反乱である一八七九年二月のV・B・ファドケーの武装蜂起に衝撃を受けたイギリスは、インド人の不満をそらすべき組織として、「イギリス支配を前提条件とする」インド国民会議を一八八五年に設立させ、支配を安定させた〔世界史史料8、六一―六三、六五―六六頁〕〔長崎、二〇一〇、二四八―二五一頁〕。同時に、イギリスは一八八五年には三度目のビルマ攻撃によってコンバウン朝を滅亡させ、これをインド帝国に併合した。こうして「英領インド」なるものが確定した〔辛島編、二〇〇四、三三五―三三六頁〕。

3　東アジアに成立した立憲君主国日本

自由民権運動の最後と国民主義

「一八八〇年代後半から九〇年代初め」まで「東アジアに束の間の平穏」が訪れたのであり、その間に日本では立憲君主制の整備がなされたとされる〔牧原、二〇〇六、一一八頁〕。その東アジアにおける「平穏」な国際環境の原因を問うならば、これまでにみたような、「アフリカ大反乱」に列強の大きな関心が向けられていたからに他ならなかった。この時期、日本は、世界の各地の知恵(社会思想)を取り込んで立憲君主国家の体制を整備し、「脱亜」を実現しつつあった。それは世界史が日本という場で展開した一つの姿であった。

この時期の日本では、自由主義がその最後の花を咲かせていた。たとえば中江兆民は、『革命前法朗二世記事』(一八八六年)や『三酔人経綸問答』(一八八七年)を著し、一八八八年には『東雲新聞』を発行して、自由民権の思想を深め広めようとしていた。兆民は、『革命前法朗二世記事』においては、自由平等の議論も「輿論」を根拠として初めて実現されたのであると主張し、国民公会のような議会の重要性を喚起していた。『三酔人経綸問答』は、自由党の壮士になぞらえた豪傑君、西洋主義の理論家である洋学紳士君、それに南海先生の三人による政治談議であるが、そこにはヨーロッパ史の知見に基づく日本の政治への批判のみならず、日本の当面する国際的問題が示されていた。自由平等を実現した民主政治の国家が「道義」の力で独立と繁栄と平和を得るという、ルソーやカント的な考えを持つ洋学紳士君と、軍事力こそが国家にとって大切であり、小国も大国・強国になる現実的な手立てを講じ、西洋諸国との競争に打って出るべきだというプロイセン的な権力政治の発想をする豪傑君のいずれも、ヨーロッパ的な発想である。そして、日本の現実からどうすべきかを迷って「ごまかす」のが南海先生なのであった。このように中江は、世界的な視野で当時の日本の現在と将来を見ようとしたのである〔中江、一九七〇、二六―二七、五一―五二、二〇三―二七二頁〕。

中江兆民と同じ時期に、東海散士が『佳人之奇遇』において、国権的見地から世界の諸小国の抵抗と連帯を描いてみせた。一八七九―八五年のあいだアメリカで学んできた会津藩の遺臣柴四朗は、帰国後に、東海散士の名で『佳人之奇遇』(全一〇巻、一八八五―一八九一年)を出版した。その中で、かれは大国の圧力・支配に抵抗する中国、日本、アイルランド、スペイン、ポーランド、ハンガリー、イタリア、ギリシア、エジプト、インド、サントドミンゴなどの、いわば小国の自主と自由のための連帯した運動を政治小説として描いた。その中で、日本については、「我人民開明の域を愛し自由の里を慕えども……祖宗百年の良法を破毀(はき)し……米を摸し欧を擬し徒(いたずら)に理論に奔て実業を勉めず……」と、自由民権運動を批判し、結局、「方今焦眉の急務は十尺の自由を内に伸ばさんより寧ろ一尺の国権を外に暢ぶるに在り」〔東海、二〇〇六、七五、七七頁〕と主張した。かれが教訓とした一つの例が、一八世紀の末に列強に分割されて消滅したポーランドであった。「彼民や自由の理を誤り一身の自由を以て無上の自由と為し国家独立の自由更に貴きを悟らず」ついに国を失ったのだとし、このポーランドの運命は、木戸孝允も教訓にしたのだと述べた〔同前、一一七頁〕。

国外でいわば小国の抵抗と連帯の動きを観察してきた散士にとって、当時の自由民権運動も藩閥政府の政策も不満足なものであった。かれが必要と考えたのは小国の国権主義であった。この小国の国権主義は間もなく、陸羯南（くがかつなん）らの国民主義に合流することになった。

一八八〇年代末には欧化主義への反発が強まり、ナショナリズムが「国民主義」や「日本主義」という名で広まった。一八八八年に三宅雪嶺が雑誌『日本人』を創刊し、一八八九年には陸羯南が『日本』を創刊した。実は、それらを生み出すにあたって、陸らは欧米のナショナリズムについての文献を精力的に研究していた。ここでは陸を取り上げてみたい。陸については豊かな研究史がある〔片山、二〇〇七など〕が、かれのヨーロッパ思想との関係を見てみよう。陸は、ルソーなどを研究する一方、ドイツのラインホールド・シュミードや、イタリアのジョゼフ・ド・メーストル、フランスのY・A・ノヴィコフらの保守主義の思想を研究していた（『近時政論考』一八九一年、や『国際論』一八九四年、参照）。陸は、科学技術から、経済、社会思想、哲学に至るまで西欧の文明を高く評価したうえで、それは日本にとって有用である限りで取り入れるべきであると考えていた〔Beasley, 1987, p. 32〕。

かれはイタリアの反革命思想家メーストルの影響を強く受けていた。箕作麟祥にも学んでフランス語の能力を身に着けていた陸は、一八八五年に、メーストルの一七九四年の著書を『主権原論』という題で翻訳出版している〔有山、二〇〇七、八一―八三頁〕〔影浦、二〇一四、二六五頁〕。陸の翻訳によれば、メーストルはこう主張していた。フランス革命を主導したルソーの社会契約説は「妄謬」の説であり、

「社会は主権者あるに因りて始めて存立したる」ものである。社会及主権の存立は「自然の作用」即ち「造化の力」に因るものである。そして、「造化の力」によって生まれた伝統にもとづき、一歩一歩進む保守主義こそがあるべき態度であり、「人類は君主政治の為めに生るる者」である。君主政治が自然の政治なのである。一方、君主政治の対象となる人類は「国民」を構成するが、「国民」とは、「精神」を同じくし、また「単一無形の一致」を有するものである。この「単一無形の一致」とはレーゾン・ナショナール、つまり、「国家の精理」や「国民精神」である〔有山、二〇〇七、八一―八四頁〕。やがて登場する陸の「国民主義」の基礎はメーストルを吸収することによって築かれたのである。陸は、『東京電報』の一八八八年六月号に「国民主義」を初めて提示した。かれは、英語の「ナショナリチー」は、「国民なるものを基として他国民に対する独立特殊の性格を包含したるもの」であるから、これを「国民主義」というのがよいとする〔同前、一〇四頁〕。今日からすれば、ナショナリズムにあたる概念である。一八九一年に出された陸の著書『近時政論考』にその「国民主義」が体系的に論じられた。かれは、民権論派から保守論派に至るまでの政治思想を検討し、それらがヨーロッパの思想を根拠にしていると批判し、それに対して、「国民の天賦任務」に基づく「国民主義」を対置するのだと主張した〔同前、一三八―一四一頁〕〔陸、一九七一、一二〇頁〕。

＊ここで陸は「社会」という言葉を使っているが、日本では一八八〇年代中ごろから「社会」という言葉が出てくる。それまでソサエティは「人間交際」と訳されていた。万国史では、植田栄訳『須因頓氏 万国史』一八八六年、が初めて「社会」という概念を使い始めている。

さて、陸がメーストルを通じて導入したナショナリズムは、一九世紀後半にヨーロッパで拡がっていたそれではなかった。フランス革命前後から芽生えたエリート・レベルでのネイションの意識は、プロト・ナショナリズムと呼ばれるもので、一定の「王国ないし帝国」の一員であったという帰属意識であった。それに言語・風俗などの要素や法的同権などの要素を加えたりしていくのは一八四八年革命を経て、ナショナリズムが中間層を巻き込んでいくようになってからであった〔南塚、一九九八、八三頁〕。メーストルは一八世紀末から一九世紀初めの反啓蒙主義の保守派であったから、そこから学んだ陸のナショナリズムは、反啓蒙主義の段階のロマン主義的なプロト・ナショナリズムであったにちがいない。それ故か、陸のナショナリズムは政治的に決して「国家主義」「侵略主義」ではなかったという評価もあり、ある意味では「アジア主義」にも通じていたといわれる〔片山、二〇〇七、三九〇頁〕。

そして、「日本のナショナリズムがそれ自体の定義に反して、決して日本固有とされるような何らかの思想から派生したものではなく、外部から受け入れた外来思想であ」った〔影浦、二〇一四、二六二、二七〇頁〕と言われるように、陸の場合も、ヨーロッパの啓蒙的思想に対して、日本の固有の思想ではなく、同じくヨーロッパの反啓蒙的ナショナリズムが対置されたのである。一九世紀の世界史の重要な「傾向」であるナショナリズムが、「国民主義」という形で日本において「土着化」したのである。実は、西欧的文明に対抗するために西欧にモデルを借りて日本の「伝統」を作るということ、これは憲法についても同じであった。

世界史の産物としての明治憲法

このような思想的状況の中で、日本は立憲君主国家を打ち立てようとしていた。一八八五年に内閣制度が発足し、一八八八年に枢密院が開設され、翌一八八九年二月、大日本帝国憲法(明治憲法)が発布された。帝国憲法は、天皇制国家を柱としたうえで、自由民権運動の要求を反映して、議会の権限を認めていた。「万世一系」の天皇は神聖不可侵で天皇大権を有した。議会は貴族院と衆議院の二院制となったが、衆議院の権限は制約されていた。天皇によって任命される総理大臣が組織する内閣があったが、議会には責任を負わなかった。天皇の任命する枢密院が置かれ、重要な国務を審議した。そして、陸海軍は天皇によって統帥された[宮地、一九八七、七五―七六頁]。

この間の憲法の準備は、シュタインらの教えを受けて帰った伊藤らが中心になって進められた。伊藤のもとで、同じくウィーンでシュタインらの教えを受けてきた金子堅太郎や、一八八二年からの伊藤の欧州調査に同行してシュタインらの教えを学んだ伊東巳代治、そしてとりわけ、ドイツで「歴史法学」を学んできた井上毅らによって、憲法が準備された。それを「お雇い外国人」であったヘルマン・ロエスレルやアルベルト・モッセが補佐した[Beasley, 1990, p. 77]。実質的な憲法の起草者とされる井上は、イギリスなどの影響を受けて強まっていた議会主義の動きに、日本の固有の伝統を掲げて抵抗したのではない。一八七二年からヨーロッパに遊学し、英仏の議会主義の「行き詰まり」を見て、ドイツ的な君主制を選び、それを日本の実状に合わせて、「土着化」したのである。当時のヨーロッパでは社会契約論などが退潮し、代わりに「具象性を掲げた歴史主義や実証主義が学問の指導理念を形作っていた」のであるが、そうした「ドイツ歴史法学の方法に則って」日本の「歴史的伝統主義」を活かすこと、つまり「日本旧来の儒教的道徳を再生させる」[瀧井、二〇〇三、七九、二一八、二二四―

二二五頁〕ことを目指したのである。つまり、西欧に対抗するに西欧をもってしたのである。

牧原憲夫によれば、ロシアやオーストリアの皇帝は古い儀礼によって権威を保持しているという認識から、日本の天皇儀礼も整備されたという。「近代の天皇文化は、西洋文明と立憲制・議会制に対抗するために、ヨーロッパ・スタンダードに準拠しつつ独自性を案出する必要から創り出された「新しい伝統」だった」〔牧原、二〇〇六、一八三―一八四頁〕のである。

これは、つまり反西欧のための欧化であった。そういう意味では、明治憲法も「天皇制」も世界史の産物なのであった。「東アジアの束の間の平穏」の中で、日本は世界の諸思想と諸制度を吸収しつつ、独自の体制を準備したのである。

コラム……2 「万国史」の発展

一八七〇年代にはイギリスとアメリカでそれぞれフリーマン(E. A. Freeman)やスウィントン(W. Swinton)らの人種主義的な「世界史」が現れ、文明をリードしたヨーロッパ人種、つまりアーリア人を中心に世界史を描くべきであるというヨーロッパ中心主義的「世界史」をリードした。そこではアジアは付随的であった。このような人種主義的「世界史」にはダーウィニズムの影響があったのかもしれない。一八八〇年代以後は、欧米での世界史は、歴史学におけるナショナル・ヒストリーの浸透によって、しだいに勢いを失った。その中での例外であったランケの『世界史』(一八八一―八八)は、ナショナル・ヒストリーの集積によって世界史が構成されるのではなく、各ナショナル・ヒストリーを基礎としつつ、ネイションのあいだの「関係」を明らかにするのが世界史なのであるとしていた。ネイションを組み込んでいるのが一八五四年の「講義」(コラム1参照)との違いであった。しかし、ネイションの「関係」を事実にしたがって追っていくならば、世界史はおのずとヨーロッパを越えて拡がっていくはずであったが、ランケはそれをせず、結局ヨーロッパ規模の世界史に終わった。ランケに学んだはずのアメリカのフィッシャー(G. P. Fisher)の歴史は、古代・中世・近代史を区分し、その中の各時期ごとにナショナル・ヒストリーを寄せ集める形で世界史を構成するにとどまっていた。しかも、それは、ヨーロッパ中心の文明史的世界史で、非ヨーロッパは、ところどころに扱われるにすぎなかった。

一八七〇年代の日本では、さまざまな傾向の「万国史」が紹介された。その一つは、「並列型」の万国史で、文部省『史略』、『巴来(バーレイ)万国史』(牧山耕平訳)、岡本監輔『万国史記』などである。いずれも日本史もアジア史も西洋史も並列させるものであった。『巴来万国史』は、寺内章明訳編『五洲紀事』を訳しなおしたもので、地球上の五洲の歴史を満遍なく見ようとするパーレイの本はこの時期にもなお広く読まれたのである。その二は、日本史と区別された「万国史」であった。師範学校編輯『万国史略』にみられるように、世界史とは日本史以外の外国史であった。第三は、文明志向の「万国史」であった。それらはヨーロッパ文明を「目指すべきもの」と位置づけたヨーロッパ中心主義のものであった。これがパーレイを超えて次第に支配的になっていった。西村茂樹編『校正万国史略』や田中義廉編『万国史略』などがそうである。「万国史」と称してはいないが、福沢諭吉『文明論之概略』に示された歴史も、これに類した。

一八八〇年代になると、こういう西欧崇拝の文明史的「万国史」が支配的となる。フリーマン、スウィントンのような人種主義的な万国史でも、文明史的である限りで、受け入れられ、植田栄訳『須因頓氏(スイントン) 万国史』、関藤成緒訳『弗氏万国史要』などが広く読まれた。なかでもこの文明史的万国史の典型は、天野為之『万国歴史』である。これは、「西洋の文明」に比し、「悲しいかな東洋の文化、東洋の人民は、世界全体の大運動には秋毫も関係を有せずして、万国歴史上にその名を留むるだけの功績あらざるを如何せん」としていた。まさに西欧崇拝であり、脱亜なのであった［南塚、二〇一六］［岡崎、二〇一六b］。

第Ⅲ章

帝国主義の時代

――世界史の中の日清・日露戦争

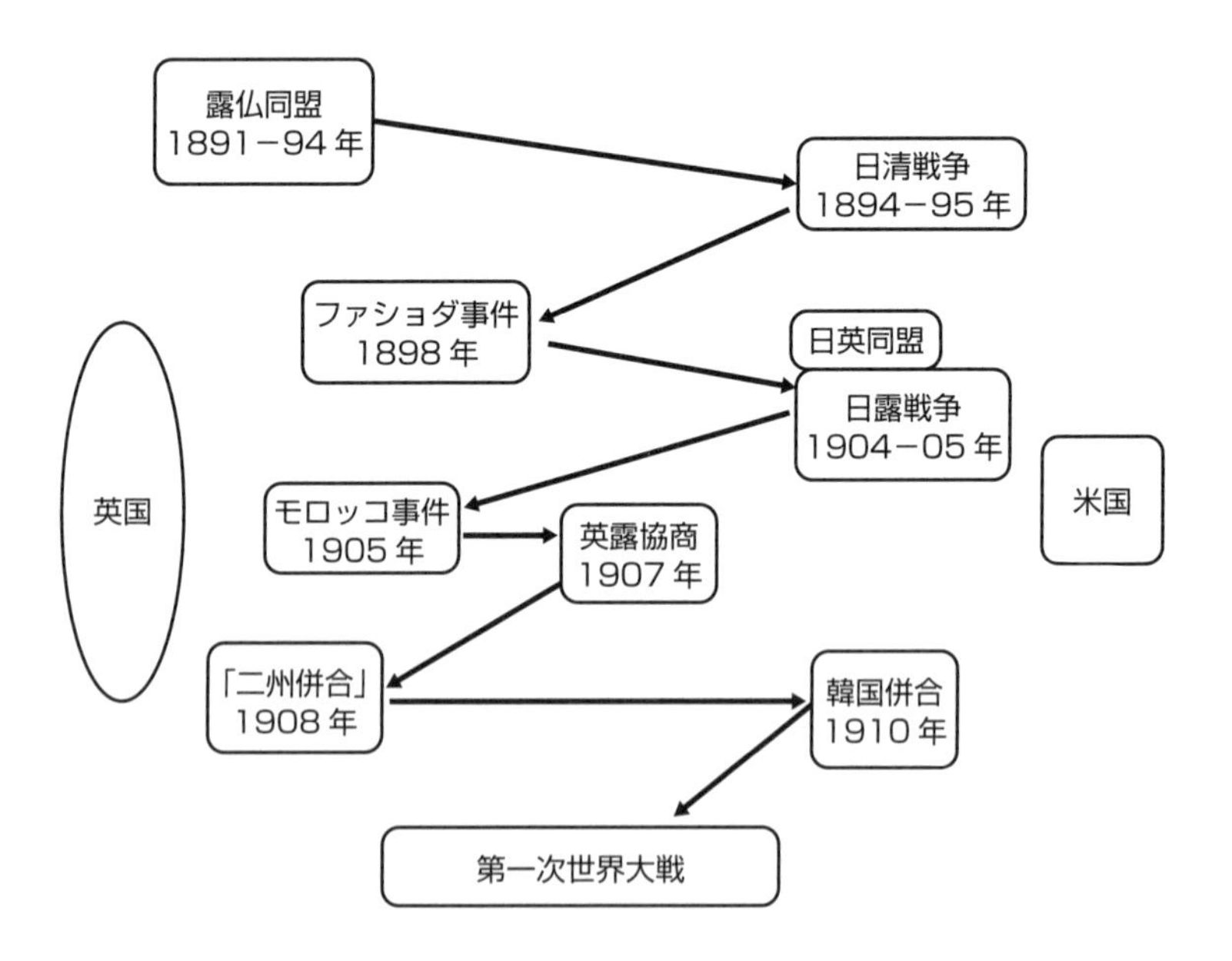
露仏同盟
1891−94年
日清戦争
1894−95年
ファショダ事件
1898年
日英同盟
日露戦争
1904−05年
英国
米国
モロッコ事件
1905年
英露協商
1907年
「二州併合」
1908年
韓国併合
1910年
第一次世界大戦

《本章のアウトライン》

一八九一年に露仏同盟ができて独墺伊の三国同盟と「栄光ある孤立」を守るイギリスの鼎立関係によるヨーロッパでの均衡が成立すると、緊張は折から日清戦争の勃発したアジアへ移動する。日清戦争ののち、仏独露の連携ができて、「極東はロシアへ、近東は独墺へ」の了解のもと、緊張関係は中東・アフリカへ移動する。とくにマフディー運動と南アフリカ戦争が焦点となる。中東・アフリカの緊張が英仏協商によって鎮静化されると、緊張は再びアジアへ回帰し、日露戦争となって現れる。これは米英と仏独という列強の代理戦争であった。この戦争が終結すると、緊張関係は地中海に移動し、モロッコ、バルカンが焦点となる。この緊張関係は英露協商によって解決されようとするが、むしろこれによって列強の世界的対立関係が明確になっていく。列強の対立関係の拮抗する中で生じたのがオーストリア＝ハンガリーがボスニア＝ヘルツェゴヴィナ二州を「併合」した事件であり、この二州併合の陰で起きたのが一九一〇年の韓国併合であった。アジアでの「第一次世界大戦」はここに始まっている。

一　ヨーロッパの「均衡」から日清戦争へ――緊張はアジアへ

1　露仏同盟とシベリア鉄道

ビスマルク時代の「勢力均衡」は、フランスを孤立させるために、ロシアをドイツに引き付けておくことによって維持されていた。しかし、一八八〇年代末までに事態は変化した。そもそもビスマルクの政策は、ドイツ国内では、土地所有貴族ユンカーと資本家階級との妥協の上に成り立っていて、双方の利害を満たしている限りで、維持されるものであった。しかし、皮肉なことに、ビスマルクの「平和」外交によって、ドイツの資本主義が飛躍的に発展し、ロシアへの資本的進出が拡大したことによって、ロシアの産業や交通通信面での発展がもたらされたことは、資本家階級へのユンカー層の不満を呼び起こした。折からの世界的な農業恐慌(一八七五―九五年)の中で、ロシアの農業輸出からうけた打撃も、ユンカーの反露観を増大した。それは、軍部にも反映し、ユンカーと軍部のビスマルクへの不満となった。同時に、中産階級からも、ロシアへの投資は国内を犠牲にした投資であるとの不満を招いた。この結果、一八八七年には、ビスマルクは、ロシアからのさらなる投資の要求に応えられず、ロシアが資本を求めてフランスに接近することを許さざるをえなくなった。このような中で、とりわけ社会主義政党への政策をめぐって、新皇帝ヴィルヘルム二世との対立が進んで、ビスマルクは退陣したのである。ドイツはこのあと「新コース」のもとで「世界政策」に向かって進むことになった〔江口、一九七五、八〇―八一頁〕。

ドイツを離れたロシアは、フランスに接近した。フランスはロシアへの投資を受け入れ、露仏の間に、一八九一年八月に政治協定、一八九二年に秘密軍事協定が結ばれ、一八九四年までに批准されて露仏同盟が成立した。この露仏同盟は露仏の対等な立場での同盟ではなかった。かねてから江口朴郎によって指摘されているとおり、露仏同盟の意味は、当時の最新の金融資本国フランスが、極めて前近代的なツァーリのロシアと手を結び、ロシアのフランスへの金融的従属を構造化したことによって、前近代的なツァリーズムに近代的な存在意義を与えたことであった。それは、君主同盟的な独墺伊の三国同盟とは違い、帝国主義的な軍事同盟であった。この同盟によって、ロシアの軍事力が国際関係のうえで重要な意味を持つことになるが、しかしそれは、国内的には「飢餓状態」の農民を支配するきわめて危うい体制の上に成り立っているものであった〔世界史史料6、二八九頁〕〔江口、一九六九、四〇―四一、四四頁〕。この時期にはこういう体制が世界各地に見られることになる。

一方、露仏同盟によって三国同盟には新しい意味が与えられた。ビスマルクは墺露両国と同盟し、両国互いに牽制させて全欧州の平和を維持しようとしたが、今やロシアが離反して、「三国同盟は現実に露仏と対抗する性質のものとなり、ここに初めて独墺間の絆が断ち切ることのできないものとなった」〔江口他、一九四九、一〇頁〕。ドイツは否応なくバルカンから「東方」に利害関係をもたざるを得なくなり、ドイツとオーストリア＝ハンガリーとの関係も、帝国主義的なものに変質していった〔南塚、二〇一二b、一一六―一一七頁〕。その意味は後から現れるが、当面は、露仏同盟によって、三国同盟と「光栄ある孤立」を守るイギリスとの鼎立関係が成立し、ヨーロッパの国際関係における一種の「手づまり」の状態が生まれたことが重要であった。この状況の中では、ヨーロッパでの具体的な対立は大戦につながる恐れがあったから、具体的な対立は、ヨーロッパ以外の地域において展開されざるをえなかった[江口、一九六九、四五―四六頁]。

ビスマルクの失脚後、独露関係はやや悪化したが、それでもドイツはロシアとの軍事的衝突は望まなかった。むしろ、独露関係は、ロシアの東アジア進出をめぐって友好的でありさえした。ドイツは依然として、ロシアがヨーロッパから関心を他へ向けてくれることに最大の利益を見出していた。それはビスマルク以来の政策であった。露仏同盟はすぐには具体的な外交上の意味は持たなかったのである。また、イギリスは、大陸に対して一八八七年の地中海協商以上のコミットはする意図はなく、バルカンはさておき「東」での利益が守られることをのみ狙っていた。こうしてヨーロッパ以外に利害対立は求められることになった。

改めて考えるならば、新たな焦点は、東アジア、中近東、アフリカのいずれかでありえたが、折から勃発した戦争がその地域を定めることになった。それは、現地の権力が民衆の運動に揺さぶられているところであった。それが朝鮮をめぐる戦争であった。だが、焦点が東アジアに移動するには、シベリア鉄道の意義が重要であった。

ロシアにおいて、ヨーロッパ・ロシアと極東ロシアとを結ぶ鉄道の建設はすでに一八八五年から計画されていたが、イギリスが南満洲の鉄道の調査を行ったという情報を得て、それに対抗すべく、一八九一年三月にシベリア鉄道の建設が宣言された。そして、訪日中の皇太子ニコライが大津事件に遭遇し、予定を切り上げて帰国する途上の五月、ウラジヴォストークで起工式に臨んだのだった。これは、フランスからの借款の見通しが立ったうえでの着工であり、八月には、露仏同盟が締結されることになったのである。シベリア鉄道は一八九二年にウィッテが大蔵大臣になってから促進され、フランスの借款が確実になると、一挙に具体化したのであった[和田、二〇〇九、七九—八〇、九五—九六頁]。

このシベリア鉄道建設は、「イギリスとの世界規模での対抗の重要な一石であった」。ロシアと長年「グレート・ゲーム」を戦ってきていたイギリスはこれに強い警戒心を抱いた。ロシアは、すでに一八八八年に南部に向かうカスピ海鉄道を完成させて、トルクメニスタンの綿花の輸入を容易にして、イギリスが支配するインドを脅かしていた。それに加えて、今度は東へ向けたシベリア鉄道の建設により、イギリスのアジアでの利益は東西から脅かされることになったのである。ウィッテは、フランスから資金を入れ、ドイツから機械を買い、アジアに向けて長大なシベリア鉄道を建設することによって、ロシアの工業化を促進した[和田編、二〇〇二、二四八—二五〇頁][Sergeev, 2013, p. 278]。日本との関係では、ロシアによるシベリア鉄道の建設によって、イギリスの対日政策が変化した。一八八八年から日英間で再開されていた条約改正交渉において、一八九〇年から九一年にかけて、イギリスの態度が急変し、条約改正に好意的になったのである[BPP, Japan 3, pp. 295, 350]。だが、日本は何よりもこの鉄道によって、ロシアがアジアへ巨大な陸軍を派遣できることを警戒し、朝鮮の独立が脅かされることを恐れた[原田、二〇〇七、二六—二八頁]。

2　日清戦争とその世界的影響

東アジアでは、おりしも一八九四年二月から、東学の乱（甲午農民戦争）が朝鮮を揺り動かし、朝鮮政府は清国に援助を求めた。これを受けて出兵した清国と日本のあいだの戦争が日清戦争（一八九四―九五年）であった。これは農民戦争という民衆運動への李朝の対応能力不足に日清がつけ込んだものであった。陸奥宗光の『蹇蹇録』にあるように、日本政府は東学に強い関心を持っていた（『日本外交文書』は一八九三年から東学についての史料を収録している）。

甲午農民戦争は、一八七五年に開国したのちの資本主義の浸透に伴う朝鮮民衆の貧困化と、地方官の腐敗に対する農民の反乱で、それは東学の異端派を代表する全琫準に指導されていて、「斥倭洋」や「輔国安民」を掲げ、一君万民の体制をめざしていた。この農民運動は、独自の自治組織や政治制度も育てた強力な運動であって、李朝はこれに対応する能力がほとんどなかった〔趙、二〇一一、九四―一〇九、一二〇頁〕。江口は、露仏同盟成立後、欧米諸国の関心が東アジアに集中する中で、李氏朝鮮に対して繰り広げられたこの東学の乱は、排外的・非近代的な性格を持っていたとしても、それはその世界史の条件の中で余儀なくされたものであり、そういう意味で、その後のアジア、アフリカ民族運動の原型を示したものだと位置づけている〔江口、一九六九、五三頁〕。

さて、一八九四年二月に全琫準に率いられて始まった農民戦争は、五月三一日には農民軍が全州に入城した。これに対して六月三日に、閔氏政権は清国に支援依頼をしたが、これが日清両国の介入を招くことになった。六月五日に清国は軍艦を派遣し、続いて陸軍も送り込んだ。これに対して、日本も九日には軍隊を朝鮮に送り込み始めた。天津条約での「事前通告」規定に沿った動きであった。だが、朝鮮政府と日清のやりとりが行われている間に、農民軍は六月一〇日に朝鮮政府と全州和約を結び、両者の和がなった。ところが、日本と清国は、全州和約によって介入の根拠はなくなったにもかかわらず介入を続けた。ここで外相陸奥は日清が共同で李朝に内政改革を要求することを提案、清国が拒否すると、七月一〇日に、単独で内政改革案を朝鮮に突きつけた。ここで列強の態度が問われたが、折から七月一六日に、イギリスが日英通商航海条約を締結し、不平等条約の部分的な改定に応じたことは、日本を勇気付けた〔原田、二〇〇七、二八—二九頁〕。イギリスが日本の朝鮮進出に反対しないということが暗に示されたのである。かくて、日本は七月二〇日に朝鮮に対して清国との宗属関係の破棄や清国軍の撤退などを求める最後通牒を突きつけ、七月二三日には日本軍が朝鮮兵を武装解除し、王宮を制圧した。王宮を制圧した日本は、高宗に代えて大院君のもとに新政権を立て、改革実行をせまるとともに、清国軍の撤退を要求させた。七月二五日に日清間の軍事衝突が起こり、八月一日に日清両国が宣戦を布告した〈日清戦争〉。日本は「独立国」である朝鮮を清国から守るために宣戦布告したのだとした〔同前、六〇—六八頁〕〔和田編、二〇〇二、一三一頁〕。

戦争開始前、日清は李朝に内政改革を要求していたが、開戦するや、大院君のもとにできた開化派政権は、日清の戦争中に甲午改革を実施した。それは、甲午農民戦争に示された農民の諸要求に対して、国政全般にわたる「近代的」改革によって応えようとするものであって、行政・警察・財政の改革、科挙の廃止、身分の廃止などにおよぶ広範なものであった。朝鮮においては、農民戦争の圧力のもとでようやく一八九〇年代にこうした「近代的」改革が導入されようとしていたのである。だがこれも、財政難や日本の「干渉」のために、円滑には実現しなかった〔糟谷、一九九九、一八五―一八六頁〕〔趙編、二〇一二、一〇四―一二〇頁〕。

さて、日清両国はなぜ戦争をしたのだろうか。まず、清国は、なぜ出兵し、戦争に入ったのか。六月三日に朝鮮政府から書面で正式に援軍の申し入れを受けた清朝の袁世凱は、旧来の清朝と朝鮮の間の「属邦を保護する」旧例に則って、朝鮮を軍事的に保護するとして、軍隊を派遣した。加えてかれは、政府と議会の対立が続く日本には朝鮮に出兵してくる余裕はないと判断していた〔岡本、二〇〇八、一四八―一四九頁〕。洋務運動によって陸海軍を増強した中国は、この時期までに李鴻章のもとで東洋一の北洋艦隊を保有するに至っていたので、軍事的にも自信を持っていた。だが、清朝内部では、「避戦自保」の姿勢を取り、英露米など列強の圧力によって日本を朝鮮から撤退させようとする李鴻章やその背後の西太后と、主戦論を掲げる光緒帝とその重臣らとの間に、不一致があった〔高橋、一九九五、二七九―二八〇頁〕。ここに中国指導者の国際的感覚の遅れがあったかもしれない。川島真は、この戦争は清にとって予期せざる戦争であったかもしれない、と言っている〔川島、二〇一〇a、四二頁〕。だが、日本にとってはそうではなかった。

一八九〇年に入ると、日本では憲法に基づく帝国議会が開かれ、議員選挙が行われ、いわばヨーロッパ的な立憲制の要素である議会と政党が「土着化」するかどうかが問われていた。「世界史の一こま」として、アジアでの立憲制の成否が問われていたのだった〔原田、二〇〇七、三頁〕。だが、現実には、伊藤や陸奥らの「元勲級」政治家が「事実上の権力」として政治を動かしていて、政党の力はまだ十分ではなかった。その様子は、たとえばドイツやオーストリア゠ハンガリーの当時の政治と大きな差はなかったであろう。そのような日本の権力者にとって、清国との戦争は国内統合の重要な契機であった。

その伊藤や陸奥らの情勢判断はどうだったろうか。陸奥『蹇蹇録』が示すように、当時の日本の指導層はロシア、イギリスらの利害と動きを的確に判断していた。ロシアは日清の軍事衝突を望まないとしたが、介入しそうにはなかった。イギリスも「東洋の平和を攪乱せざることを切望し居たるもののごとし」と判断された［陸奥、一九三三、六七―六八頁］。つまり陸奥はロシアもイギリスも介入してこないと読んだのである。こういう判断のもとに日本は開戦した［江口、一九七五、三五頁］。そのさい、日本は、清朝と朝鮮の「属邦保護」関係を崩すために、「権力平均」という原理を掲げて、清国との戦争に入った［岡本、二〇〇八、一五〇―一五二頁］。すでに箕作『万国新史』は、「各国均勢の法」という概念を取り入れていたが、「権力平均」は当時の世界の「勢力均衡」の論理にほかならなかった。

加えて、日本の朝鮮に対する支配策を見るとき、陸奥らの国際感覚の広さを知ることができる。日本は朝鮮をいかなる国際的な地位に位置づけていたか。これについては、陸奥が一八九四年八月の閣議に提示した四つの案が参考になる。それは、朝鮮を完全な独立国として自治に任せ一切干渉しない甲案、名義上の独立国として日本が直接間接に保護する乙案、朝鮮の安全を日清両国が担保する丙案、ベルギー、スイスのような中立国にする丁案であった［日本外交文書27―1、六四六―六四九頁］［岡本、二〇〇八、一五九―一六〇頁］。結局、日本は乙案を採用するのであるが、ここで問題にしたいのは、甲案から丁案までのいずれも、その当時の帝国主義の世界における植民地政策をよく学んだものであるということである。日本は世界史の「傾向」を学び取り、それを東アジア関係に「土着化」させようとしたのだった。

戦争に勝利した日本は、伊藤博文と李鴻章の間で結ばれた一八九五年四月の下関条約によって、朝鮮が「完全無欠の独立自主国」であることを清国に認めさせた。また、遼東半島、台湾全島、澎湖諸島を割譲させ、杭州、蘇州などの開港とそこでの製造業経営権を認めさせ、多額の賠償金を手に入れた〔日本外交文書28-2、三六八―三六九頁〕。この下関条約は、清仏戦争後の天津条約に比して「あまりにも強奪的」であり、「日清戦争は東アジアにおける帝国主義の新時代を開くものであった」〔和田、二〇一〇b、四頁〕。

ここで重要なのは、朝鮮が「完全無欠の独立自主国」であることを清国に認めさせたことにより、最後まで残った清国と朝鮮のあいだの宗属関係が消滅し、清の対外関係は条約に基づく関係に一元化されることになったということである〔糟谷、一九九二、二四五―二四六頁〕〔川島、二〇一〇a、四一―四二頁〕。東アジアの国家間関係はすべて、欧米的な条約関係によって規定されることになった。東アジア地域全体が個々の国家ごとに近代世界に組み込まれたのである〔高橋、一九九五、二八一―二八二頁〕。東アジア諸国は清朝との宗属関係の拘束を受けることなく東アジアに進出することができるようになった。いわば、一九世紀世界の国際関係の「傾向」が、日清戦争を通じて東アジアに「土着化」されたのであった。

さて、この戦争によって、清朝がもはや「眠れる獅子」ではないことが世界に示されたことは、ヨーロッパでの「勢力均衡」にともなって、対外進出の新たな出口を探していた西欧列強にとって重要なことであった。とりわけロシアはドイツに後押しされて積極的な進出を開始した。露独をはじめ列強の目がふたたびアジアに向けられた。

3 「三国干渉」と「バルカン化」

日清戦争後の下関条約の案文を知るや、ドイツが率先して疑義を唱え、ロシア、フランスを誘って「三国干渉」を行った。一八九五年四月二三日、ドイツ、ロシア、フランスの駐日公使がそれぞれ「覚書」を持って外務省を訪れ、遼東半島を日本が領有することは、中国の首都を危険にし、朝鮮の独立を「有名無実」にするがゆえに、遼東半島を返還するように要求した。日本は英米などの意向を調査し、とくにイギリスが日本を援助する意向のないことを確認したうえで、四月三〇日に遼東半島の返還を認め、五月一三日に条約を修正の上、批准した〔日本外交文書28-2、一五―六七、四六一頁〕〔原田、二〇〇七、一八六―一九一頁〕。日本では、陸奥ら政府筋はこの国際情勢の現実を認識していたが、国民はこの三国干渉を屈辱ととらえ、この気分を基礎に、日本はこれ以後、軍事増強の道を進むことになった〔宮地、一九八七、九〇―九六頁〕。

三国干渉におけるドイツ、ロシアの協働は、露仏同盟の成立後の国際関係において、ドイツがロシアの関心を東アジアに転換させる必要があることから来ている。ロシアが東アジアに関心を強めている間に、のちに見るようにドイツはバグダード鉄道を中心とする東方政策を推し進めた。「極東はロシアへ、近東は独墺へ」〔江口他、一九四九、二四頁〕という反イギリス的妥協が成立することになったのである。一八九四年からしばらくドイツは親露、反英の姿勢を取ったのである〔江口、一九七五、一三一―一三三頁〕。露仏同盟は当面はまだ反独色を出してはいなかった。三国干渉はそういう国際関係の産物であった。

三国干渉後の東アジアをめぐる列強の動きは、英露の「グレート・ゲーム」の一環として考えることができる。三国干渉によって日本に遼東半島を返還させたロシアは、シベリア鉄道がバイカル湖に達した一八九六年の六月、李鴻章と露清密約をむすび、日本を念頭にした軍事的協力のほか、満洲を横断する東清鉄道の敷設権を、鉄道付属地の行政権などとともに獲得した。前年にフランス資本を得て設立された露清銀行が参加して、東清鉄道株式会社が露清合弁で設立された。ロシアは、日清戦争で示された日本の軍事力に危機感を抱く一方、イギリスとの「グレート・ゲーム」に力を向けなくてはならなくなっていたから、中国との関係調整が大切だった。朝鮮に積極的に進出はできず、日本を念頭に置かねばならない中で、中露関係を緊密化させたのである。中国のがわでも、「ロシアと結び、日本を拒絶する」という方針をとっていた〔世界史史料9、一三五―一三六頁〕〔Sergeev, 2013, p. 283〕〔和田編、二〇〇二、二二八―二二九頁〕。

イギリスから見ると、ロシアによるシベリア鉄道の建設は大きな脅威を意味した。トルキスタンとパミールの中国国境をおびやかし、チベットを蚕食し、満洲と朝鮮を狙い、容易に中国に近づけるようになるシベリア鉄道を建設するロシアは、東アジアにおけるイギリスの利権を大いに脅かすものであった。イギリスは、東アジアでロシア、フランス、ドイツ、中国の対立に直面し、孤立状態にあった。しかし、ロシアが東アジアに出てくれることは、ロシアがアフガニスタン、ペルシア、トルコに出てくる懸念を低めてくれるし、フランスがヨーロッパなどにおいてロシアのバックアップを期待することもなくなるので、イギリスにとっては、好ましいことでもあった[Sergeev, 2013, pp. 278, 284, 287-288]。

こうして、「極東はロシアへ、近東は独墺へ」という反英的妥協のもとで、東アジアにおける列強間の関係は、手詰まり状態のなかにおかれた。

日清戦争後、東アジア諸国の関係はどうであったか。三国干渉によって、日本の中国大陸への野心は抑止され、日本はその後数年間、軍事力を強化するとともに、すでに確保した台湾と朝鮮の開発に力を入れることになり、外交的にも日清戦争以前の慎重な姿勢にもどった。しかし、強固な中央集権体制を作った日本の周辺には、「バルカン化」というべき国際関係が生み出されていった。

一八九五年、台湾は住民の激しい抵抗の末に日本が初めて領有する植民地となり、日本は東アジアで最初の植民地帝国となった[小島、一九九五、一五〇頁]。日本は台湾を憲法が適用されない特殊な法域として本土から切り離して、「総督」をおいてこれを統治し、これ以後、台湾は中国本土とは異なった歴史を歩むことになった[川島、二〇一〇a、四三頁]。すでに中国から切り離して本土に編入した琉球と合わせて、日本帝国の領域は拡大していった。この後、「北海道旧土人保護法」(一八九九年)がアイヌ民族の土地についての権利を剝奪し、その社会を変質させていくのもその過程の一環である[井上、二〇一〇、二二九―二三〇頁]。アイヌ社会、琉球、台湾、そして朝鮮という植民地ができつつあった。

ところで、この台湾に置かれた「総督」という制度であるが、これは「ガヴァナー・ジェネラル」

の邦訳であろう。これはどこから取り込まれたのであろうか。日本の周辺で言えば、オランダがすでに一六一九年以来オランダ領東インド(インドネシア)に置いたものであり、フィリピンでも一五六五年以来、スペインが設置していたものであった。インドでは一七七三年にベンガル総督が置かれ、一八三三年にそれがインド総督に格上げされていた。フランスは仏領インドシナにおいて一八八七年から総督をおいていた。このように、日本ははじめての「植民地」を統治するために、世界史の「動向」を取り入れているのである。

つぎに、朝鮮はどうか。日清戦争では、朝鮮は、清国と日本がいわば「勝手に」入ってきて、お互いに戦い、支配権を争う場となった。そして戦後は、「完全無欠の独立」を保障されたはずの朝鮮が日本とロシアの争いの場になることになった。日本は当面、ロシアの進出の前に、朝鮮の保護国化はもちろんその「特殊利権」をロシアに認めさせることもできなかった。戦後、三国干渉によって日本の威信が後退したのを受けて、国王高宗と閔妃はロシアに依頼しつつ日本の干渉を押し戻そうとした。そこで一八九五年一〇月、日本の対外強硬派は三浦梧楼公使主導のもと閔妃を殺害するクーデタを起こし、高宗はロシア公使館に保護された。このクーデタ事件は、日本の朝鮮進出をさらに難しくし、日本が朝鮮での影響力と利益を確保するには、満洲から朝鮮へと進出するロシアと協調するしかなくなった。その動きが、一八九六年五月にモスクワを訪れた山県有朋が示した、朝鮮を日露が南北に分割するという案である。だが、これはロシアに受け入れられなかった[和田編、二〇〇二、二三一頁]。このような日露の画策の進む中、一八九七年一〇月、朝鮮の高宗は、日露に対抗して国家の権威を高めるため、国号を「大韓帝国」と改め、みずから皇帝と称した[川島、二〇一〇a、三八頁][趙、二〇一〇、一五七頁〕。これは、前年に設立された自主独立・立憲政治を求める民族団体である独立協会の要請などを受けたものであったが、これにより韓国は清国と同じく皇帝を擁する国家となったのである〔小島、一九九五、一五二頁〕〔糟谷、一九九九、一八九―一九〇頁〕。

最後に、清国について考えるならば、日清戦争は「清の威信に大きな影響を与えた」。中国国内では「救国」意識が高まり、一八九五年四月に日本から講和条件が提示されたころから、康有為らの「変法運動」が始まった。「変法」は、政体を保存して西洋の技術のみを取り入れようとした洋務運動の限界を踏まえて、政体自身の改良すなわち日本のような立憲君主制と議会制を取り入れた西洋化を目指すものであった。対外的には清朝は日清戦争後も「ロシアと結び、日本を拒絶する」という方針を堅持していた。そして一八九六年六月には露清密約を結び、日本に備えて相互援助を約した。だが下関条約で多額の賠償金を課されて、ロシア以外に英独仏からも巨額の借款を受けることになり、その見返りとして列強に租借地、鉄道、鉱山利権、内地旅行権などを与えた。ここにアフリカ以来の「実効支配」の論理による静かな侵略が進むのである。その中で政権も民衆の社会も動揺を余儀なくされた〔小島、一九九五、一五三頁〕。そして、一八九八年には変法に反対する西太后、袁世凱らの巻き返し（戊戌政変）が成功することになった〔高橋、一九九五、二八七―二八八頁〕。

考えてみると、日清戦争後、東アジアの中国を中心とする冊封・宗属関係は崩壊し、近代的な国際関係が東アジアを支配するようになった。そのとたんに東アジアの「バルカン化」は構造化した。列強に対してそろって対抗すべきはずの日本、中国、朝鮮の間で、日本が、ロシアと接近した清と張り合いつつ、朝鮮に進出し、さらに台湾、アイヌを支配するという構造が出来上がったのである〔川島、二〇一〇a、一八頁]。

こういう東アジアの情勢は当然列強間の対立、民衆からの抵抗を招かざるを得ないが、その対立と抵抗が顕在化し、東アジアでの争いが再発するのは、アフリカでの列強の利害が調整されてからであった。この間、このアフリカでは、新たに「世界政策」に乗り出したドイツの進出が加わって、複雑な緊張が高まっていたのである。

二　南アフリカ戦争から義和団戦争まで——緊張はアフリカから東アジアへ

1　ファショダ事件と南アフリカ戦争

ビスマルクを退けて親政を始めたドイツのヴィルヘルム二世は、一八九七年、フォン・ビューローを外相(一九〇〇年に宰相)に任じ、それから積極的な「新コース」路線を打ち出した。それは対外的には「世界政策」として展開された。そのターゲットの一つはアフリカであり、二つは中国で、三つは南洋諸島であった[Townsend, 1930, pp. 176–182]。

そのうち、国際関係のうえで、大きな焦点となったのが、アフリカであった。そこでは、英仏を中心とし、そこにドイツが加わった列強の支配の拡大と相互の対立、その列強への民衆の抵抗運動が起きたのだった。一八八四—八五年に開かれた西アフリカ・ベルリン会議以降、列強による「アフリカ分割」は急速に進んだが、それは住民の抵抗を抑えながら進行したものであった[Oliver and Atmore, 2004, p. 131]。一八九〇年代には、ちょうど東アジアと同じく、民衆を犠牲にしたうえで、列強同士の争いがアフリカにおいて展開するのである。

まずフランスが西アフリカの分割を進めた。一八九三年までに、象牙海岸、ギニアを植民地とし、同年にはダホメ(ベニン)をそれに加えて、セネガル川流域を支配していった。内陸では、フランスはサモリのイスラーム国家と衝突し、一八九一年にその首都を落としたが、長い戦いを経てようやく一八九八年にサモリを最終的に敗北させた。その間にフランスはニジェール川を下って、ティムブクツなどを占領し、さらに中部スーダンに出てラービフの国と戦うことになった[Ibid., pp. 131, 135]。

これに対して、イギリスも西アフリカで植民地を拡大し、黄金海岸の確保のためにアシャンティと戦争をして、これに一八九六年に勝利した。さらにナイジェリアの支配も、王立ナイジェリア会社との連携で進められ、一九〇〇年に完成した[Ibid., pp. 134-135]。一方、スーダンでは、一八八五年にマフディーが死んだあと、その後継者アブド＝アッラーヒがイギリス、エジプトに抵抗しつつ国家を建設・維持していた。だが、一八九六年には、アラブ世界で軍歴を重ねてきたイギリス軍人キッチナーに率いられた駐エジプト・イギリス軍がスーダンに入り、マフディー国家は一八九八年九月に首都オムドゥルマンでの戦いに敗れ、アブド＝アッラーヒらは南スーダンへ逃れた。かれの最終的な鎮圧は一八九九年一一月のことであったが、西部のマフディー運動の指導者ウスマーン＝ディグナの抵抗は一九〇〇年一月に鎮圧された。こうしてイギリスはスーダンを占領したのであった[Ibid., p. 136]。

マフディー運動の残党を追って南スーダンに進んだイギリスは、ニジェール川に沿って東へと進みつつあったフランスとぶつかることになった。つまり、英仏はアフリカ各地の抵抗を抑えつつ分割を進めてきて、ここにぶつかったのである。一八九八年九月、イギリス軍とフランス軍はスーダンのファショダにおいて対峙し、両国はあわや戦争かという瀬戸際に立った。これは、戦争にいたらず、翌年三月の協定で妥協をみ、これによって、アフリカでの二大強国の利害が調整された［吉田、一九七八、六六―六七頁］。

英仏が妥協せざるをえなかった理由を問うならば、たしかに、東アジアでの三国干渉に見られたような独墺露の妥協への対抗ということが、重要であった。と同時に、英仏は民衆の抵抗運動にも対応しなければならなかった。イギリスにとって、マフディーの鎮圧は長期の仕事であり、フランスの場合も、西アフリカのサモリ帝国の制圧やナイジェリアの支配には時間がかかった［宮本・松田編、一九九七、四一五―四一六頁］。英仏が戦争をするゆとりはなかったのである。さらにイギリスの場合、南アフリカの問題があった。

南アフリカでは、前述の通り、「バントゥー」系住民をブール人勢力とイギリス、そしてドイツが、いかに支配するかという問題が展開していた。一八八九年にイギリス南アフリカ会社の特許状を得て、翌九〇年にケープ植民地の首相となったセシル・ローズは、一八九五年、ンデベレ（マタベレ）の酋長の反乱を抑え、反乱の最後の拠点となったンデベレ・ショナ両地域を合わせてローデシアを建設し、鉱山開発をするとともに、トランスヴァール共和国へ圧力をかけた。このローデシアでのイギリス南アフリカ会社による住民抑圧への抵抗は一八九六年に再燃し、第二次ンデベレ戦争（一八九六―九七年）とも呼ばれる闘争に発展した。これは、伝統的預言者スビキロに導かれたチムレンガ（武装抵抗）であった。こういう原住民の抵抗を抑えつけたうえで、ドイツ資本の進出するブール人共和国に対するイギリスの干渉と侵略が開始されたのだった[世界史史料8、三三一—三三五頁][板垣、一九九二、六四—六五頁][宮本・松田編、一九九七、四〇四—四〇五頁]。

それはドイツ政府の動きを引き起こさずにはいられなかった。地中海協商以後ビスマルクの作った英独「蜜月期」は、一八九三年ごろから崩れ始めていた。それは、イギリスが、ドイツ領南西アフリカでの大規模な原住民反乱を間接的に後押ししたり、ナミビアの港へのドイツの武器荷揚げに反対したりした一方、ドイツが、イギリスのエジプトでの難局に理解を示さず、スーダンの一部とコンゴの一部の領土交換を約した一八九四年のイギリス＝ベルギー条約に反対したりしたためであった。そして、一八九五—九六年には、ドイツは、東アフリカのモザンビークに軍艦を派遣し、ケープ植民地首相のセシル・ローズがトランスヴァール共和国政府の転覆を図った活動に抗議し、トランスヴァール大統領のクルーガーに「国の独立を守った」ことへのヴィルヘルム二世の祝電を送って、イギリスとの対立を深めた。ヴィルヘルム二世はさらに、一八九七年には、トランスヴァールの保護領を作る意図さえ表明していた。これは、ドイツ資本の南アフリカへの進出を反映したものであった[Townsend, 1930, pp. 183-185][Conrad, 2012, p. 64]。

ブール人地域へのドイツの介入を一段落させたのが、一八九八年八月に結ばれた英独条約であった。これはポルトガルが、財政的理由からその植民地を抵当に入れなければならない場合には、英独はポルトガル植民地のアンゴラとモザンビークを、それぞれの勢力圏に分割することを約した協定であった。もっともこれは現実には起こらなかったが、英独の融和を具体化したものであった[Ibid., p. 190]。

こうして、イギリスはドイツからの介入を予防したうえで、ブール人との戦争の体制を整えた。
一八九九年一〇月、ブール人の国であるオレンジ自由国とトランスヴァール共和国を相手にイギリスが戦う南アフリカ戦争(第二次ブール戦争)が勃発した。ブール人によるゲリラ戦のためにイギリスは苦戦を強いられ、長期化する戦争に四五万人とも言われる軍隊を投入することになった。イギリスとしては、インド、スエズなどに大量の軍事力を配備している上に、南アフリカに大量の兵力を配することになったのである。ここにはインド兵も送られた。一九〇〇年九月に勝敗は決着したが、その後もブール人によるゲリラ戦が続き、講和条約が結ばれるのは、一九〇二年五月になってからであった[Oliver and Atmore, 2004, pp. 143-145][秋田編、二〇〇四、一七四—一七六、二三八頁][高桑、一九一〇、一一四一頁]。

イギリス国内では、多くの戦死者や膨大な戦費のゆえに、ジョゼフ・チェンバレン植民地相らは批判を受けた。経済学者J・A・ホブスンのように『帝国主義論』(一九〇二年)を著してイギリス国内の政治・経済・社会の在り方やアジアへの態度に批判を投げかける動きもあった。国際的にも、イギリスのあからさまで身勝手な帝国主義は、一九〇二年六月に更新された独墺伊の三国同盟からはもちろん、フランス、ロシアからも批判を受け、さらに米西戦争中のアメリカの世論からも批判された[佐々木・木畑編、二〇〇五、八五—八六頁]。

この南アフリカの戦争は、国際関係の問題としては、アフガニスタンでロシアの浸透を許し、このあとに起こる東アジアでの列強の対立にイギリスが本腰で取り組めない状況を作りだしたことに大きな意義があった。とりわけイギリスは、南アフリカでの戦争中、中国をめぐる問題にはほとんど注意を払う余裕は持てなかった[同前、八六頁]。アフリカで緊張関係が高まっている間、東アジアや西インドや太平洋では、列強の静かな侵略が進み、それが現地の社会と権力を動揺させ、次の問題を引き起こすことになった。英仏のファショダでの妥協と南アフリカでの英独の妥協は他の地域での緊張につながった。その地域は、現地の権力が民衆運動に揺さぶられている東アジアであった。そして、南アフリカでのイギリスの苦戦は、東アジアへのイギリスの関与の仕方を決めていくのである。

2　「中国分割」と義和団戦争

英仏がアフリカ問題に足をとられている間に、他の列強のアジアへの帝国主義的進出は急速に進んだ。とくに中国は、三国干渉で恩を売られたロシアとドイツを中心とする列強の分割の対象となり、国内に深刻な問題を蓄積して、一八九八―一九〇〇年の「義和団」の乱を生み出した。この事件はさっそく列強の大規模な介入を招くことになった。きっかけはドイツの動きであった。

ロシアは、一八九〇年代後半、イギリスがアフリカに専念している間に、インドを狙いつつ、アジアに勢力を拡げる余地を得た。南アフリカ戦争で「中立」を守ったことに対して、イギリスからアフガニスタンなどで「代償」を得ようとしたが、それは得られなかった[Sergeev, 2013, p. 234]。だが、ロシアは、さきに見たように一八九六年に露清密約を結び、満洲での東清鉄道建設の権利を獲得していたので、それを足場に、満洲での経済的な利益の拡大を目指した。一八九七年一二月、ロシアは旅順港に強行入港し、一八九八年三月には、旅順と大連を租借し、ハルビンから大連までをつなぐ東清鉄道の南満洲支線の敷設権を得る条約を結んだのであった[Beasley, 1987, p. 70][和田編、二〇〇一、二五一―二五二頁]。

このロシアの動きは、ドイツが中国に租借地を要求したことに刺激されたものであった。ドイツは、ビスマルクの退任後、明確に、東アジアにおける海軍基地を求めてきた。そして、一八九七年一一月、ドイツ人宣教師殺害事件を口実に、山東省の膠州湾を占領し、翌九八年三月には、膠州湾租借条約を清との間に締結した。これによって、ドイツは、海軍基地だけでなく、鉄道敷設権や鉱山採掘権などによる内陸での広い経済的な勢力圏を獲得したのであった。これは中国内部での抗議運動を引き起こしたため、李鴻章はロシアの支援を求めた[世界史史料9、一三八―一三九頁][浅田、二〇一一、三一―六二頁][Sergeev, 2013, p. 292]。この時に、ロシアは、ドイツの了解のもとに、膠州湾ではなく旅順港に入港し、旅順・大連の租借を求めたのだった。ロシアは租借地における徴税権を得て、住民からの激しい抵抗を受けることになった[佐藤、二〇一〇、一八〇―一八一頁]。「条約港制度」を越えて、鉄道や鉱山の権利を求めて内陸に勢力圏を拡大する分割支配の方式は、西アフリカ・ベルリン会議で打ち立てられた「実効支配」の原則によるものであったが、いよいよ中国に持ち込まれ、「中国分割」が始まったのである[Beasley, 1987, p. 69]。

このロシアの動きに対して、日本は朝鮮での経済活動の優先権を得ることを目指した。一八九八年四月に日露間で西＝ローゼン協定が結ばれ、日露が韓国の独立を認め韓国に介入しないこと、軍事・財政顧問の指名には事前に相談すること、そして、ロシアは韓国での日本の経済活動の「発達を妨害せざる」こと、を含む妥協が実現した[和田編、二〇〇二、二八〇—二八二頁]。他方、日本は台湾を足場に福建を目指し、一八九八年には中国に福建を他の列強に譲ることはないとの約束をさせた[Beasley, 1987, p. 75]。

この露独日の動きに対して、イギリスの東アジア政策は遅れていた。イギリスは、アフリカ問題に没頭していて、東アジアでは孤立していた。イギリスは、西アフリカ・ベルリン会議のような国際会議を、東アジアについても開こうという提案をロシアに対して行ったが、ロシアは受け付けなかった[Sergeev, 2013, pp. 287, 289, 293]。しかし、ロシアに対抗する形で、イギリスは一八九八年六月に香港に隣接する九龍を租借し、七月には威海衛租借条約を結んだ。

一方、一八九九年にラオスを仏領インドシナに加えていたフランスは、ベトナムと一体化した華南勢力圏を作るため、イギリスの香港に対抗しうる港湾を清に求め、広州とは離れた広東省の西端の漁村に新たに「広州湾」という地域を作りだし、現地での激しい抵抗を圧して、一八九九年一一月に広州湾租借条約を結んだ。そしてこれも仏領インドシナに組み込んだ[石井・桜井編、一九九九、三一一頁][佐藤、二〇一〇、一八三—一八六頁]。従来英仏はその経済力、商業力によって、特定の勢力圏を囲い込むよりも、広く市場を開放させた方が有利と見ていたという理由もあるが、アフリカに専念していた英仏は、独露の積極策に対して、やや後れを取ったのであった[Beasley, 1987, p. 69]。こうして「中国分割」が進められた。

この間に、アメリカが、太平洋と東アジアに改めて関心を強めてきた。アメリカは、キューバのホセ・マルティらの反スペイン民衆運動による混乱を利用して開戦した一八九八年の米西戦争を経て、カリブ海から太平洋への進出を積極的に進めてきていた。一八九八年のスペインとの講和条約で、キューバの独立を承認させたほか、プエルトリコとグアムとフィリピンをスペインから割譲させた。その後一九〇一―〇二年にキューバを保護国化し、一九〇三年にはパナマ運河を手に入れ、太平洋への進出を強めていく。太平洋では、一八八七年に白人勢力によって王権を大幅に奪われていた立憲君主国のハワイにおいて、一八九三年に白人勢力が共和国を宣言していたが、米西戦争を機に、一八九八年にアメリカ自身がハワイを併合してしまった。さらに太平洋の西のフィリピンでは、一八九六年に起きた反スペイン独立革命が挫折したあと、米西戦争の中で革命勢力が再び蜂起していたが、戦争終結後の一八九九年からはアメリカに対して戦争を開始した。アメリカは一九〇一年に指導者のアギナルドを逮捕したものの、民衆の抵抗をひとまず鎮圧するのに一九〇二年までの三年をかけることになった[油井、二〇〇八、一〇三―一〇五頁][中野、二〇一〇、二二四―二二六頁]。

ハワイ、グアム、フィリピンの延長線上でアメリカは、中国市場への関心を強めた。一八九九年九月、アメリカの国務長官ジョン・ヘイは第一次門戸開放宣言を発し、中国における通商、航海の平等と機会均等を訴えた。これはイギリスの示唆をも受けたもので、とくにロシアとドイツの中国市場独占への批判を込めていた。イギリスとフランスは、自由市場論を掲げて、アメリカの政策を支持したのだった[Beasley, 1987, p. 70][中野、二〇一〇、二二七頁]。この門戸開放政策はけっして反帝国主義ではなく、「勢力圏」政策に対抗する戦略の一つであった[油井、二〇〇八、一一三頁]。

この米西戦争に関連してドイツが南洋に進出してきた。ドイツは、太平洋地域に石炭基地と海軍基地を求めていたが、米西戦争に乗じて、それを得ようと外交的な動きを展開した。一八七〇年代からアメリカと争っていたサモアについても、戦争後の一八九九年にサモアを東西に分割して米独で領有することになった。そして、また、米西戦争に際して中立を守ったことを材料にして、カロリン諸島、グアムを除くマリアナ諸島をスペインから獲得した。こうして、中国本土と南洋にドイツは世界政策の足場を得たのである[Townsend, 1930, pp. 192-197][中野、二〇一〇、一二〇—一二一頁]。

以上のような列強のアジア・太平洋への侵略は、列強間の対立こそ生まなかったが、ベトナムやフィリピンでは民衆からの抵抗を受けた。そして、最も大きな民衆蜂起が引き起こされたのは中国においてであった。

「中国分割」の間に、列強は租借地のほか、鉄道・鉱山利権を獲得して、港と居留地だけでなく、中国内部に入ってきて、それぞれに勢力圏を形成した。その列強の中国進出は、民衆社会に変質をもたらした。「外国文字を刻印した商品」や「洋式建築の教会」、そしてキリスト教も拡がって、地方にいたるまで人々の生活が揺るがされた。そのような列強の進出に反発したのが伝統的な反権力の排外的精神を持つ秘密結社義和団であった。義和団は太平天国とは違って反キリスト教的であった。義和団は、拳法を身につければ洋式鉄砲もはねのけるとする義和拳に始まるもので、「神仙」が「人間世界」を助け、「拳法」を操らせ、「鬼」ども(列強)を駆逐するのを容易にしてくれると人々に訴えた。義和団は、当初は「打富救貧」とともに「反清復明」を掲げていたが、日清戦争を経たこの時期には「扶清滅洋」を掲げていた。そして一八九八年五月に、義和団を公認した山東省から蜂起した。義和団は、キリスト教徒(教民)を殺害し、教会を破壊し、鉄道・通信線を切断して北京に迫った[世界史史料9、一五六頁][高橋、一九九五、二九〇—二九一頁]。清朝内では、西太后など保守派は、同じく排外的な義和団と連携する動きを見せる一方で、李鴻章など義和団に批判的な変法運動派は、外国との連携を主張して、意見が分裂した。その中で、一八九九年末にイギリス人牧師が殺害されると、翌年一月、英米仏独伊は義和団の鎮圧を清朝に迫った。五月に義和団の暴動が天津や北京で本格化すると、日露を含む列強は三〇〇人余りの軍隊を上陸させ、六月には、ロシアを中心とする列強八カ国が二〇〇〇人余りの国際部隊を編成して、天津を経て、義和団の大軍のいる北京に進軍した。これに対して、義和団を利用しようとしていた西太后派は、六月二一日に列強に対して宣戦を布告した［日本外交文書33、七六五頁］［和田編、二〇〇二、三二五―三二九頁］。

ここに始まった義和団戦争に際しては、イギリスは南アフリカ戦争のために、アメリカはフィリピンの反米独立戦争のために、大きな兵力を割くことができなかった。そして、ロシアを警戒するイギリスからの出兵の誘いを受けて、日本が、七月六日に大軍の派遣を決定した。これ以後、ロシア軍に代わって日本軍が前面に出て戦うことになった。八月の北京攻撃では、連合国軍の総兵力一万三五〇〇人のうち、日本軍が六五〇〇人、ロシア軍が四五〇〇人、イギリス軍が一五〇〇人、アメリカ軍が一〇〇〇人であった。イギリスはここでもインド兵を送り込まねばならなかった。八月一九日、北京は制圧された［和田編、二〇〇二、三二五―三二九、三四二―三四三頁］［永原、一九九五、一〇七―一〇八頁］［秋田編、二〇〇四、一七六頁］。

だが、この間満洲では、ロシア軍と清朝軍が激しい「露清戦争」を戦っていた。一九〇〇年の夏、義和団が満洲のロシア鉄道を襲った時、ロシアは大規模な派兵をして、清朝軍と戦い、一〇月には南満洲地域までを制圧した。そして、兵力一七万三〇〇〇人をもって満洲全体を占領したのであった。

ロシアは、一一月には、満洲への駐留権などを定め、鉄道周辺のみならず満洲全体の支配を目指した露清密約を、再度締結した〔和田編、二〇〇二、三三一―三四六、三六六―三六七頁〕〔朴、二〇一〇、一三八―一四〇頁〕。

北清での戦争終結ののち、一九〇〇年一二月に連合国の「共同覚書」がまとめられ、一九〇一年九月に清朝と列強のあいだに北京議定書（辛丑条約）が結ばれた。これにより、清朝は多額の賠償金を課され、また列強の軍隊が北京と天津に駐留することを認めさせられ、さらに、排外運動の取締りの義務も負わされた。この間七月、ジョン・ヘイは第二次門戸開放宣言を行い、中国の領土保全を求めて、列強の「勢力圏」政策を牽制したが、北京議定書には参加した。また議定書締結後の一〇月、清国の領土保全と門戸開放を趣旨とする英独協定（揚子江協定）が結ばれ、イギリスは揚子江流域での利権をドイツから守った。これには日本もすぐに加盟した〔世界史史料6、二三一―二三三頁〕〔小島、一九九五、一五六―一五七頁〕〔中野、二〇一〇、一二七頁〕。

3 日英同盟とその世界史的意義

この義和団戦争は、その後の世界史に重要な意味を持つ「日英同盟」を生み出すことになった。それは日本の韓国への対応に関連していた。ロシアが満洲を支配した情勢下において、日本では韓国問題が台頭した。伊藤、山県らはロシアと協調する「満韓交換」論を唱え、満洲をロシアが、韓国を日本が支配する政策を目指したが、桂太郎、小村寿太郎らは、「満韓不可分」を唱え、韓国を確保したうえで満洲についてロシアと争う政策を掲げ、日英の同盟を目指した。桂や小村は、ロシアは満洲の占領ではとどまらず、朝鮮までも進んでくる、その場合は、「朝鮮は独立を維持できないであろう」し、それは日本にとって「死活の問題」となると考えた。折から、高宗の意向をも受けて、ロシアから韓国中立化案も提起されて、日本の狙いに対抗した［朴、二〇一〇、一三八―一四二頁］［和田編、二〇〇二、三五四―三五六、三七一―三七五頁］。その動きを抑えるためにもイギリスの支援が必要であった。

そもそも、イギリスは、すでに日清戦争後、東アジアでのパートナーとして、日本に注目し始めていた。イギリスにとっては独露への対抗のために、日本にとっては対露のために、この協力関係は次第に重視されていった［Sergeev, 2013, p. 293］。そこに義和団事件が起き、この出兵で示された日本の軍事力は、アフガニスタンでのロシアとの対立のほか、折から南アフリカ戦争に専心していたイギリスの注目するところとなった。とくにイギリス海軍は日英の同盟を強く求めた［藤井、二〇一一、一一五頁］［相澤、二〇一〇、五一、五三頁］。

動きはロンドンで始まった。一九〇一年四月に、駐英ドイツ臨時代理公使エッカートシュタインが駐英日本公使林董に対し、英独日の三国による東アジアをめぐる同盟（英独日三国同盟）の提案をしてきた。同時にかれはイギリスに対しても同様の提案をしていた。これは、中東に進出したいドイツが、東アジアにおいて日英を提携させてロシアに敵対させ、自分自身は直接にロシアの敵として現れないための策であって、揚子江協定とは別物であった。林は英国外相のランズダウンとの会談で、この案を念頭に置きつつ、日英間のなんらかの永久的協定について打診した。これがのちの日英同盟につながる第一歩であった。英独同盟はまもなく消え去ったが、日英の同盟の件は消えず、二カ月後に復活した〔藤井、二〇一一、一一三―一一四頁〕〔江口他、一九四九、二六、一四五―一四九頁〕。六月に入って、イギリスは、東アジアにおいて日本と良好な関係を保つことが極度に重要であるという認識をもって、日本に接近してきた。イギリスからの打診に応じて桂新首相、小村新外相らによって日英同盟の交渉が本格的に進められた。しばらくは、日英と日露の交渉が並行して進められたが、九月に日露協商の交渉のために伊藤がロシアに出かけたときから、日英同盟交渉のほうが急速に進み、一二月の元老会議を経て、一九〇二年一月には日英同盟協約が調印された〔朴、二〇一〇、一四三―一四五頁〕〔藤井、二〇一一、一一八―一二二頁〕〔高桑、一九一〇、一一六〇―一一六二頁〕。

日英同盟は、イギリスが主として中国に関して「特別なる利益」を有することと、日本が中国にすでに有する利害のほかに、朝鮮に対して政治的、商業的、産業的に「格段に利益」を持つことを相互に承認しあうというものであった〔日本外交文書35、一九―二二頁〕(英文では「特別なる利益」も「格段に利益」もともにspecial interest)。この「特別なる利益」というのは、すでに一八八五年の英独協定にはじまる「勢力圏」あるいは「利益圏」の概念である。これは当時の世界史の「傾向」を取り込んだものに他ならない。それゆえに、イギリスのホブスンは、帝国主義を批判する一九〇二年の著書の中で、政治的・産業的に一流国の地位に登場した日本に注目し、「西洋文明」を身に着けた東洋国民としての日本が、「近き将来においてアジアの歴史の進路を深刻に変更する気配がある」と懸念していたのであった〔ホブスン、一九五二、二四六頁〕。

ビーズリーは、日本がイギリスと結んだことについて、日本が時の帝国主義の手法を自らのものにしたという意味で重要なのだといっている。つまり日本が中国での経済活動や、イギリスの資本力の導入や、イギリスの植民地へのアクセスを容易にできたということを重視しているのである[Beasley, 1987, p. 77]。事実、これ以降日本は英仏市場で資金を入手可能になったのだった[Feis, 1930, pp. 423-425]、これにより、近代的なイギリスと前近代的な遺制を残す日本とが同盟し、日本が「極東の憲兵」として位置づけられていくのである。この日英同盟は「露仏同盟」のアジア版にほかならなかった。またイギリスからすれば、この同盟は、「栄光ある孤立」政策の放棄にほかならなかったし、英仏協商や英露協商を結ばせる要因ともなったのである。このように日英同盟はその成立の理由からしても、その内実からしても、その影響からしても、実に世界的な規模で考えるべきものなのであった。その点を物語るのが、一九〇一年八月一三日に駐英公使林董がランズダウン英外相と行った会話である。二人は、日本の朝鮮とイギリスのトランスヴァールやエジプトの支配を比べながら、了解しあったのだった[日本外交文書34、一二九—一三〇頁]。日英は世界的な規模での両国の利害の共通性という問題を論じていたのである。

この日英同盟の締結を機に、義和団戦争をめぐる東アジアでの緊張関係は一段落し、列強の関心事はドイツの進出が著しいバルカン・中東に移行する。そして、日英同盟は、英仏協商や英露協商を結ばせる重要な要因となるのである。

三　ドイツの中東進出と英仏協商——緊張は中東へ

1　ドイツの膨張と英仏協商

オスマン帝国下のバルカンは、露土戦争後の一八七八年のベルリン会議を経て、一九〇三年まで列強の中心的な関心事から外れていた。露仏同盟成立後の一八九〇年代には、英仏独の対外的な拡張政策は、東アジアやアフリカなどを対象としていたから、バルカン・中東は国際的な対立の場ではなくなっていたのである。その中で、ロシアとオーストリア＝ハンガリーは、バルカンに進出する余地を得ることになった。一八九五年に地中海協商が期限切れを迎えた後、一八九七年に両国はいわゆる「墺露協商」を結び、バルカンの現状維持と不介入、バルカンでの両国の協力を約していた。これにより、ロシアは東アジアに力を入れることができ、オーストリア＝ハンガリーは、国内のオーストリアとハンガリーの関係をめぐる混乱を抑えることができたのだった[南塚、二〇二二a、一一六―一三六頁]。しかし、この「墺露協商」はドイツの頭越しに結ばれたもので、ドイツのヴィルヘルム二世はそれを無視して、バルカン・中東進出を積極化し、英仏の勢力圏を脅かすことになった[Bridge, 1972, pp. 231-236]。

日露戦争に至る一〇年近くの間、ドイツは、ロシアの東方進出を利用してイギリスを牽制するとともに、露仏同盟が実効性を持たないようにし、また英仏間の対立を利用しながら、アフリカ、東アジア、南洋などに植民地を求めてきていたが、一九〇〇年ごろから、再びオスマン帝国へと回帰してきて、そこに利権を拡大する政策を追求し始めた。これまでドイツは、オスマン帝国の主権を脅かさない形で、帝国内に勢力を浸透させてきていた。ドイツ政府はオスマン帝国内への経済的な進出に直接関与せず、そのような活動はすべて民間の活動に委ねていった。しかし、一八九八年一〇月にヴィルヘルム二世が物々しくオスマン帝国を訪問した後、ドイツは、中東へのあからさまな積極的進出に乗り出した[Townsend, 1930, pp. 209–213]。ドイツの中東進出は、「世界政策」の重要な局面となった。

すでにビスマルク時代の一八八八年、ドイツは、オスマン帝国からアナトリア鉄道の利権を獲得し、翌年から、建設に着手しており、一八九六年までにこれを開通させていた。だが、その先のペルシア湾にいたる狭義の「バグダード鉄道」は、「世界政策」を掲げているドイツといえども、すぐには取り組めなかった。ようやく一八九八年にヴィルヘルム二世がスルタンを訪問したのちに、バグダード鉄道への道が大きく開かれることになった。一八九九年一二月、ドイツ銀行と産業界は、コンヤ＝バスラ間のバグダード鉄道の建設の利権を得た。だが、その後も資本調達などが順調には進まず、ようやく一九〇三年三月になって、バグダードからクウェートまでの鉄道敷設権およびその沿線の鉱山等の利権を取得して、バグダード鉄道会社が設立された。ロシアの満洲における鉄道利権と同じ形であった。その後の鉄道建設は順調にはいかなかったとはいえ、これは列強への大きな挑戦であった。さらにドイツは、一九〇三年にはダマスカスからメッカにいたるヒジャズ鉄道の建設利権を入手、エルサレムにドイツ＝パレスチナ銀行を設立して、イギリスが支配するエジプトを脅かした[世界史史料8、一三八—一四〇頁][Feis, 1930, pp. 343–346][杉原、一九九〇、一二六—一四〇頁]。

バグダード鉄道の建設には、まず、ロシアが強く反対した。「トルコは、清国と同様、ロシアにとって他国の勢力が進出するのを承認することができない土地である」というのが、ウィッテ下のロシアの姿勢であった。バグダード鉄道建設はまた、地中海貿易に利害を持ち、中東のカトリック保護者を自任するフランス、ペルシアに利害を持つイギリスへの直接的な脅威であった。この鉄道によってドイツがペルシア湾へアクセスできるならば、それはイギリスにとってインドへの脅威を意味した。ペルシアやアフガニスタンへのドイツの経済的進出は、イギリスにとっても、ロシアにとっても等しく危惧すべきことであった[杉原、一九九〇、一四九―一五二頁][Townsend, 1930, pp. 213-216]。イギリスは、一九〇三年二月ごろから、それまでのようにロシアではなく、ドイツの軍事力に注目し始めていた。だから、イギリスは、ロシアが黒海から地中海に抜けるダーダネルス海峡とボスフォラス海峡を支配すること(海峡問題)への長年の反対を終わらせた。ロシアも、将来の敵はイギリスではなく、ドイツとアメリカであろうと考え始めた[Sergeev, 2013, pp. 305-307]。

この時期、イギリスの立場は困難な状況にあった。南アフリカ戦争は一九〇〇年に一応の勝敗がついたとはいえ、その後もブール人のゲリラ戦が続いて、イギリスは多くの死者を出し莫大な戦費を投下していた[佐々木・木畑編、二〇〇五、八五頁]。そこへドイツの中東進出が積極化し、東アジアでもロシアの進出に対応しなければならなかった。そのような折、一九〇一年に、前述のように英独同盟の議論が、ドイツから非公式に再提起された。だが、ドイツが、英独同盟の条件として、イギリスによるオーストリア支援を求めたために、英独同盟交渉は挫折した。その場合イギリスは独墺伊の三国同盟に加わることになるからである[藤井、二〇〇四、三八―三九頁]。こうしてドイツとの同盟構想を放棄したイギリスは、東アジアでは日本との同盟に向かう一方、中東・アフリカでは、ドイツの進出を恐れるフランスと利害を一致させていった。折からフランスは、アフリカのモロッコでドイツの脅威を感じていた。

一九世紀末のモロッコは、先住のベルベル人が、ムーア(アラブ)人のアラウィー朝に統治されていた。具体的には、ムーア人の各部族長がオスマン帝国からスルタンの称号をもらって割拠しつつ支配していた。アラウィー朝は、一八五〇年代以来列強の圧力下に「開国」を迫られるなか、種々の改革を目指すものの、ますますイギリス、スペイン、フランスなど列強への従属が強まる結果になっていた。これに対してベルベル人は、外国人の排斥のみならず、政府そのものをも批判する抵抗運動を、各地に繰り広げた。これらの運動は、イスラーム教団の一つスーフィー教団(タリーカ)によって取りまとめられ、民衆の運動は宗教運動として組織されていた。そこに一九世紀末に入って、アルジェリアを有するフランスの進出が強まり、一九〇〇年一二月には、フランスとイタリアは秘密協定を結び、フランスがモロッコに、イタリアがトリポリ、キレナイカにそれぞれ特殊利権を持つことを相互に承認した。フランスは、英伊とともに、ベルベル人の支配を企てるスルタンにローンを与えた。しかし、そのローンの安定には国際的な保証が求められていたのである[Feis, 1930, pp. 398-400][江口他、一九四九、一八頁][佐藤編、二〇〇二、四四八頁]。

この間にフランスでは、一九〇三年にロシアでユダヤ人への迫害(ポグロム)が起きたため、ユダヤ資本のロシア離れがおき、ロシアの外債をイギリスが引き受ける可能性も出てきて、ここに英仏接近の契機も生まれていた。折から東アジアにおける日露の関係が緊迫し、東アジアで日露の戦争が始まる場合には、英仏が戦う可能性も出てきた。フランスには露仏同盟があり、イギリスは日英同盟を結んでいたからである[江口他、一九四九、三〇―三一頁][江口、一九七五、一四六頁][佐々木・木畑編、二〇〇

五、八八頁〕。英仏の協商は、日本という要素を抜きにはあり得なかったのである。

そこで、日露戦争が始まって間もない一九〇四年四月、イギリスとフランスは、「英仏協商」を結ぶことになった。これはニューファウンドランド、西部アフリカに関する協約、エジプト、モロッコに関する宣言、タイ、マダガスカル、ニューヘブリディーズ諸島に関する宣言からなり、まさにグローバルな範囲での英仏の利害の調整を行うものであったが、特に、エジプトにおけるイギリスの、モロッコにおけるフランスの利益を、相互に承認しあっていた〔世界史史料10、八―九頁〕〔江口他、一九四九、二一九頁〕。これは、現地の住民を無視した、まさに帝国主義的な政策であった。

2　バルカンと東アジア――マケドニアと満洲・朝鮮

この間一九〇三年に、オスマン帝国領内のマケドニアにおいて大規模な蜂起が起きた。マケドニアは周りのブルガリア、セルビア、ギリシアが領有を主張していたところである。一八九三年に結成された「内部マケドニア革命組織」は、「マケドニア人のためのマケドニア」を主張して活動を続けてきていたが、一九〇三年の八月にオスマン帝国に対していわゆる「イリンデン蜂起」を決行した。蜂起は必ずしも十分に準備されていたわけではなかったが、マケドニア各地に拡がり、マケドニア南西部のクルシェヴォでは短期間ではあったが共和国が宣言された。しかし、これは、オスマン軍によって徹底的に弾圧され、蜂起は決定的な打撃を蒙った〔柴編、一九九八、二三五頁〕。

ここにオスマン帝国はまたもや列強の関心を集めたのである。オーストリア＝ハンガリーとロシアが介入して、一九〇三年一〇月にはマケドニアの内政の改革をオスマン帝国に強要する「ミュルツシュテーク計画」を受諾させ、ムスリム優先の行政・司法制度を改めることや、行政区分を各ナショナリティを反映するように変えることなどを求めた。朝鮮に日清両国が「改革」を押し付けようとしたのと同様である[日本外交文書36-2、六三一―六三三頁]。

しかし、このマケドニア問題は、列強の大規模な介入には至らなかった。ミュルツシュテーク計画について、ドイツはオスマン帝国のスルタンの主権に対して列強が介入しすぎると考え、これを支持しなかった。反面、イギリスは同計画は不十分すぎると考えていた。そのために同計画はほとんど実施されなかった[南塚、二〇一二a、一三三―一三四頁][Bridge, 1972, p. 226]。さしあたり、列強の関心はマケドニアよりも、東の中東に向けられていたのだった。

ところで、このマケドニアの問題は日本の外務省では異例ともいえる関心を集めていて、この一九〇三年以後、マケドニアを中心にバルカンについては毎年詳細な情勢報告「バルカン紛争一件」が本省に送られることになった[日本外交文書36-2以後]。明治期の日本の外交にとって、バルカンは独特の地位を占めていた。これについて、一八九六―一九〇五年にウィーン公使を務めた牧野伸顕(大久保利通次男)は、「当時の日本の立場から言えば、バルカン半島に問題が起れば露国はスラーヴ人種の保護者として主役を務めるべく、これは日本にとって最も望ましいことなので、このバルカン半島方面に関する情報については正確を期する必要が」あったと回顧していた[牧野、一九七七、二一七、二三〇頁]。つまり、東アジアでの列強の動きを理解するには、バルカンの情勢を知っておくことが必要であるというのである。まさに世界史を「連動」するものととらえていたのである。

事実、ドイツの進出を契機とし、英仏協商で一段落する地中海方面での緊張の影で、東アジアでは、朝鮮と満洲をめぐる日露両国の対立が、静かに進みつつあった。

ロシアは、日英同盟に衝撃を受けたが、すでに鉄道利権を得、租借地も有する満洲から簡単には撤兵できなかった。ロシアでは、むしろ東アジアの兵力を強化して、それによって戦争を回避するという「新路線」が勢力を拡大した。一九〇二年には、義和団事件終結後の国際的圧力のもとで、露清条約を結んで満洲還付の約束はしたものの、これを完全履行はせず、一九〇三年四月には撤退の見返りとして満洲を他国に譲渡しないことなど七項目を清朝に要求した。これは英米日の強い反発もあり、清朝も拒否したが、ロシアの「新路線」は強固であった[和田、二〇一〇b、一六―一七頁][小島、一九九五、一五七―一五八頁]。

これに対して日本は、長城の南の中国については、貿易と投資のために英米の「門戸開放」政策を承認する一方、長城の北の満洲と韓国については、自国の安全保障のために軍事的・政治的拠点を作ることを目指した[Beasley, 1987, p. 85]。小村外相は、満洲については、ロシアがそこに勢力圏を打ち立てることを恐れ、満洲の「門戸開放」を求め、朝鮮については、それを「第一の防衛線」と考え、その確保を求めた。この時期の日本の立場を例示するものとして、ビーズリーは一九〇三年六月の小村の覚書を挙げている[Ibid., p. 80]。これは六月二三日の御前会議に出された小村の意見書である。それには「日露協商」案が付加されていて、「清韓両帝国の独立及び領土保全」を尊重し、そこにおける各国の「機会均等」を保持すること、「露国は韓国における日本の優勢なる利益を承認し、日本は満洲における鉄道経営につき露国の特殊なる利益を承認する」こと、「韓国における改革及び善政のため助言及び援助を与うるは、日本の専占権に属することを露国において承認すること」が含まれていた〔日本外交文書36-1、一―五頁〕〔和田編、二〇〇二、七八―八三頁〕。

その後の対露交渉では、ロシアは九月に、韓国についての日本の利益は認めたが、韓国領土の戦略的利用の制限や、満洲及び沿岸が「全然日本利益範囲外」たることの承認を日本に迫った。その後も交渉は続いたものの進捗せず、すでに一一月には日本は交渉をあきらめ、戦争に備えるようになった。日本国内の世論も対外強硬策を支持するようになった。一九〇四年一月には、ロシアの側から「日露同盟案」が示されたが、すでに日本の開戦への決意は固かった。二月にさらにロシアの妥協案が出たが、それは日本には届かなかった〔原田、二〇〇七、二〇四―二〇八頁〕（〔和田編、二〇〇二、第七章、第八章〕は、戦争を回避できなかったのかと問うている。この間の日露交渉については、すでに〔高桑、一九一〇、一一六六―一一七三頁〕に詳しい）。ビーズリーは、日露両国は、この段階においては、「勢力圏」概念を超えた「セキュリティ」や支配のことを問題にしているのだとみている〔Beasley, 1987, p. 80〕。

一九〇三年段階では、アフリカ・中東と東アジアにおいて同じように緊張が蓄積されてきていたが、爆発したのが、東アジアであった。「英仏協商」にいたる英仏の妥協によって、アフリカ・中東方面の均衡が成立したために、緊張はふたたび東アジアへ回帰したのである。そこは民衆運動によって権力が揺らいでいるところではなく、緊張緩和の間に、列強間の対立が亢進してきているところなのであった。

四　日露戦争の世界——緊張は東アジアへ

1　「代理戦争」としての日露戦争

一九〇四年二月六日に日本は韓国に在るロシア軍への攻撃を開始し、九日には中立を宣言していた韓国の首都漢城(現ソウル)を占領した。ようやくこの日にロシアが対日宣戦し、日本も一〇日に正式に対露宣戦布告を行った。こうして日露戦争は始まった。日本は、まず韓国を「確保」した。二三日に、韓国に日韓議定書を結ばせ、日本の内政上の「忠告」を受けることを承認させるなど、「保護国」化に踏み出した[和田編、二〇〇二、三五七—三五八頁]。こうして韓国を確保した日本は五月以降、満洲を舞台にロシアとの全面戦争に進んだ。八月からは旅順攻防戦が展開され、ようやく翌年一月に日本軍がこれを陥落させ、そのあと奉天へと進撃した。そして五月にロシアのバルチック艦隊が日本海海戦で敗北して、戦争の帰趨は決定した[和田、二〇一〇b、二二一—二二六頁](「日露戦役」についてはすでに[高桑、一九一〇、一一五六—一一九四頁]が正確で詳しい)。

この戦争は、双方に大きな負担をもたらした。ロシアでは一九〇五年一月に旅順が陥落したことを受けて一月二二日に起きた民衆の「血の日曜日事件」に発する「一九〇五年革命」が起き、戦力が低下した。五月にバルチック艦隊が壊滅したのを受けて、六月には黒海の戦艦ポチョムキン号の水兵反乱が生じていた。日本も、外債に頼る戦費の枯渇が著しく、一九〇五年春には戦争の継続は苦しい状況になった。三月に陸軍参謀総長山県有朋が桂太郎首相と小村外相にあてた「政戦両略概論」では、日本陸軍の戦闘継続能力はすでに限界に近づいていて、講和を考えるべきだとされていた〔宮地、一九八七、一一七頁〕〔山田、二〇〇九、一九八頁〕。日露両国とも、一九〇五年一—三月ごろには、その戦力は限界に達しつつあったのである。

日露戦争は、日露双方ともに英仏など列強に戦費を依存して戦っていた。戦争の進む中、ロシアの陸軍力の崩壊を恐れるフランス、日本の軍事力の低下を危惧するイギリス、日本の東アジアへの過度の進出を懸念するアメリカは、戦争の継続を望まなくなった。フランスは、すでに一九〇四年一二月ごろから講和に向けて動き始めていたが、一九〇五年二—三月の奉天会戦以後、ロシアに対し「精神的にも物質的にも無関心ではいられない」と通告してきていた。アメリカの新聞も、日本海海戦後には、はっきりと講和の提案をするようになっていた。ロシアの東アジアへの進出を歓迎していたドイツも、日本海海戦の後は講和促進派に転じた。このように日露戦争は日露二国の戦争ではなく、世界的に列強を巻き込んでの戦争なのであった。結局、日露戦争の講和に向け、フランスではなく、日本からの接近もあって、利害関係の比較的少ないアメリカのルーズヴェルト大統領が「調停」に入ることになり、六月に停戦となった〔日本外交文書37・38別冊Ⅴ、二六三頁〕〔山田、二〇〇九、一九五—一九七、一九九—二〇一頁〕。

この日露戦争は日清戦争とよく似た戦争であって、いわば他人の土地に入ってそれを取り合う戦争であった。それは日露両国の領土上において戦われたものではなく、韓国と満洲を舞台にした日露の戦争であった。とくに韓国についてはその主権と領土を侵して、日本が韓国を保護国としそれをロシアに認めさせようという戦争であった[和田編、二〇〇二、三七三—三七四頁]。世界的に見れば、それはキューバをめぐる米西戦争に似ていたといえよう。

日本側では、すでに一九〇四年七月から講和の条件が議論されていた。小村外相の講和条件案の柱は、四つあった。一つは、韓国の独立の維持と、日本の防衛と安全のための満洲の保全、二つは、満洲、韓国、ロシア領沿海州における日本の権益の拡大、三つは、中国への利権保護のための基礎づくり、四つは、韓国と満洲における日本の権利の拡大であり[Beasley, 1987, p. 83]、すでに賠償金や領土割譲などはここに入っていなかった。このような目的を達するために、八月一〇日からアメリカのポーツマスで開かれた講和会議においても、激しい外交交渉が行われた。

一九〇五年九月五日に調印されたポーツマス講和条約は、まず、日本に韓国の保護国化を認めた。ロシアは「日本国が韓国において政事上、軍事上及び経済上の卓絶なる利益を有することを承認し」、「日本帝国政府が韓国において必要と認むる指導、保護及び監理の措置を執るにあたり、これを阻礙し又は之に干渉せざることを約」した。ついで条約は、満洲について、満洲からのロシア軍の撤退を規定したのち、「清国政府の承諾」を得たうえで、旅順・大連の租借権を日本に移譲すること、および長春＝旅順間の南満洲鉄道とその付属地を日本に移譲することを認め、サハリン南部の主権を日本に移譲することを規定した[日本外交文書37・38別冊V、五三五—五三七頁][和田編、二〇〇二、三九〇—三九三頁](ポーツマス条約については[高桑、一九一〇、一一八一—一一九〇頁]が詳しい)。これは右の小村の案をほぼ満たしていた。

ところで、この講和は、日本に対して賠償金は認めず、獲得する領土も南樺太のみというものであった。賠償金については、ルーズヴェルトの助言もあって放棄された。また樺太全部の割譲はロシアが強く反対したのだった。交渉過程は英米のメディアで詳しく報道され、同時に日本国内でも報じられて、講和を不満とする強硬な世論を生んだ。しかし、日本の政府・軍部としては、講和は十分な成果であった。日本にはさらに戦争を続ける力はなかったからである〔山田、二〇〇九、二〇五―二一五頁〕[Beasley, 1987, pp. 83-84]。この講和により、日本は韓国への支配権を獲得し、南部満洲を勢力圏とすることに成功した。講和の犠牲にされたのは、戦争当事国の日露いずれかではなく、韓国と満洲であった。

日本は韓国への支配権を獲得し、南部満洲を勢力圏とするために、周到な手を打っていた。一九〇五年四月から協議が開始され、八月にポーツマスでの講和交渉が始まった直後に調印された第二次日英同盟は、その適用範囲を韓国と清国から、「東亜及びインド」に拡げるとともに、日本が韓国における「卓絶なる利益」を「擁護増進せむが為正当且必要と認むる指導、監理及保護の措置を韓国に於て執るの権利を承認」することをイギリスが認め、イギリスがインドにおいて持つ「特殊利益」を日本が承認したものであった〔日本外交年表竝主要文書(上)、二四一―二四二頁〕。こうして、イギリスは日本による韓国保護権を認めたのである。この間、七月には、アメリカの陸軍長官タフトと桂首相とが秘密会議を行い、「桂＝タフト協定」をまとめていた。それによって、フィリピンに対するアメリカの統治を日本が認め、韓国に対する日本の保護権をアメリカが承認した。こうして、日本は韓国保護国化について、英米の同意をえて、ロシアに対抗したのである〔山田、二〇〇九、二〇八―二一〇九頁〕〔中野、二〇一〇、一二八―一二九頁〕〔加納、二〇一一、七頁〕。一方、満洲については、先の第二次日英同盟では、「清帝国の領土保全」、経済上の「機会均等」を述べたうえで、「東亜」における両国の「領土権」と「特殊利益」を認めるという形で、暗に日本の南満洲における利益を承認していた〔日本外交文書38-1、五九―六三、四五〇―四五二頁〕。

ここであらためて、日露戦争を世界史的な観点から見直してみよう。

なによりも第一に、日本は韓国への支配権を獲得し、南部満洲を勢力圏とすることに成功し、こうして日本はこの時代の世界史における列強の行動規範を自分のものにしたのだった。講和の「談判」については詳細な記録がとられ、『日本外交文書』に残されているが、そこでのウィッテと小村らのやりとりは、いかに日本がすでに世界の列強の権力政治的な外交上、国際法上の論理を身に着けていたのかをよく示している。たとえば、サハリンをめぐって小村はウィッテと激しいやりとりをするが、ともにあの西アフリカ・ベルリン会議で国際的に打ち出された「先占の論理」を使って、争ったのであった〔日本外交文書37・38別冊V、四三七―四四一、四六五―四六九頁〕。

第二に、日露戦争は、世界的規模での権力政治の動きの中で行われた「代理戦争」であった。つまり、東アジアへのロシアの進出を警戒するが、南アフリカ戦争などのために兵力を回せないイギリスと、ロシアのシベリア鉄道への投資で利益を上げるフランスと、中東への進出のためにロシアのアジアへの進出を後押しするドイツの「代理」として、日本とロシアが戦ったという背景があった。いわば、露仏同盟と日英同盟がなければ日露戦争はあり得なかった。その結果としてのポーツマス講和条約は、時の国際関係の産物であった。満洲などでの日本の独占的権益を警戒するイギリスとアメリカ、ロシアの財政的破滅を恐れるフランス、ロシアの軍事力の壊滅を恐れるドイツ、これらの思惑の中で、講和が求められたのであった。日本国内での大きな抵抗を押してこれを受諾した小村らは、その国際情勢をそれなりに把握していたというべきであろう〔江口、一九七五、三八頁〕〔山田、二〇〇九、二一八―二一三頁〕。

第三に、この日露戦争の場合も、さきの日清戦争と同様、現地の民衆から見れば、日露が勝手に自分の土地に入ってきて戦い、その結果を自分たちの領土やその上での利権の分配で決着するという構図に変わりはなかった。諸民族が連携して列強に対抗するという道のないとき、諸民族は足の引っ張りあいをして、いくらかでも強いものが上に上ろうとする。これは一九世紀初めのバルカンの諸民族の争いと同じであったが、こうして、日本は国際関係における「大国」としての地位を獲得するのである。講和会議に清国も参加すべきだというロシアの提案を日本は拒否し、戦争中に受けた損害に対する清国の賠償請求にも応じなかった〔日本外交文書37・38別冊Ⅴ、一五九―一六七、一六九頁〕。

そして最後に、この日露戦争をめぐっては、世界的に戦争への民衆の批判、戦争反対運動が展開されたことが画期的であった。日本では、すでに開戦前から、幸徳秋水などの社会主義者、内村鑑三らの人道主義者は、非戦論を唱えて、対外強硬運動に対抗していた。中江兆民の教えを受けていた幸徳は、すでに一九〇一年、義和団戦争の末期に、『廿世紀之怪物帝国主義』を著し、イギリスの南アフリカ戦争とアメリカのフィリピン侵略を特に念頭に置きつつ、「愛国主義」「軍国主義」「帝国主義」を批判していた。一九〇三年に幸徳らが結成した平民社に参加していた山口義三も一九〇三年に出た『破帝国主義論』において英独米を中心に帝国主義を厳しく批判し、その付録に「開戦論を駁す」を載せ、どの国も「世界を侵略するの権利」などないのだと主張した〔日本史史料4、二五九頁〕。そして、日露戦争が始まるや、『平民新聞』は一九〇四年三月に「戦争の結果」という論文を発表し、戦争は経済的な負担を強い、軍国主義を跋扈させ、平民にはなにももたらしはしないと批判した〔日本史史料4、二六一―二六二頁〕。同紙はまた四月には堺利彦・幸徳秋水による「与露国社会党書」を載せた。ロシアでは、社会民主労働党や農民社会主義を目指す党（エスエル）が、日本の社会主義者との連帯をうたって、非戦論を掲げていて、社会民主労働党の『イスクラ』には、片山潜がフランスの新聞に寄せた非戦論が紹介された。アムステルダムで開かれた八月の第二インターナショナル第六回大会には、片山が出席して、ロシア代表のプレハーノフらと社会主義者の反戦連帯を訴えたのである〔和田、二〇一〇b、一二三頁〕〔西川、一九八五、二七、三二頁〕。日露戦争は、当時の世界史の動きの一つであったこのような非戦・反戦の声を押し潰して実行されたのであった。

さて日露戦争は、同時期において、ロシアと日本の周辺諸国に重大な影響を与えた。日露戦争の世界史への発信である。その様子を見ていこう。

2　日露戦争からの発信

日露戦争は、ロシアのヨーロッパ側の部分と密接に関連していた。ロシアは日露戦争に際し、ポーランドなど帝国内の諸民族を満洲に派遣し、また、国内融和のために国内の専制政策を緩和して宗教の寛容や検閲の緩和などを行った。加えて、戦争中に始まった一九〇五年革命の結果、一九〇五年一〇月にツァーリは、国会（ドゥーマ）の開設を約する「十月詔書」を発して事態を収めようとした。そういう状況の中で、ロシア帝国に併合されていたフィンランドやポーランドにおいて、独立と議会を求める運動が起きたのだった。

ロシアに分割併合されていたポーランド王国では、日露戦争を利用して独立を図る動きがあり、戦争中の一九〇四年七月に社会党のピウスツキが来日して、満洲においてロシア軍に徴兵されているポーランド兵を投降させて日本側につかせようとする案を日本に示そうとした。だが、これは同じくポーランドから来た国民民主党のドモフスキの牽制を受けたうえ、日本軍の利益なしとの判断もあって、成功しなかった。しかしその後、満洲でのロシア軍の苦戦と敗北はポーランドにも伝えられ、厭戦気分が拡がり、各地でストライキなどが頻発した。そして、一一月には、社会党はワルシャワで武装デモを起こし、一九〇五年一月のペテルブルクでの「血の日曜日」を誘発したのである。そして、旅順陥落や「血の日曜日事件」などに刺激されて、一―二月に、ワルシャワなどにおいて独立を求める労働者の大規模なストライキが起き、六月には、ワルシャワに次ぐ第二の都市ウッチにおいて、労働者が三日間にわたって、軍隊を相手に武装抵抗を行った。そして、ツァーリの発した「十月詔書」によって開設された国会（ドゥーマ）に、ポーランドも参加することが認められたのであった〔伊東他編、一九九八、二二四―二二六頁〕。

同じくロシア帝国に編入されていたフィンランドでも、自治や独立を求める運動が絶えず、日露戦争が始まると、日本のスウェーデン公使館付陸軍武官であった明石元二郎の工作（明石工作）を受けて、日本から反ツァーリ運動の資金を引き出す動きも見られた。そして日露戦争が終わったのち、一九〇五年一〇―一一月に、ロシアでのゼネストや「十月詔書」の知らせを受けて、フィンランドでも大規模なゼネスト（大ストライキ）が実施され、その結果、一九〇六年には、フィンランド独自の国民議会が設立された〔百瀬、一九八〇、一六三―一六六頁〕。

日露戦争は、バルカンに微妙な、しかし重要な影響を及ぼしていた。そしてこのバルカンと東アジアの相互関連については、日本外交は驚くほど注意深い観察をして、敏感な反応を示していた。この時期の日本のバルカン情勢の観測はこうであった。一九〇三年のイリンデン蜂起以後、バルカンはロシアとオーストリア＝ハンガリーが共同で経営する場となったが、ロシアが東アジアで日本と戦争することにより、ロシアはバルカンに力を集中できなくなった。これはオーストリアにとって、有利と見えないこともなかったが、オーストリアは、むしろ日露戦争を契機に、バルカンの諸民族、特にマケドニアやブルガリアなどが、混乱を引き起こすことのほうを恐れている。だが、日露が開戦するときには、ブルガリアはロシアの支援を受けられないから、マケドニア問題に深く関係することはないだろうと判断された〔日本外交文書37-2、七一五、七一七頁〕。日本のバルカンへの関心は、日露戦争の背後において、バルカンの騒乱がおきて、ロシアの勢力がそちらにも割かれるかもしれないという期待からであったが、それは満たされなかったわけである。

だが、外交文書が関心を寄せていない重要な動きがあった。一八九〇年ごろからイスタンブルで始まった「青年トルコ人」の反専制・立憲運動は、弾圧によってパリなど国外に分散していたが、日露戦争での日本の勝利やロシアでの一九〇五年革命や後述のイラン革命に影響をうけて、一九〇六年九月に、青年将校らを中心にしてテッサロニキに新たな組織「オスマン自由委員会」を設立するのであ

る［永田編、二〇〇二、三一八―三一九頁］。

中東のイランでは、すでにイギリスの進出に反対する一八九一―九二年のタバコ・ボイコット運動に見られるような民衆の運動を経て、アフガーニーら汎イスラーム主義者の反専制運動が強まったりしていたが、日露戦争での日本の勝利とロシアの一九〇五年革命の影響もあって、ガージャール朝専制政治への反対運動が一挙に高まった。日露戦争のためにイランでは、ロシアからの物資、とりわけ砂糖の輸入が減少し、物価が騰貴した。これに不満を持つ商人や低位聖職者らを中心に、一九〇五年一二月に、テヘランで大規模な反政府集会が開かれた。これは軍隊によって鎮圧されたが、その際、商人ら二〇〇〇人がモスクへの「バスト」を行い、抗議した。「バスト」というのは、一種のアジールへの避難運動であった。一九〇六年七月にも大規模な「バスト」が行われ、そういう運動の結果、八月に国王（シャー）は立憲制樹立の詔勅を発し、一二月には、憲法が発布され、議会が開設されることになった。「アジアで最初の民主憲法と称揚されるこの憲法は、フランス人権宣言の精神を積極的に盛り込み、立憲主義憲法の古典的表現と称されたベルギー憲法に主として範をとって編纂されたものであった」［世界史史料8、二二四―二二六］［永田編、二〇〇二、三五七―三六三頁］。このような立憲革命は、前述のように、オスマン帝国内の青年トルコ人の運動を鼓舞したのである。

インドでは、イギリスのインド総督カーゾンが一九〇四年に発表したベンガル分割案に反対する運動が、日露戦争での日本の勝利に刺激されて、ネルーらインド国民会議派のもとに展開された［長崎、二〇一〇、二五四―二五五頁］。ベトナムの場合は、より直接的な刺激を受けていた。ファン・ボイ・チャウは、一九〇五年、フランスからの独立への支援を求めて来日し、そこで中国の革命運動に接するとともに、日本の在野のアジア主義者たちとも接し、帰国後、日本への留学運動、つまり「東遊（ドンズー）」運動を組織した。これは一九〇七年に日仏協約によって、取り締まられなければならないほどであった〔世界史史料9、三三二―三三四頁〕〔小島、一九九五、一六六―一六七頁〕。

最後に中国は、日露戦争には「局外中立」を宣言したが、戦場になったため、その損害は大きかった。しかも、戦後の講和では、賠償は得られず、ロシアが有していた満洲での利権が日本に移っただけであった。ここから、利権を取り戻すには国家を強くする必要があるという考えが強まった。こうして、一九〇五年には、五大臣の憲政視察が実施され、日本をはじめとして、北米、ヨーロッパの立憲制度の研究が行われた。そして、一九〇六年から、清朝は中央行政機構の改革に乗り出すのであった（「予備立憲」の布告）。この間、日本への姿勢は微妙なものがあって、中国にとって、日本は利権を取り返すべき相手であったが、他方で、学ぶべき存在でもあった。周知のように、孫文が、アジア主義者宮崎滔天の支援を受けて、中国同盟会を東京で結成したのは、ポーツマス講和のなる前の一九〇五年八月のことであった〔尾形・岸本編、一九九八、三五八―三六四頁〕〔高橋、一九九五、二九三頁〕。

日露戦争は、このようにロシアと日本の周辺の諸地域の人々に、立憲制度への期待を引き起こした。日本周辺の国々について言えば、日本の「勝利」は、立憲制度への期待に加えて日本への独立支援の期待を引き起こした。しかし、独立支援という点では、日本は世界的な権力政治にコミットして、期待に背いていくことになった〔山田、二〇〇九、二五二頁〕。そして日本国内では、次第に「大国民」意識が広まり、「世界に於ける大国民の任務」を果たさなければならないという意識を持つことになった〔櫻井、二〇一〇、二九〇―二九一頁〕。

この日露戦争の終結をもって、東アジアにおける列強の対立は一応の決着を見た。このあと列強は「静かに」東アジアでの利権獲得を進めることになる。一方、戦争の終結によって東アジアでの列強対立が妥協をみると、世界的な規模での列強の対立は、新たな場所を見出さざるをえない。その新しい列強対立の舞台は、バルカンから中東の地域、いわば地中海世界に求められることとなった。それはドイツの動きと重なるものであった[江口、一九七五、四三頁]。

五　ドイツの挑戦と英露協商——緊張は中東へ

1　ドイツの挑戦——モロッコ事件と中東鉄道

日露戦争までは、「極東はロシアへ、近東は独墺へ」という反イギリス的妥協が成立していた。ドイツは、ロシアの東アジア進出を利用して英露間に自由な立場を得て、しかも英仏を孤立させることができたのである。しかし、ロシアが日露戦争に敗れるとドイツの有利な地位は動揺し始めた。ドイツは局面の打開を図らねばならなかった。そこでまず試みられたのがモロッコ進出であった。そもそもモロッコはドイツの「世界政策」にとって重要な位置を占めてはいなかった。たしかに一八八〇年代から、モロッコへのドイツの経済的な進出は見られたが、カイザー(ヴィルヘルム二世)は、モロッコに領土的関心を持たなかった。モロッコでは「門戸開放」が保障されていればいいという姿勢であった。一九〇四年の英仏協商の本来の目的とその秘密条項が明らかになった一九〇五年の初めにおいても、カイザーはモロッコへの姿勢は変えなかった。しかし、ドイツ国内での膨張主義の声に押され、また腹心のフォン・ビューローの意見を入れて、日露戦争でのロシアの敗北による露仏同盟の動揺を考えて、カイザーはついにその姿勢を変えることになった[Townsend, 1930, pp. 308-313]。

ヴィルヘルム二世は、日露戦争がほぼ峠を越えた一九〇五年三月、モロッコのタンジール港に上陸、モロッコのスルタンと会見して、モロッコの独立を承認すると発表した。ただし、カイザーはモロッコへの領土的野心は示さず、ドイツの経済活動の保護を主張しただけであった[Ibid., pp. 313-314]。英仏協商によって承認されていたフランスのモロッコ支配(スルタンを通しての支配)が、現地ベルベル人住民の不満を募らせていたところへドイツが進出したのであった。これに対して、フランスはイギリスの支援を得て、ドイツと戦争をする構えさえ見せた。イギリスも戦争の可能性を考えた。これがいわゆる第一次モロッコ事件である。しかし、結局、軍事力の発動は見送られ、フランスとイギリスは、六月にスペインのアルヘシラスで国際会議を開いて、ドイツの動きを抑え、フランスのモロッコ支配を認めさせた[江口他、一九四九、三三五―三三七頁][Townsend, 1930, pp. 314-315]。ドイツとしても一九〇五年七月からは、ドイツ領東アフリカにおけるマジマジ反乱などに対応しなければならなかったから、深追いはできなかったとも言えよう。こうしてドイツの介入は避けえたとしても、フランスによるモロッコ支配は確立されず、ベルベル人の反乱が続き、一九〇七年には、フランスはカサブランカに軍を派遣せざるを得なくなるのである。

ドイツのもう一つの進出先は中東であった。すでに一九〇三年には、ダマスカスからメッカにいたるヒジャズ鉄道の建設利権を入手、さらにエルサレムにドイツ＝パレスチナ銀行を設立していたドイツは、一九〇六年にはカイロにドイツ・オリエント銀行を設立して、イギリスのエジプトにおける利益を脅かした。また一九〇六年には、ハンブルク＝アメリカ航路がペルシア湾でイギリスと競争するにいたった。これはイギリスとロシアの利害に関係する動きであった。一九〇六年以後、ドイツのバグダード鉄道建設はいよいよ本格化し、ドイツは、イランに借款を与え、ペルシア湾への利害を確立しようとした[Ibid., pp. 208-219][Feis, 1930, pp. 368-370]。ドイツのイランへの経済的進出は著しかった。

このようにして中東では、イギリスが長年浸透させてきた利益がドイツによって具体的に挑戦され始めていたのである。折から、日露戦争に敗れたロシアは東アジアから中央アジア・中東・バルカンへと関心を向け直すことになった。ここに、イギリスとロシアがまたもや広い範囲にわたって接する情勢が現出したのであった。この時期においてロシアは、イギリスはロシアの中東や中央アジアへの影響を恐れているが、やがて本当に恐れるべきはドイツだということを認識するだろうと見ていた。というのは、ロシアはこれらの地域へと鉱物と砂糖を輸出するだけだから、イギリスの貿易と抵触しないのに対して、ドイツは、金属製品や化学製品を輸出して、中東や中央アジアからイギリスを追い出そうとするからである。だから、この方面では英露の利害は対立しないというのである。加えて、ロシアは、イギリスと日本との同盟を懸念していたから、イギリスが決定的に日本の側につかないように、イギリスと融和すべきだと考えていた。一方、イギリスの側では、日露戦争の前から、ロシアがイギリスへの敵対的な動きをしていないことに注目していた[Sergeev, 2013, p. 308]。

2　日本も絡んだ英露協商——「グレート・ゲーム」の終結

一九〇五年の半ばから英露は新しい関係を模索しはじめた。日露戦争でのロシアの敗北の後、ドイツは一九〇五年七月に独露同盟（ビヨルケ密約）を打診したが、ロシアは、八月に日英同盟が更新されたことを考え、イギリスとの関係の修復に動いた。その動きの一つは、国家財政の赤字補塡のための借款の要請であり、今一つは、イラン、アフガニスタン、チベットについての外交折衝に応じることであった［江口他、一九四九、三七―四一頁］［Sergeev, 2013, p. 310］。イギリスとしても、一九〇五年一〇月にロシアが「十月詔書」によって民主化されるということになり、国内でロシアとの接近に抵抗がなくなった。本来、「グレート・ゲーム」のために両国は膨大な経費を費やしていた。イギリスは、南アフリカ戦争（四五万人）に加えて、中央アジアでのロシアの進出に備えるために、少なくとも五〇万人の兵力を英印軍に追加せねばならなかった。ロシアも、日露戦争のために国庫は枯渇していた［Ibid., pp. 310–313］。

日本海海戦の敗北直後、ロシアがイギリスに対して英仏協商を模範とする協定についての商議を提案し、イギリスが九月に第二回日英同盟のテキストをロシアに示して、英露の接近が始まったが、英露の公式の外交交渉が始まったのは、一九〇五年の第一次モロッコ事件をきっかけとしていた。モロッコ危機に際し、英仏協商のゆえにドイツに対してフランスを支持したイギリスは、フランスが露仏同盟を結んでいるロシアとの関係をどのようにするかという問題に直面した。このような情勢の中で、一二月から英露は妥協交渉を始め、最終的に一九〇七年八月に英露協定に調印するのである[Ibid., pp. 314-315]。

交渉は一九〇六年六月にロシア外相イズヴォリスキーと駐露英国大使ニコルソンの間で始められた。これまで憎み合ってきた二国とも、国内世論を説得するのに、大きなエネルギーを費やした。加えて、一九〇五年から始まっているイラン立憲革命が交渉を遅らせた。だが、一九〇七年にドイツがイランに借款を与え鉄道敷設権を得ようとしたことは、英露を急速に接近させた[Ibid., p. 316]。交渉では、アフガニスタン問題とイラン問題で、両国の利害の調整が難しかったが、一九〇七年七月に日露が協約を結んだことが、英露協商への最後の障害を取り除いた。この第一次日露協約は、本条約においてポーツマス条約などの尊重と、中国の独立と領土保全を認め合ったうえで、その秘密協約において、満洲の南と北をそれぞれ日露の利益範囲とし、さらに外モンゴルと朝鮮においてそれぞれロシアと日本が特殊利益を持つことを確認していた。ロシアにとって英露の協商はこの日露協約の補足の意味を持った。つまり、北満洲、外モンゴル、チベット、アフガニスタン、イランという具合に、ロシアの権益が確定されていくことになるのだった。他方、イギリスから見ても、東アジアでの平和によって、ロシアがヨーロッパ問題に集中してくれることは歓迎であった。実は、日本は日露の交渉をイギリスにも報告していて、三月には、日露協約の経過を報告した小村駐英大使に対して、英露協商の経緯を説明した外相のグレイは、日露と英露の「両協商は成るべくその進行を共にする」ようにしたいと述べていた[日本外交文書40-1、一二三、一七三―一七五頁][Sergeev, 2013, p. 316]。なお、日露協約にはフランスの強い後押しもあった。英仏協商を結んでいるフランスにとって、つぎに求める英露の協商には日露の協商が不可欠だったからである[岡、一九五五、一三〇頁]。

一九〇七年八月、イズヴォリスキーとニコルソンはチベットに関する取り決め、アフガニスタンに関する協定の三つの文書に署名した。それらは九月に批准された。これが「英露協商」と言われるものである。この英露協商は、ちょうど満洲のように、イランにおける利害を英露で南北に分割し、アフガニスタンにおけるイギリスの地位をロシアが認め、チベットへの不干渉を約し、さらに、「協約の文面以外において」イギリスがペルシア湾を確保し、ロシアが海峡問題で自由を得ることを認めていた。ここに長年広範にわたって対立してきたイギリスとロシアの妥協が成立したのであり、「グレート・ゲーム」はついに終焉を迎えたのである[世界史史料10、一四—一五頁]。

英露協商は、これまで「非効率的」であった露仏同盟をあわせて、「三国協商」として機能させ、世界的な帝国主義体制を確立するものであった[江口、一九六九、四七頁]。英仏露の三国協商は独墺伊の三国同盟と比較するならば、まさに世界全体を視野に入れた帝国主義の協定であった。ロシアは英仏の資本援助という「革命鎮圧費」を受けて、一九〇五年革命に対する反動を開始し、英仏露の勢力圏では民衆運動が鎮圧された。清朝は反応を示さなかったが、アフガニスタンとイランは「全く相談なしに」できたこの協商は承認できないと反発した。実際、英露協商はイランの立憲革命を終息させるロシアの介入を可能にし、シャーの権力を支えたのだった[Sergeev, 2013, p. 319][永田編、二〇〇二、三六四—三六五頁][板垣、一九九二、六〇頁]。

このような形でイギリスとフランスとロシアの妥協が成立したことは、列強の緊張関係がアフリカと中東以外の地域に移動することを意味した。それは、またしても、民衆運動に揺さぶられているところでなければならなかった。それはバルカンになるのであるが、それについて考える前に、アジア・太平洋について見ておかねばならない。アジア・太平洋では、列強の国際政治上の関心が地中海・中東に向けられている間に、いわば「静かな」侵略が民衆運動を抑えつつ着々と進んでいたのである。

3　「連動」する列強の「協商」

一九〇五年以後、アジア・太平洋地域では、日露戦争の帰結が列強の介入を招くことなく具体化していった。ポーツマス条約の締結後、日本はさっそく韓国支配の確定に動いた。日本は、日露戦争中の一九〇四年八月に結んだ第一次日韓協約によって韓国から財政・外交顧問の任命権などを得ていたが、ポーツマス講和後の一九〇五年一一月一七日に結んだ第二次日韓協約(日韓保護条約)では、外交権を韓国から奪ってこれを「保護国」とし「統監」を設置した(初代統監は伊藤博文)[日本史史料4、二六七頁][山田、二〇〇九、二四七頁]。ところで、統監という概念がどこから来たかは不明である。日本は四月段階では韓国に「駐箚官」を置くとしていたが、一〇月二七日の閣議で出された条約案では「統監(レジデント・ジェネラル)」が出てくるのである[日本外交文書38-1、五二七、五三三頁]。韓国がまだ植民地ではないがゆえに、「総督(ガヴァナー・ジェネラル)」が使えなかったということであろう。

いずれにせよ、統監支配に反対する義兵運動が起こる中、高宗が一九〇七年六月、ハーグで開かれていた万国平和会議に密使を派遣し、日韓協約の無効と日本支配の不当を訴えようとすると、日本は高宗を退位させ、一九〇七年七月の第三次日韓協約によって、統監の内政への干渉権を強化し、韓国軍隊を解散させた〔日本外交文書40-1、一七三―一七五頁〕〔山田、二〇〇九、二四八頁〕。ここに事実上の「併合」が成立したのである。

このような日本の韓国支配は、英仏からの了解を受けていた。一九〇五年八月に調印された第二次日英同盟で、イギリスは、日本が韓国における「卓絶なる利益」のために「指導、監理及保護の措置」をとる権利を承認していた。また、「日露協約」および「英露協商」と並行して準備され一九〇七年六月一〇日に締結された「日仏協約」も、事実上、フランスは「印度支那」、日本は韓国を「勢力範囲」とすることを承認し合うことによって、日本の韓国支配を認めるものであった〔日本外交文書40-1、五一頁〕。しかし、ロシアは日本の韓国保護国化を容易に認めなかった〔加納、二〇一一、七頁〕。

満洲については、ポーツマス講和ののち、一九〇五年一二月に日本は日清協定を結び、南満洲鉄道の取得のほか、鉱山、林業利権の獲得や、租界の設置など、満洲での経済的利権を清朝に承認させた。一九〇六年九月には政府は関東都督府を開設し、一一月には南満洲鉄道株式会社（満鉄）を設立した〔宮地、一九八七、一二四―一二五頁〕〔加納、二〇一一、七―八頁〕。満洲については日露の了解が必要であったが、前述のように、日露戦争後、日本はロシアとのあいだで一九〇七年七月に第一次日露協約を結び、その秘密協約において、韓国と南満洲における日本の、外モンゴルと北満洲におけるロシアの「特殊利益」を相互に認め合ったのだった。この満洲問題は、日米の間でも問題となり、日米は、一九〇八年一一月三〇日に「高平＝ルート協定」によって、それぞれが「有する所領」を尊重し合うことを確約し、そのことによってアメリカが日本の韓国、満洲での権益を認める代わりに、フィリピンとハワイにおけるアメリカの権益を日本が認めたのであった〔日本外交文書38-1、四五一頁〕〔日本外交文書41-1、一一七頁〕。英米は門戸開放・機会均等を唱えて満洲に勢力を伸ばすことを求めたが、世界的には英露が協調しつつあったので、専らアメリカが日露に対抗することになったのである。しかしアメリカは日本の韓国支配にいっさい異論は唱えなかった〔山田、二〇〇九、二四八―二四九頁〕〔中野、二〇一〇、一三一頁〕。アメリカは日本のフィリピン方面への進出を強く警戒したのである。

ところで、一九〇七年の日露協約の交渉の過程で、ポーツマス条約において明確に規定されていなかった日本の韓国に対する関係を議する中で、将来日本による韓国の「併合（アネキゼーション）」がありうることを日本はロシアに知らせていた。つまり、ポーツマス条約が認めた日本の韓国における「必要と認むる指導、保護及び監理の措置」の具体的内容について、日本は、日韓関係の「将来の発展」を考えるとき、そこには「アネキゼーション」も含まれると通告したのである。これに対しロシアの外相イズヴォリスキーは、個人的にもロシア政府としても「併合」に「異議」はないものの、その場合にはモンゴルにおいて特別の利益の保証などが必要であり、「無報酬」では承認できないと表明していた〔日本外交文書40-1、一二一―一二五、一二九―一三二頁〕〔小川原、二〇一〇、一三二―一三六頁〕。

以上に見るように、日露戦争後、日本は、列強に伍してアジア諸民族を「踏み台」にしていく道を選び、帝国主義の時代の世界史の「傾向」を身をもって実践したのであった。

一八九一―九四年に「露仏同盟」が成立していて、そこに一九〇二年に「日英同盟」が結ばれて、その後の列強の同盟関係が「連動」した。「日英同盟」は一九〇四年の「英仏協商」を促し、さらに日露戦争後には、「露仏同盟」「日英同盟」「英仏協商」の存在を前提として、一九〇五年に「桂＝タフト協定」、ついで一九〇七年には「英露協商」「日露協約」「日仏協約」が同時に成立したのであった。このように、列強の協商関係は連動し、その列強の協商関係を構築するうえで、日本の役割は大きかったのである。これはこの時期の列強の動きを単に三国同盟と三国協商の対立と考えていたのでは見つけられない事態であろう。

この協商体制を作るにあたり、「実効支配」や「勢力圏」や「利益圏」の概念によって、列強が現地の人々の意向を考慮することなく、勝手に世界を分割しあうという国際関係上の慣例が定着した。日英同盟はそれを大きく推進した条約であった。そして、日露協約の交渉の際にみられたように、「勢力圏」から「併合」まではあと一歩である。それは「勢力圏」という概念がなければありえなかった。これらの概念はイギリスのホブスンが早くも一九〇二年に「隠蔽と侵略」のための用語だと批判していた[Hobson, 1972, pp. 207–208]［ホブスン、一九五二、一一八頁］。

こういう列強の協商体制も、すでに自覚を高めてきている現地の民衆を厳しく抑圧することによって可能なのであった。この時期の帝国主義列強の支配に対する民衆の抵抗は、世界各地にみられた。しかしそれらは、わずかに社会主義者たちのインターナショナルを除けば、孤立、分散していて、「連動」する列強に対抗できなかった。

一九〇四―〇七年に、アフリカと中東の緊張を契機として、ドイツに対抗するイギリスとフランスとロシアの妥協が、日本をも巻き込んで成立した。列強はさまざまな協商によって、世界を「組織」し、各地の民衆運動を抑え、そうして帝国主義支配を安定させたかのようであった。しかし、列強が組織しつくせないところから、この体制は崩れてくるのであった。日露戦争後のアフリカと中東の緊張が緩和されたということは、列強の緊張関係がそれ以外の地域に移動することを意味した。それは、またしても、民衆運動に揺さぶられているところでなければならなかったが、その場所はほかならぬバルカンであった。

六　二つの「併合」——緊張はバルカンへ

1　ボスニア＝ヘルツェゴヴィナ二州併合

一八七八年のベルリン会議によって、オーストリア＝ハンガリーはボスニア＝ヘルツェゴヴィナ二州の「行政権」を承認されていたが、この二州の統治は容易ではなかった。民衆による徴兵反対や土地改革の要求が強まる一方、日露戦争後ふたたびバルカンに戻ってきたロシアに支援されたセルビアからの合併の動きも見られた。

一九〇八年四月、二州の行政を担当する財務相ブリアンは、地域の安定のためには、併合が必要であると提議した。この時、外相のエーレンタールはこれをすぐに実行するには国際情勢が不利と考えた。しかし、七月に、オスマン帝国において青年トルコ人の革命が起き、エンヴェル・パシャらの指導する「統一と進歩委員会」が二州の住民にきたるべき立憲議会への代議員の派遣を呼びかけ、オーストリアの二州支配を脅かしそうになったとき、エーレンタールは、これを機に八月の閣僚会議で二州併合の了承を取り付けた。

　オーストリア＝ハンガリーは、この併合のための国際的環境を作る必要があった。一八九七年以来、ロシアとの「デタント」が成立していて、バルカンにおいて海峡問題を有利に解決したいロシアと、二州を確保したいオーストリアは協調する余地を残していた。その中で、一九〇八年九月、イズヴォリスキーとエーレンタールの両外相はモラヴィアのブフラウで会合し、オーストリアが二州を併合するに際しロシアが好意的態度をとるのに対し、国際会議が開かれた場合、海峡問題でのロシアの願望にオーストリアは共感的態度をとることを約した。しかし、一〇月に、オーストリア＝ハンガリーは、ブルガリア公国にその独立を支持することを通告した後、ロシアに事前に知らせることなく、ほとんど突然、ドイツをはじめイギリス、ロシア、トルコといったベルリン会議関係国に「併合」を通告したのであった。一〇月六日、皇帝フランツ＝ヨーゼフはその旨の宣言を発した[Macartney, 1969, pp. 780-782][Bridge, 1972, pp. 301-302][南塚、二〇一二a、一四二―一四七頁]。

　ところで、世界史的に見て、この「併合」という考えがどこから出てきたのだろうか。平和時に一国家が他の国家を「併合」するということは、一九世紀の世界史上稀有な出来事である。まず思い浮かぶのは、一八九八年のアメリカによるハワイ併合であろう。しかしこれは米西戦争の「戦時中」とも解することができた。すでに見たように、一九〇七年の日露協約の交渉中に日本から韓国の「アネキゼーション」という話題が出ているが、その段階ではこれは現実には至らなかった。したがって、平時における「併合」が実行されたのは、オーストリア＝ハンガリーによるボスニア＝ヘルツェゴヴィナ「併合」が最初ではないだろうか。東アジアでの議論が影響したわけではないだろうが、ほぼ同時期に「併合」という概念が現れたのである。「勢力圏」の確定どころではなく、現地住民に断りなく勝手に領土を「併合」するということが歴史上に登場したのである。このような「併合」には当然、現地の民衆から反発が起こる。バルカンでは今度はこの民衆の運動は列強の統制のとれない形で進行することになった。

「二州併合」ののち、「併合危機」ともいうべき国際政治上の危機が生まれた。オスマン帝国の憤りは当然であったが、セルビアも軍備を増強し、領土的補償を求めた。ロシアのイズヴォリスキーは戦争をも辞さぬ構えで、海峡問題に関する国際会議を列強に要求した。イギリスは、ベルリン条約が破られたと考え、また併合がブルガリアの独立を伴っていることを知って、オーストリアを厳しく批判した。同盟国のドイツとイタリアでさえ、驚きと不快感を抱いた。特にドイツは、これまで蓄積されてきたトルコでの苦労が水泡に帰してしまったとして批判した。だが、一時の激昂から覚めた列強からすれば、オーストリアの「二州併合」は、これまでの既成事実の確認としてしかみなされなかったが、海峡問題は触れるべからざる問題であったのである。ロシアの要求した国際会議は開かれなかった。列強の説得もあって、セルビアは、一九〇九年三月には「併合」を承認した。ここに「併合危機」は一応おさまった[江口他、一九四九、五四―五八頁][南塚、二〇一二a、一五〇―一五一頁]。

しかし、その後遺症は残った。「二州併合」を認めたにもかかわらず、列強の抵抗により海峡問題において得るところのなかったロシアは、対オーストリア＝ハンガリー政策を硬直化させ、一八九七年以来続いてきた両国の「デタント」は終結した[Bridge, 1972, pp. 305-306]。一方、オーストリアによる「二州併合」は、同国をより緊密にドイツに同盟させることになった。この結果、三国同盟と三国協商の対立がここに来て初めて決定的となった。この意味で併合は、のちの大戦の「遠因」を作ったのである。

別の意味でも「二州併合」は、大戦の「遠因」を作った。一九〇八年七月のプラハでのスラヴ諸民族会議は「ネオ・スラヴ主義」を掲げ、諸民族の連帯をうたったが、「併合」はこういう動きを一掃してしまった。そして併合ののち、ボスニア＝ヘルツェゴヴィナ二州とセルビアにおいては、各種の民族組織が結成され、青年層をつかまえていった。二州の青年が一九〇八年に結成した「ムラダ・ボスナ（青年ボスニア）」は、反ハプスブルクの民族主義を広め、「テロル」の考えをも育てた。隣のセルビア王国内では、一九〇八年にできた「ナロードナ・オドブラーナ（民族防衛）」という秘密組織が、国の内外のセルビア人に向け、武装闘争を呼びかけた。そして、一九一一年に同じくセルビア王国内には、「黒い手」と通称される秘密組織「統一か死か」が作られ、「革命闘争」によって二州との「統一」を実現しようとした。「統一か死か」は、一九一二年ごろからは、「ムラダ・ボスナ」の青年たちと接触するようになっていき、一九一二―一三年に起きた二度のバルカン諸国間の戦争を経ていっそう力を増したのち、テロリストとして姿を現すのであり、そこにサライェヴォの悲劇が起こるのであった〔南塚、二〇一二a、一五二―一五三頁〕。

こうしてオーストリア＝ハンガリーとしては、二州を「併合」し、バルカンの流動的な地域に安定をもたらしたはずであったが、現実には、事態は逆に動くことになったのである。その間に、東アジアでの新たな「併合」が行われることになる。

2　韓国併合——二州併合の陰で

バルカンでの「併合危機」に隠れたように、日本は、義兵運動を抑えつつ、一九一〇年八月に、「韓国併合」を断行した。列強からは特別な関心を引くことなく、ヨーロッパの「併合危機」ののちに、「静かに」実行されたのである。「二州併合」と「韓国併合」は無関係ではなかった。「二州併合」で外交的に失敗したロシアは東アジアで同じ誤りを繰り返さないように、日本に対応した。二つの「併合」は連動していたと言わねばならない。

一九〇七年の第三次日韓協約によって、事実上の「併合」が達成されており、統監伊藤博文の「併合」構想がそこに実現されようとしていた。それは、最終的には併合を目指しつつ、そこへの過渡期として、保護政策を徹底して、「ロシアにおけるフィンランド、イギリスにおけるインドやカナダ、フランスにおけるアルジェリアやマダガスカルなど」の「自治植民地」に類するものを作るというものであった。だが、これは韓国民衆の抵抗もあって挫折し、このような「漸進的併合論」は「急進的併合論」に取って代わられていくことになった〔森山、一九九二、三〇三頁〕〔小川原、二〇一〇、一八七—一九四、二九六—三〇九頁〕。

「二州併合」と同じく、日本も韓国の民衆運動に対応しなければならなかった。韓国の民衆もむざむざ日本の支配を受け入れていたわけではなく、一九〇五年春からの義兵運動は、第三次日韓協約以後解散させられた軍隊が加わって、全国的に展開されるようになった。義兵闘争には幅広い層が参加し、儒教道徳を柱に結束して日本と戦った。また一九〇六年からは言論と出版によって反日運動を展開する愛国啓蒙運動も始まった。日本はこれらの民衆の運動を鎮圧・懐柔しながら韓国統治を進めなければならなかった。義兵闘争は、一九〇八年一月の「ソウル進行計画」をも経て、一九〇九年ごろまで続いて、「義兵戦争」の様子を呈したのだった〔吉野、一九九五、三三二―三三三頁〕〔愼、二〇一〇、三一六―三二九頁〕。

このような民衆運動に現れているように、伊藤の政策は受け入れられていなかった。そうである以上、併合しか道は残されていなかった。日本政府は一九〇九年四月段階で、韓国併合の合意を形成していた。そして、伊藤が六月に朝鮮統監を辞めたのち、併合過程が進行した。七月に「韓国併合に関する」閣議決定が行われ、「適当の時期に於いて韓国の併合を断行する」という方針が決まった。その後一〇月に伊藤が満洲のハルビンで安重根に暗殺されたが、これはすぐに韓国併合にはつながらなかった。日本政府はようやく一九一〇年二月になって、韓国併合の即時実行の方針を確定し、二月末に外相小村は韓国併合の意思を各国に通告したのだった〔日本外交文書43-2、六五九―六六〇頁〕〔森山、一九九二、二八八、三五一頁〕。残された問題はいつ併合を実行するかであった。それは国際関係にかかっていた。

この間、一九〇九年三月に大統領となったタフトのもとで、満洲への経済的進出を画策していたアメリカが、同年一二月に、日露英独仏に対して満洲鉄道中立化を提唱してきた〔小島、一九九五、一六八―一六九頁〕〔森山、一九九二、二〇二―二〇四頁〕。これに対しては一九一〇年一月に日露は不同意の通告を返すのであるが、日本政府はアメリカの提案を日本の韓国支配への挑戦と受け取った。またロシアは、バルカンでの外交的失点を埋めるべく、日本との連携の中で東アジアでの成果を求めようとしていたから、満洲は譲れなかった。そのために日露の一層の接近が進んだ。それでも、なお併合の実行には、ロシアの意向が確かめられねばならなかった。それは、第二次日露協約の交渉過程で確認されていくことになる。

日本はロシアが「二州併合」の事件によって、ますます日本との共働を求めてくると見ていた。一九一〇年三月に、日本政府はロシアの東アジアへの関心を次のように的確に認識していた。「最近東欧に於ける出来事〔「二州併合」のこと〕は、益々其力を該方面に集注するの必要を感ぜしめ、満洲鉄道に関する米国の提議……の如きは、同国をして益々帝国との親交を敦うし、以て其共通の利益を保護するの利益なるを知得せしめ」たと〔日本外交文書43-2、六五九―六六〇頁〕。こういう認識のうえで四月に、駐露大使本野一郎はロシアの首相、外相らと会談する中で、日本政府が韓国を併合する方針を明言した。「アネキゼーション」はすでに第一次日露協約の交渉中に、日本が提起していた。今回も、外相のイズヴォリスキーは、併合そのものは日露協約の「妨となる」とは考えないとし、首相のストルイピンも、併合については「万已むを得ざること」と理解し、併合実行の時期について注意を促したという〔日本外交文書43-1、一一一―一一二頁〕〔小川原、二〇一〇、三九四頁〕。こうして、四月中に、日本政府はロシアが併合に強く反対することはないとの判断を下したのであった。七月には第二次日露協約が調印され、満洲の南北における日露の利権を相互に確認したりした〔日本外交文書43-1、一五三―一五四頁〕〔加納、二〇一一、二三頁〕。

イギリスの意向も重要であった。イギリスは、韓国と結んでいた諸条約が併合によってどのようになるのかを最も懸念していたが、併合に対して異存はなく、ただ、「突然併合の実行せらるるがごときこと」は面白くないと注文をつけていた〔日本外交文書43-1、六五九頁〕〔小川原、二〇一〇、三九五頁〕。これは、「二州併合」にさいして、オーストリア＝ハンガリーが事前に通知せず、突然併合を発表したことを念頭においてのことであった。ともかく、イギリスの了解も五月から八月にかけての交渉で得られた。

こうして韓国併合のための国際的環境は整備された。大局的に見れば、日本は「二州併合」による「併合危機」の裏側で、韓国を併合するのである。「韓国併合に関する条約」は、一九一〇年八月二二日に締結され二九日に発布された〔世界史史料9、三一四―三一五頁〕。

韓国併合後のアジアでは、「韓国併合危機」は生まれなかった。ロシアもイギリスも韓国併合については、事前の了解を日本に与えていたわけで、併合の実行後もそれを容認していた。ロシアは、「二州併合」の際に海峡問題で失敗した経験を生かして、韓国併合に際しては、満洲からモンゴルにかけての勢力圏を確保した。また、イギリスも、併合そのものには「喜んで承認」を与えた。ドイツは、併合の通知を「了承」し、イタリアもそれを「承認」した。フランスは、「日仏協約」のゆえに反対はできなかった。そして、アメリカも、「日本国が韓国に於いて既に遂行せる幾多の改革」を認めて、併合を承認したのであった〔日本外交文書43-1、七〇六、七〇八―七〇九、七一七頁〕。各国は、併合後の各国国民が従来通りの権利を維持できるか否かに関心があったのである。全体として、この時期、事実上、一種の対日宥和政策が行われていたと考えられる。しかし、その分だけ、韓国の民衆への支配は強められ、義兵運動のような民衆の抵抗も激しくならざるをえなかった。

「韓国併合」によって、東アジアの「バルカン化」は完結した。これはヨーロッパ的な権力政治を東アジアに持ち込んだものであるが、それは世界史のこの時期の「傾向」であって、それが一八七五年以来の日本の動きによって、東アジアに「土着化」されたのであった。日本は立憲君主国として大国の仲間入りをし、権力政治に与していった。韓国は日本の植民地支配のもとにおかれた。中国は半植民地の道を余儀なくされた。一九世紀を貫く非西欧諸国の間での「バルカン化」の動きは、諸国の徹底した民主化と、諸国の連帯がなくしては、阻止することができなかったのである。その観点からすると、一九世紀の後半を通じて、世界史の「傾向」として、日本をはじめ東アジアで採用されてきた立憲君主制が、中国では最終的には拒否され、一挙に共和制の政体が求められたことは重要なことであった。アジアの民衆から見るならば、「第一次世界大戦」は、単に日本が日英同盟の誼で参戦し、その中で中国に対して「対華二一カ条要求」を突き付けたというものではなかった。「第一次世界大戦」は、「韓国併合」以来の立憲君主制の日本によるアジア支配、アジアの「バルカン化」の拡大と深化の過程の頂点であった。そのような帝国主義の動きへの民衆の対抗が、一九一一年の中国の辛亥革命に具体化され、それを潰そうという動きが、アジアにとっての第一次世界大戦なのであった。

コラム……3 「万国史」から世界史へ

一八九〇年代以後の欧米においては「世界史」は衰退に向かった。最後の挑戦者はイギリスのアクトン卿であった。『ケンブリッジ近代史』の計画が出版社から提示されたとき、かれは、それを世界史として構想し、「たんに国民史を並べることを突き破って、可能な限り、領域を超えたもの、普遍的なものをとりこもうと」した。かれの編集した『ケンブリッジ近代史』はルネサンス、宗教改革、宗教戦争、絶対君主制、革命のような主題によって時代を特徴づけていた。しかし、かれは「ポルトガルやトランシルヴァニアやアイスランドをフランスやドイツと並べることによって、関心が散らばってしまってはならない」と考えていたから、その歴史はアジアなどの入らない、ヨーロッパの大国中心の歴史にならざるをえなかった。ヘルダーの信奉者であったブルクハルトは『世界史的考察』(出版は一九〇五年、元は一八六八―七三年における講義)において、歴史を「一つの精神的連続体」として考えていて、「過去の精神的地平の全体の再構成」を世界史と考えていたから、それを満たさない民の歴史は世界史に入らなかった。こうして、それまでに作られてきたヨーロッパ中心主義の「世界史」は補強されたのである。

一方、日本では世界史がまだ求められていて、一八九〇年代からは「万国史」から世界史へという動きが見られた。まず、一八九〇年代には、それまでの西欧中心の「万国史」への抵抗として国民主義的な「万国史」が登場した。たとえば、中原貞七『万国歴史』、今井恒郎『万国史』、大原貞馬『万国小史』などである。これは、陸羯南や三宅雪嶺らの影響を受けたもので、ヨーロッパ文明の東漸への反発としてアジアの諸民族(モンゴリアンと言われた)の歴史的貢献を強調していた。つぎに、ランケ的な世界史の影響を受けた長沢市蔵『新編万国歴史』があげられる。だが、長沢は、「万国史」中に論ずべきものは、「社会全体の進歩に関係し、今日の形勢を作るに預かりて力ありし国民」であるとし、結局はヨーロッパ中心の文明史にとどまった。だが、一九〇〇年以後になると、これまでの「万国史」は西洋中心であるので、あらたに「世界史」という概念のもとに歴史を考えるべきであるという考えが出てきた。坂本健一『世界史』と高桑駒吉『最新世界歴史』が代表であった。坂本は「従来世界史、若くは万国史と称するもの、大抵地域を泰西に限り，殆どアルヤ(アーリア)以外の民は人に非ず、欧米以外の地は国に非ずの観あり」と批判し、「此書敢て先人の轍に由らず、妄に東西洋古今の事歴を併叙して世界史の名に背かざらんとする所以なり」と宣言した。しかし、彼の書は決して「併叙」に終わらず、「関係」を意識していたのか、箕作麟祥の『万国新史』と同じ構成を取り入れたりしていた。高桑も、「完全なる世界史は東西両洋を併叙するによりて始めて成るべし」と述べて、箕作や坂本以上にユーラシアやアフリカの歴史を正確に押さえ、しかも日本の歴史を組み込んで東アジアを論じていた[南塚、二〇一六][岡崎、二〇一七]。

しかし、この新たな世界史の挑戦も後が続かなかった。これ以後日本における歴史は、「日本史」「東洋史」「西洋史」の三区分が定着していくのである。

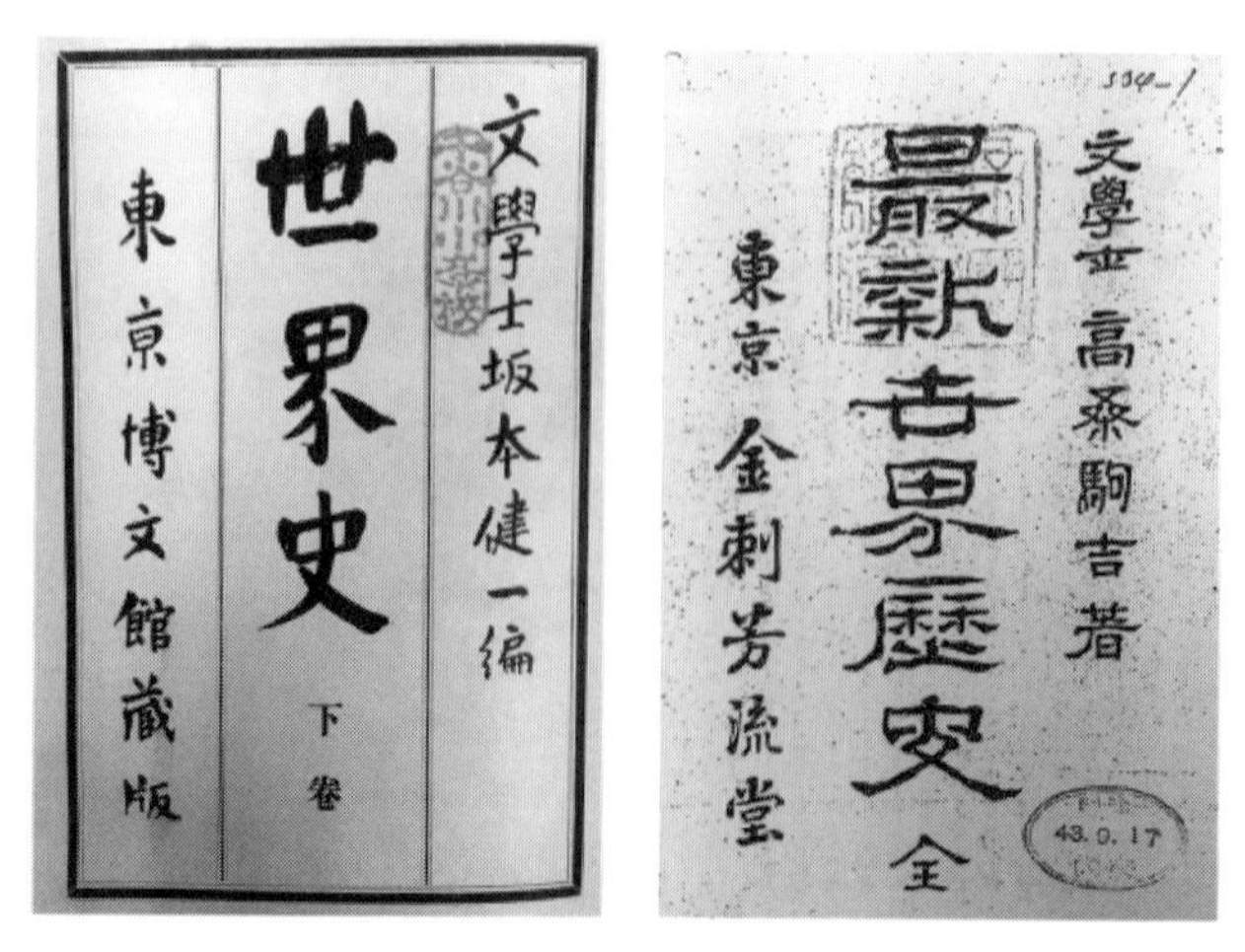

エピローグ――「土着化」する世界史

世界の諸地域は相互に「関係」する中で、さまざまな「相互作用」を及ぼしあい、その時々の世界史の支配的な「傾向」が拡がっていき、それがその地域なりに「土着化」されて、諸地域の歴史が「連動」する。本書では、日本の一九世紀後半の歴史もそういうものとして見直してみた。

本書でみた支配的な「傾向」としては、たとえば軍制、学制、国家と国境の概念、外交と条約の概念、選挙と議会制を含む憲法の理念、ネイションとナショナリズム、植民地分割の論理、植民地支配の方式など多様であった。もちろんこれに尽きるものではないが、それらが、諸地域に伝わり、その「傾向」の内包する諸問題をも含めて、そこの諸条件にあわせて「土着化」するのである。

日本との関係で言えば、日清・日露戦争までの時代においては、世界史の「傾向」は、国内の体制の再編の面で「土着化」した。そのあとの時代においては、対外的な行動の面で「土着化」する。つまり日本は、帝国主義の時代の権力政治の思考様式と行動様式を自分のものとしていくのである。

おそらく、本書で示したような見方には少なくとも二つの重要な批判があるであろう。一つは、この世界史の「傾向」の「土着化」というのは、「ヨーロッパ・モデル」の受容ということであり、ヨーロッパ中心の見方に過ぎないのではないかという批判である。たしかに、一九世紀という時代の世界の「傾向」は、すべてヨーロッパに発しているように見える。だが、よく考えると、そのヨーロッパ的に見える「傾向」は、実はアジアへの反発として、あるいはアジアを犠牲にして生じたものであることが多い。たとえば、産業革命はアジアの繊維製品の脅威によって生まれたものであり、ヨーロッパの国民国家の形成はアジアでの緊張関係が続く中で、平穏なヨーロッパにおいてその準備が進められたものである。本書では十分に論じられなかったが、ヨーロッパにおける議会制の発展も奴隷制廃止やアヘン貿易や植民地支配との関係で考えたり、ナショナリズムも「東方問題」や植民地での列強対立との関係で見直したりすることがいっそう必要なように思えるのである。これらの「傾向」は大部分ヨーロッパに発するにしても、そこには、アジアからの逆輸入とはいかないまでも、アジアとの接触の中でヨーロッパにおいて形成、変形、加工されてきたものもあろう。ヨーロッパ固有に見える「傾向」も、世界的な「連動」の中で生まれたものと考えられるのである。

もう一つは、本書のような見方は、歴史に「内在的」ではないのではないかという批判であろう。この批判は、縦軸に流れる歴史が「内的」で、横軸の関係は「外的」であるという意識の現れである。われわれには、一定の時代の一定の土地での出来事(人)は、その土地での「縦」の時代的背景によって規定されていると考えて、同時代の「横」の諸地域の関係の中で規定されている面を見ない傾向がある。少なくとも、前者を「内的」要因と見て、後者を「外的」契機と見がちである。しかし、これは本当だろうか。われわれは、縦に歴史を見て、ナショナル・ヒストリーの枠内で歴史を見ることに慣れてきた。だが、これは高々一〇〇年余りのことでしかないのである。日本史、西洋史、東洋史、あるいはドイツ史、フランス史、イギリス史、アメリカ史、ロシア史、インド史、中国史などなどは、歴史的に考えるさいの「ひとつの場」でしかないのではなかろうか。ある村、地方、国、大地域、大陸なども、それぞれは「ひとつの場」でしかない。とすれば、世界史も同じような「ひとつの場」なのである。われわれは、ナショナル・ヒストリーとして一貫した歴史の体系のようなものを想定し、それを信仰してしまう傾向がある。それが「内在的」、「外的」という区別につながっているのである。それは「相対化」されなければならない。

このように、考えうる最も重要な批判も、その根拠は再考を求められているのではないだろうか。とはいえ、ヨーロッパ中心主義やナショナル・ヒストリーを「相対化」するためにはどうすべきかということについては、近年ではあまり具体的には考えられていない。ナショナル・ヒストリーをまず学んで、それから世界史へ、という道では、ナショナル・ヒストリーを「相対化」できそうもない。かつてランケはそういう道を示唆してはいたが、結局はできなかった。それに、その道ではヨーロッパ中心的な見方を乗り越えられそうもない。「世界システム論」はナショナル・ヒストリーを批判する上では有効だったが、強力な「コア(中心)」を設定する上に、「発展」の契機を示すことのない「静態的」なものに終わった。その間にグローバリゼーションが進展した。今こそ世界史が求められているのである。

そこで本書は、どこかに「中心」を置かずに世界の諸地域の相互の「関係」を重視し、こういう「関係」の中で生まれてくる時代の指導的な「傾向」が諸地域に拡がって、そこに「土着化」していくという世界史の見方を提示してみたのである。

文献一覧

【史料集】

歴史学研究会編、二〇〇六―二〇一二『世界史史料（全一二巻）』岩波書店。

歴史学研究会編、一九九七『日本史史料4』岩波書店。

維新史学会編、一九四二―一九四四『幕末維新外交史料集成（全六巻）』財政経済学会。

外務省編、『日本外交文書』国立国会図書館デジタルコレクション。

外務省編、二〇〇七『日本外交年表竝主要文書（上）』原書房。

『明六雑誌（上中下）』岩波文庫、一九九九―二〇〇九年。

British Parliamentary Papers, Japan, 1, Reports, returns and correspondence respecting Japan, 1856-64, Irish University Press, 1972.（BPPと略）

British Parliamentary Papers, Japan, 2, Reports and correspondence respecting Japan, 1864-70, Irish University Press, 1971.（BPPと略）

British Parliamentary Papers, Japan, 3, Reports, correspondence, returns and dispatches respecting Japan, 1871-99, Irish University Press, 1971.（BPPと略）

【辞典類】

『歴史学辞典（全一六巻）』弘文堂、一九九四―二〇〇九年。

The New Encyclopedia Britannica, vol. 6, Encyclopedia Britannica, 2007.（NEBと略）

Encyclopedia of African History, vol. 1. 2. 3, Fitzroy Dearborn, 2005.（EAHと略）

【邦語文献】

相澤淳、二〇一〇「東アジアの覇権と海軍力」『東アジア近現代通史2』岩波書店。

青山忠正、二〇一二『明治維新』吉川弘文館。

秋田茂、二〇一二『イギリス帝国の歴史——アジアから考える』中公新書。

秋田茂編、二〇〇四『パクス・ブリタニカとイギリス帝国』ミネルヴァ書房。

浅田進史、二〇一一『ドイツ統治下の青島——経済的自由主義と植民地社会秩序』東京大学出版会。

天野為之、一八八七『万国歴史』富山房。

有山輝雄、二〇〇七『陸羯南』吉川弘文館。

有山輝雄、二〇一三『情報覇権と帝国日本1 海底ケーブルと通信社の誕生』吉川弘文館。

飯田洋介、二〇一〇『ビスマルクと大英帝国——伝統的外交手法の可能性と限界』勁草書房。

飯田洋介、二〇一五『ビスマルク——ドイツ帝国を築いた政治外交術』中公新書。

家永三郎編、一九七四『植木枝盛選集』岩波文庫。

池田政章、一九八九「憲法の観念」『立教法学』三三号。

石井孝、一九五七『明治維新の国際的環境』吉川弘文館。

石井孝、一九六二「列強の対日政策」『岩波講座日本歴史14』岩波書店。

石井孝、一九七二『日本開国史』吉川弘文館。

石井孝、一九七五『明治維新の舞台裏(第二版)』岩波新書。

石井米雄・桜井由躬雄編、一九九九『東南アジア史1 大陸部』山川出版社。

板垣雄三、一九九二『歴史の現在と地域学——現代中東への視角』岩波書店。

伊藤定良、一九九五「「国民国家」体系の成立」『講座世界史3』東京大学出版会。

伊東孝之・井内敏夫・中井和夫編、一九九八『ポーランド・ウクライナ・バルト史』山川出版社。

伊藤之雄、二〇〇九『伊藤博文——近代日本を創った男』講談社。

井上勝生、二〇〇二『開国と幕末変革』講談社。

井上勝生、二〇〇六『幕末・維新』岩波新書。

井上寿一、二〇一〇『山県有朋と明治国家』NHKブックス。

岩下哲典・小美濃清明編、二〇一〇『龍馬の世界認識』藤原書店。

宇田友猪・和田三郎編、一九一〇『自由党史 上巻』五車楼。

幼方直吉・遠山茂樹・田中正俊編、一九六六『歴史像再構成の課題——歴史学の方法とアジア』御茶の水書房。

江川ひかり、一九九八「タンズィマート改革期のボスニア・ヘルツェゴヴィナ」『岩波講座世界歴史21』岩波書店。

江口朴郎、一九六九『帝国主義の時代』岩波全書。

江口朴郎、一九七五『帝国主義時代の研究』岩波書店。

江口朴郎・高橋幸八郎・林健太郎、一九四九『国際関係の史的分析』御茶の水書房。

岡義武、一九五五『国際政治史』岩波全書。

岡崎勝世、二〇一六a「日本における世界史教育の歴史(1-1)——「普遍史型万国史」の時代」『埼玉大学紀要教養学部』五一巻二号。

岡崎勝世、二〇一六b「日本における世界史教育の歴史(1-2)——「普遍史型万国史」の時代」『埼玉大学紀要教養学部』五二巻一号。

岡崎勝世、二〇一七「日本における世界史教育の歴史(1-3)——「普遍史型万国史」の時代」『埼玉大学紀要教養学部』五二巻二号。

尾形勇・岸本美緒編、一九九八『中国史』山川出版社。

岡本隆司、二〇〇八『世界のなかの日清韓関係史——交隣と属国、自主と独立』講談社選書メチエ。

岡本隆司、二〇一〇「属国/保護と自主——琉球・ベトナム・朝鮮」『東アジア近現代通史1』岩波書店。

小川原宏幸、二〇一〇『伊藤博文の韓国併合構想と朝鮮社会——王権論の相克』岩波書店。

影浦亮平、二〇一四「陸羯南におけるジョゼフ・ド・メーストルの受容について」『京都外国語大学研究論集』八四号。

糟谷憲一、一九九二「近代的外交体制の創出——朝鮮の場合を中心に」『アジアのなかの日本史2』東京大学出版会。

糟谷憲一、一九九九「朝鮮ナショナリズムの展開」『岩波講座世界歴史20』岩波書店。

片山慶隆、二〇〇七「陸羯南研究の現状と課題——対外論・立憲主義・ナショナリズム」『一橋法学』六巻一号。

加藤俊彦、一九七二「陸奥宗光と地租改正」『社會科學研究(東京大学)』二四巻二号。

加藤博、一九九五「オスマン帝国の「近代化」——アラブ世界を中心に」『講座世界史3』東京大学出版会。

加藤博、一九九八「「周縁」からみた近代エジプト——空間と歴史認識をめぐる一考察」『岩波講座世界歴史21』岩波書店。

加藤祐三、一九八〇『イギリスとアジア——近代史の原画』岩波新書。

加藤祐三、一九八五『黒船前後の世界』岩波書店。

加藤祐三、一九八八『黒船異変——ペリーの挑戦』岩波新書。

加藤祐三、一九九四「開国」『岩波講座日本通史16』岩波書店。

加藤祐三、二〇〇〇「幕末開国と明治維新期の日英関係」『日英交流史 一六〇〇—二〇〇〇 1』東京大学出版会。

加藤祐三・川北稔、一九九八『アジアと欧米世界』中央公論社。

加納格、二〇一一「ロシア帝国と極東政策——ポーツマス講和から韓国併合まで」『法政史学』七五号。

加納格、二〇一二「ロシア帝国論——「陸の帝国」の成立と統治」『二一世紀歴史学の創造4』有志舎。

我部政男、一九九四「琉球から沖縄へ」『岩波講座日本通史16』岩波書店。

川村清夫、二〇〇八『プラハとモスクワのスラヴ会議』中央公論事業出版。

辛島昇編、二〇〇四『南アジア史』山川出版社。

ガル、ロタール、一九八八『ビスマルク――白色革命家』大内宏一訳、創文社。

川島真、二〇一〇a「東アジア世界の近代――一九世紀」『東アジア近現代通史1』岩波書店。

川島真、二〇一〇b『近代国家への模索――一八九四―一九二五』岩波新書。

木畑洋一、二〇一二「陽の沈まぬ帝国――イギリス帝国論」『二一世紀歴史学の創造4』有志舎。

木畑洋一他編、二〇〇〇『日英交流史　一六〇〇―二〇〇〇(1・2)』東京大学出版会。

君塚直隆、二〇〇六『パクス・ブリタニカのイギリス外交――パーマストンと会議外交の時代』有斐閣。

陸羯南、一九七一「近時政論考」『日本の名著37　陸羯南・三宅雪嶺』中央公論社。

久米邦武編、一九七七―一九八二『特命全権大使　米欧回覧実記　全五巻』岩波文庫(一＝一九七七年、二＝一九七八年、三＝一九七九年、四＝一九八〇年、五＝一九八二年)。

栗田禎子、一九九八「マフディー運動の域内関連――一九世紀東スーダンと中東・アフリカ世界」『岩波講座世界歴史21』岩波書店。

栗田禎子、二〇〇一『近代スーダンにおける体制変動と民族形成』大月書店。

黒木彬文、二〇〇三「興亜会のアジア主義と植木枝盛のアジア主義」『福岡国際大学紀要』九号。

小泉順子、一九九五「タイにおける国家改革と民衆」『講座世界史3』東京大学出版会。

小島淑男、一九九五「東アジアと日本」『講座世界史5』東京大学出版会。

小谷汪之、一九八五『歴史の方法について』東京大学出版会。

小谷汪之他、二〇一二『二一世紀歴史学の創造3　土地と人間――現代土地問題への歴史的接近』有志舎。

小林隆夫、二〇一〇「イギリスの東漸と東アジア――貿易と秩序」『東アジア近現代通史1』岩波書店。

小松久男、一九九八「危機と応戦のイスラーム世界」『岩波講座世界歴史21』岩波書店。

小松久男編、二〇〇〇『中央ユーラシア史』山川出版社。

子安宣邦、二〇〇三『「アジア」はどう語られてきたか』藤原書店。

権上康男、一九八五『フランス帝国主義とアジア――インドシナ銀行史研究』東京大学出版会。

崔文衡、二〇〇八『韓国をめぐる列強の角逐――一九世紀末の国際関係』齊藤勇夫訳、彩流社。

斎藤竹堂、一八四四『鴉片始末』国立国会図書館デジタルコレクション。

坂本健一編、一九〇三『世界史 下巻』博文館。

桜井由躬雄・石澤良昭、一九七七『東南アジア現代史3』山川出版社。

櫻井良樹、二〇一〇「日露戦争後の日本――「大国民」意識と戦後ナショナリズム」『東アジア近現代通史2』岩波書店。

佐々木雄太・木畑洋一編、二〇〇五『イギリス外交史』有斐閣。

佐藤公彦、二〇一〇「帝国主義中国分割と「民衆」社会――「瓜分」と「雪恥」」『東アジア近現代通史2』岩波書店。

佐藤次高編、二〇〇二『西アジア史1 アラブ』山川出版社。

シェノー、ジャン、一九七〇『ベトナム民族形成史』斎藤玄・立花誠逸訳、理論社。

柴宜弘編、一九九八『バルカン史』山川出版社。

芝原拓自、一九七五『開国』小学館。

芝原拓自、一九七七『世界史のなかの明治維新』岩波新書。

芝原拓自、一九八一『日本近代化の世界史的位置――その方法論的研究』岩波書店。

愼蒼宇、二〇一〇「植民地戦争としての義兵戦争」『東アジア近現代通史2』岩波書店。

新免康、一九九五「ヤークーブ・ベグ」『講座世界史3』東京大学出版会。

杉原達、一九九〇『オリエントへの道――ドイツ帝国主義の社会史』藤原書店。

鈴木健夫、一九九五「ロシア帝国の膨張と「大改革」」『講座世界史3』東京大学出版会。

高桑駒吉、一九一〇『最新世界歴史』金刺芳流堂。

高橋孝助、一九九五「中華帝国の近代化と再編」『講座世界史3』東京大学出版会。

高橋誠一郎、二〇〇二『欧化と国粋――日露の「文明開化」とドストエフスキー』刀水書房。

瀧井一博、二〇〇三『文明史のなかの明治憲法――この国のかたちと西洋体験』講談社選書メチエ。

瀧井一博、二〇一〇『伊藤博文――知の政治家』中公新書。

瀧井一博、二〇一三『明治国家をつくった人びと』講談社現代新書。

竹内好、二〇〇六『竹内好セレクション2』日本経済評論社。

竹内好編、一九六三『現代日本思想体系9 アジア主義』筑摩書房。

武田幸男編、二〇〇〇『朝鮮史』山川出版社。

田中彰、一九七七『岩倉使節団――明治維新のなかの米欧』講談社現代新書。

田中彰、二〇〇二『岩倉使節団『米欧回覧実記』』岩波現代文庫。

田中彰、二〇〇三『明治維新と西洋文明――岩倉使節団は何を見たか』岩波新書。

田中正俊、一九七〇「世界市場の形成と東アジア」『講座日本史5』東京大学出版会。

趙景達、二〇一〇「危機に立つ大韓帝国」『東アジア近現代通史2』岩波書店。

趙景達、二〇一二『近代朝鮮と日本』岩波新書。

趙景達編、二〇一二『近代日朝関係史』有志舎。

辻内鏡人、一九九五「第二次アメリカ革命――国民的経験としての南北戦争」『講座世界史3』東京大学出版会。

東海散士、二〇〇六「佳人之奇遇」『新日本古典文学大系明治篇17 政治小説集2』大沼敏男・中丸宣明校注、岩波書店(原書、一八八五―九七年)。

長井利浩、二〇一二『井上毅とヘルマン・ロェスラー――近代日本の国家建設への貢献』文芸社。

永井秀夫、一九九五「開国と明治維新」『講座世界史3』東京大学出版会。

中江兆民、一九七〇『日本の名著36 中江兆民』中央公論社。

長崎暢子、二〇一〇「初期国民会議派とインド・ナショナリズム――協力の中の自立と変革」『東アジア近現代通史2』岩波書店。

中島岳志、二〇一四『アジア主義――その先の近代へ』潮出版社。

永田雄三編、二〇〇二『西アジア史2 イラン・トルコ』山川出版社。

永田雄三・加賀谷寛・勝藤猛、一九八二『中東現代史1』山川出版社。

中野聡、二〇一〇「太平洋植民地の獲得とアメリカの「アジアへの道」」『東アジア近現代通史2』岩波書店。

永原陽子、一九九五「南アフリカ戦争とその時代」『講座世界史5』東京大学出版会。

中村弘光、一九八二『アフリカ現代史4』山川出版社。

中村政則他校注、一九八八『日本近代思想大系8 経済構想』岩波書店。

西川武臣、二〇一六『ペリー来航――日本・琉球をゆるがした四一二日間』中公新書。

西川正雄、一九八五『初期社会主義運動と万国社会党――点と線に関する覚書』未来社。

西川正雄・南塚信吾、一九八六『ビジュアル版世界の歴史 帝国主義の時代』講談社。

西里喜行、一九九二「琉球処分と樺太・千島交換条約」『アジアのなかの日本史4』東京大学出版会。

西村茂樹編、一八七五『校正万国史略』西村茂樹。

丹羽邦男、一九九五『地租改正法の起源――開明官僚の形成』ミネルヴァ書房。

野原四郎、一九六二「極東をめぐる国際関係」『岩波講座日本歴史14』岩波書店。

萩原延壽、一九九七『陸奥宗光 上』朝日新聞社。

浜下武志、一九九九「アジアの〈近代〉」『岩波講座世界歴史20』岩波書店。

原田敬一、二〇〇七『日清・日露戦争』岩波新書。

ひろたまさき、一九八五「対外政策と脱亜意識」『講座日本歴史7』東京大学出版会。

フォークト、J、一九六五『世界史の課題――ランケからトインビーまで』小西嘉四郎訳、勁草書房。

福澤諭吉、一九五八―一九六四『福澤諭吉全集(全二一巻)』岩波書店。

福島正夫、一九六二『地租改正の研究』有斐閣。

藤井信行、二〇〇四「「英独同盟交渉」(一八九八~一九〇一年)とイギリス外交政策」『川村学園女子大学研究紀要』一五巻二号。

藤井信行、二〇一一「「日英同盟」協約交渉(一九〇一〜〇二年)と日本政府(前)」『川村学園女子大学研究紀要』二二巻二号。

ブルクハルト、ヤーコプ、二〇〇九『世界史的考察』新井靖一訳、ちくま学芸文庫。

ベレンド、イヴァン&ジェルジュ・ラーンキ、一九九一『ヨーロッパ周辺の近代 一七八〇〜一九一四』柴宜弘他訳、刀水書房。

星昭・林晃史、一九七八『アフリカ現代史1』山川出版社。

ホブスン、一九五二『帝国主義論 下』矢内原忠雄訳、岩波文庫。

牧野伸顕、一九七七『回顧録 上』中公文庫。

牧原憲夫、二〇〇六『民権と憲法』岩波新書。

朴羊信、二〇一〇「日本の大陸戦略——満韓交換論をめぐって」『東アジア近現代通史2』岩波書店。

増田義郎・山田睦男編、一九九九『ラテン・アメリカ史1』山川出版社。

増田義郎編、二〇〇〇『ラテン・アメリカ史2』山川出版社。

松方冬子、二〇〇七『オランダ風説書と近世日本』東京大学出版会。

松方冬子、二〇一〇『オランダ風説書——「鎖国」日本に語られた「世界」』中公新書。

松沢弘陽、一九九三『近代日本の形成と西洋経験』岩波書店。

松田利彦、二〇一〇「日本の韓国併合」『東アジア近現代通史2』岩波書店。

マルクス、一九五九—一九九一『マルクス=エンゲルス全集(全五三巻)』大月書店(マル=エン全集と略)。

三谷博、一九九七『明治維新とナショナリズム——幕末の外交と政治変動』山川出版社。

三谷博、二〇〇三『ペリー来航』吉川弘文館。

箕作麟祥纂輯、二〇一八『萬國新史』世界史研究所翻刻・編集、世界史研究所(原著一八七一—七七年)。

南塚信吾、一九七九a『東欧経済史の研究——世界資本主義とハンガリー』ミネルヴァ書房。

南塚信吾、一九七九b「ハンガリーにおける四八年革命」良知力編『共同研究 一八四八年革命』大月書店。

南塚信吾、一九九八「東欧のネイションとナショナリズム」『岩波講座世界歴史18』岩波書店。

南塚信吾、二〇一〇a「いまなぜ国民国家か」久留島浩・趙景達編『国民国家の比較史』有志舎。

南塚信吾、二〇一〇b「世界史の中の「韓国併合」——一九一〇年前後の国際関係の中で」『歴史学研究』八六七号。

南塚信吾、二〇一〇c「世界史を考える道——帝国主義時代の国際関係史再考」『日本歴史学協会年報』一五号。

南塚信吾、二〇一二a「ハプスブルク帝国と帝国主義——〝二州併合〟から考える」『二一世紀歴史学の創造4』有志舎。

南塚信吾、二〇一二b「民族と国民」『二一世紀歴史学の創造 別巻1』有志舎。

南塚信吾、二〇一六「近代日本の「万国史」」秋田茂他編『「世界史」の世界史』ミネルヴァ書房。

宮地正人、一九八七『国際政治下の近代日本』山川出版社。

宮地正人、一九九四「維新政権論」『岩波講座日本通史16』岩波書店。

宮地正人、二〇一二『幕末維新変革史 上下』岩波書店。

宮本正興・松田素二編、一九九七『新書アフリカ史』講談社現代新書。

陸奥宗光、一九三三『蹇蹇録』岩波文庫。

百瀬宏、一九八〇『北欧現代史』山川出版社。

百瀬宏、二〇一一『小国——歴史にみる理念と現実』岩波書店。

百瀬宏他、一九九五『東欧』自由国民社。

森安達也・南塚信吾、一九九三『東ヨーロッパ』朝日新聞社。

森山茂徳、一九九二『日韓併合』吉川弘文館。

安丸良夫、一九九四「一八五〇—七〇年代の日本——維新変革」『岩波講座日本通史16』岩波書店。

柳澤明、二〇一〇「ロシアの東漸と東アジア——一九世紀後半における露清関係の転換」『東アジア近現代通史1』岩波書店。

山田朗、二〇〇九『世界史の中の日露戦争』吉川弘文館。

山室信一、一九八四『法制官僚の時代——国家の設計と知の歴程』木鐸社。

山室信一、二〇〇五『日露戦争の世紀——連鎖視点から見る日本と世界』岩波新書。

油井大三郎、二〇〇八『好戦の共和国アメリカ』岩波新書。

横井勝彦、二〇〇四『アジアの海の大英帝国——一九世紀海洋支配の構図』講談社学術文庫。

横山伊徳、二〇一三『開国前夜の世界』吉川弘文館。

吉澤誠一郎、二〇一〇『清朝と近代世界 一九世紀』岩波新書。

吉田昌夫、一九七八『アフリカ現代史２』山川出版社。

吉野誠、一九九五「朝鮮における民族運動の形成」『講座世界史３』東京大学出版会。

ランケ、レーオポルト・フォン、一九九八『世界史の流れ』村岡哲訳、ちくま学芸文庫。

和田春樹、一九九一『開国——日露国境交渉』ＮＨＫブックス。

和田春樹、二〇〇九『日露戦争 起源と開戦 上』岩波書店。

和田春樹、二〇一〇ａ『日露戦争 起源と開戦 下』岩波書店。

和田春樹、二〇一〇ｂ「日露戦争と韓国併合——一九世紀末—一九〇〇年代」『東アジア近現代通史２』岩波書店。

和田春樹編、二〇〇二『ロシア史』山川出版社。

渡辺京二、二〇一〇『黒船前夜——ロシア・アイヌ・日本の三国志』洋泉社。


【外国語文献】

Beasley, W. G., 1987, *Japanese Imperialism 1894–1945*, Clarendon Press.
Beasley, W. G., 1990, *The Rise of Modern Japan*, Charles E. Tuttle.
Berend, T. Ivan, 2013, *An Economic History of Nineteenth-Century Europe*, Cambridge University Press.

Bowman, William D., Frank M. Chiteji and J. Megan Greene, 2007, *Imperialism in the Modern World, Sources and Interpretations*, Pearson.

Bridge, F. R., 1972, *From Sadowa to Sarajevo, The Foreign Policy of Austria-Hungary, 1866–1914*, Routledge & Kegan Paul.

Chambers, W. & R., 1856, *Modern History*, London.

Conrad, Sebastian, 2012, *German Colonialism—A Short History*, Cambridge University Press.

Feis, Herbert, 1930, *Europe—The World's Banker, 1870–1914*, Yale University Press.

Fisher, George P., 1885, *Outlines of Universal History*, Ivison, Blakeman, Taylor, and Company.

Freeman, Edward A., 1872, *General Sketch of History*, London.

Fromkin, David, 1980, "The Great Game in Asia", *Foreign Affairs*, 58(4).

Goodrich (Peter Parley), 1837, *Universal History, on the Basis of Geography*, 2 vols., Boston.

Hobsbawm, Eric, 1975, *The Age of Capital, 1848–1875*, Weidenfeld & Nicolson.

Hobson, J. A., 1972, *Imperialism: A Study*, The University of Michigan Press.

Hopkirk, Peter, 1990, *The Great Game, On Secret Service in High Asia*, John Murray.

Macartney, C. A., 1969, *The Habsburg Empire, 1790–1918*, Macmillan.

Mcleod, Mark W., 1993, "Truong Dinh and Vietnamese Anti-Colonialism, 1859–64: A Reappraisal", *Journal of Southeast Asian Studies* 24(1).

Müller, Johannes von, 1810, *Vier und zwanzig Bücher Allgemeiner Geschichten besonders der Europäischen Menschheit*, Tübingen.

Oliver, Roland and Anthony Atmore, 2004, *Africa since 1800*, 5th, Cambridge University Press.

Pölitz, K. H. L., 1808, *Kleine Weltgeschichte, Siebente Auflage*, Leipzig.

Ranke, Leopold von, 1881–1888, *Weltgeschichte*, 9 vols., Berlin?

Sergeev, Evgeny E., 2013, *The Great Game, 1856–1907: Russo-British Relations in Central and East Asia*, Johns Hopkins University Press.
Speitkamp, Winfried, 2014, *Deutsche Kolonialgeschichte*, Reclam.
Stone, James, 2015, "Bismarck and the Great Game: Germany and Anglo-Russian Rivalry in Central Asia, 1871–1890", *Central European History*, 48(2).
Swinton, William, 1874, *Outlines of the World's History*, New York & Chicago.
Taylor, William Cooke, 1844, *A Manual of Ancient and Modern History*, D. Appleton & Co.
Townsend, M. E., 1930, *The Rise and Fall of Germany's Colonial Empire 1884–1918*, Macmillan.
Tytler, Alexander Fraser, 1801, *Elements of General History, Ancient and Modern*.
Welter, Th. B., 1826–1828, *Lehrbuch der Weltgeschichte für Gymnasien und höhere Bürgerschulen*, 3 vols., Münster.

【ネット史料】

①バルタ・リマン条約　https://en.wikipedia.org/wiki/Treaty_of_Balta_Liman
②馬場恒吾、一九四二『伊藤博文』潮文閣　http://dl.ndl.go.jp/info:ndljp/pid/1883268/64
③植木憲法案　http://www.ndl.go.jp/modern/img_l/020/020-001l.html
④ビスマルクの植民地政策　http://germanhistorydocs.ghi-dc.org/pdf/deu/622_Bismarck%20pragmatischen%20Kolonisierung_202.pdf#search=%27bismarck+%C3%BCber+kolonialpolitik+1884%27

あとがき

「関係」を糸にして世界史を構成してみたいという考えは、一九七〇年代に江口朴郎先生から影響を受けて抱き始めたものである。それはプロローグにも記したような「ゴム風船」的な考え方を適用したらどうなるのかという考えである。加えて、東欧史を研究している間に出会った牧野伸顕の『回顧録』に刺激を受けた。一九〇〇年代に牧野は、極東のことを知るには、バルカンの動きを知らねばならないという「関係」を実際に体験していたわけである。このような影響を受けて、一九八六年に西川正雄さんと著した『ビジュアル版世界の歴史 帝国主義の時代』(講談社)では、いくらか「関係」を取り込んで世界史を構成してみた。

その後、明治期の「万国史」の研究をするようになって明治期の日本の世界史認識を見直すこととなった。その中で、箕作麟祥の『萬國新史』がヨーロッパとアジアを「関係」させて世界史を構成し、その観点からヨーロッパと東アジアをつなぐ中東・中央アジアの歴史を正確に記述していることに驚いた。この後の明治期の世界史はヨーロッパ中心の国民史の並列になっていくのであるが、この箕作の見方は、やがて二〇世紀になって、坂本健一『世界史』と高桑駒吉『最新世界歴史』によって継承・発展させられた。特に高桑は、箕作が扱っていなかったアフリカや東南アジア、あるいは朝鮮・日本を含む東アジアの歴史を世界史に組み込んでいた。このような「万国史」を読むにつけ、いよいよ世界の諸地域の「関係」として世界史を構成する鼓舞を受けたのだった。

同時に、「万国史」の研究を進め日本の歴史を振り返る中で、明治の人々が、どのような世界の動きの中で、日本をどのように変革、開化させるか、という強烈な実践的問題意識をもって「万国史」に取り組んでいたことを認識した。そこでは、世界のときどきの主要な思想や制度が取り込まれ、「消化」されていく様子を見ることができた。そのような認識から、世界史の「傾向」の「土着化」という視角を得ることができた。それは、「関係」というレベルにとどまることを許さず、ときどきの世界史の主要な「傾向」を「土着化」する世界の諸地域の発展が「連動」するという視角を持たせるようになったのである。ときどきの世界史の主要な「傾向」という考えは、「万国史」の研究をする中で進めてきたヨーロッパにおける世界史論の発展の研究過程で、ドイツの史家ランケの世界史に改めて直面したことによって学んだものであった。

本書の完成には、二〇一四年に発足した「世界史の中の日本、日本の中の世界史」研究会での議論が欠かせなかった。わたしの多分に無茶な世界史の見方をさまざまな角度から批判してもらい、有益な助言を得ることができた。研究会のメンバーの皆さん、それに研究会のコーディネーターだった一路舎の渡邊勲氏に感謝の意を表したい。そして、最後に、本シリーズを引き受けてくださった岩波書店編集部の吉田浩一さんと入江仰さんには、ひとかたならぬお世話になったことを謝して記しておきたい。

二〇一八年一〇月

南塚信吾

南塚信吾

1942年生まれ．1970年東京大学大学院社会学研究科博士課程単位取得退学．ハンガリー史，国際関係史．現在，NPO歴史文化交流フォーラム付属世界史研究所所長，千葉大学・法政大学名誉教授．『東欧経済史の研究――世界資本主義とハンガリー』（ミネルヴァ書房，1979年），『静かな革命――ハンガリーの農民と人民主義』（東京大学出版会，1987年），『義賊伝説』（岩波新書，1996年），『世界史なんていらない？』（岩波ブックレット，2007年）など．

シリーズ日本の中の世界史
「連動」する世界史――19世紀世界の中の日本

2018年11月15日　第1刷発行
2022年 4 月26日　第5刷発行

著　者　南塚信吾（みなみづかしんご）

発行者　坂本政謙

発行所　株式会社 岩波書店
〒101-8002 東京都千代田区一ツ橋 2-5-5
電話案内 03-5210-4000
https://www.iwanami.co.jp/

印刷・三秀舎　製本・松岳社

ISBN 978-4-00-028384-7　　Printed in Japan